中国文学海外译介研究丛书
张　帆　孙国亮　总主编

德国汉学期刊文献辑录与研究

张　帆　主编

上海大学出版社
·上海·

图书在版编目(CIP)数据

德国汉学期刊文献辑录与研究/张帆主编．--上海：上海大学出版社, 2024.11.--ISBN 978-7-5671-5094-2

Ⅰ．K207

中国国家版本馆 CIP 数据核字第 2024Z3Q408 号

责任编辑　徐雁华
封面设计　缪炎栩
技术编辑　金　鑫　钱宇坤

德国汉学期刊文献辑录与研究

张　帆　主编

上海大学出版社出版发行
（上海市上大路99号　邮政编码200444）
（https://www.shupress.cn　发行热线 021-66135112）
出版人　余　洋

*

南京展望文化发展有限公司排版
上海华业装潢印刷厂有限公司印刷　各地新华书店经销
开本710mm×1000mm　1/16　印张19.25　字数272千
2024年11月第1版　2024年11月第1次印刷
ISBN 978-7-5671-5094-2/K·297　定价　68.00元

版权所有　侵权必究
如发现本书有印装质量问题请与印刷厂质量科联系
联系电话: 021-56475919

总序

"中国文化走出去"是塑造中国形象,建构中国话语,提升中国文化软实力的重要途径。2014年10月15日,习近平总书记在文艺工作座谈会上指出:"国际社会对中国的关注度越来越高,他们想了解中国,想知道中国人的世界观、人生观、价值观,想知道中国人对自然、对世界、对历史、对未来的看法,想知道中国人的喜怒哀乐,想知道中国历史传承、风俗习惯、民族特性,等等。这些光靠正规的新闻发布、官方介绍是远远不够的,靠外国民众来中国亲自了解、亲身感受是很有限的。而文艺是最好的交流方式,在这方面可以发挥不可替代的作用,一部小说,一篇散文,一首诗,一幅画,一张照片,一部电影,一部电视剧,一曲音乐,都能给外国人了解中国提供一个独特的视角,都能以各自的魅力去吸引人、感染人、打动人。"[1] 因此,如何向世界展示中国文化共情共性的魅力,使其润物细无声地浸润感染世界人民的审美、思想和灵魂,是文化走出去的时代使命。

21世纪以来,"中国图书对外推广计划""经典中国国际出版工程""国家社科基金中华学术外译项目""丝路书香工程""中国当代作品翻译工程""亚

---

[1] 习近平:《在文艺工作座谈会上的讲话》,载《光明日报》2015年10月15日。

洲经典著作互译计划""当代少数民族文学对外翻译工程"等陆续实施,确保了中国文化"海外推广计划"的顺利落实,图书的翻译数量和质量明显提升,"走出去"跨出实质性第一步;但至关重要的第二步——如何在译入国"走进去""扎下根"却不简单。目前,我们的翻译输出与海外传播接受之间存在巨大差距,效果不尽如人意。一个根本原因在于,"翻译固然是当代文学海外传播的关键因素,但是翻译并不必然提升中国文学的世界地位,还需要海外中国文学评论和研究的有力助推。如果说翻译是当代文学'走出去'的必要条件,海外中国文学的评论和研究则是当代文学'走进去'和'走下去'的重要途径"[1]。这一论断无疑具有战略性和启示性价值,提醒学界应当适时转移研究的着力点,花大力气重点关注中国文化在海外各国的译介、传播与接受状况,即玛丽·L.普拉特所强调的文化"接触区"——"文化融合发生的空间,在这个空间里两种不同的文化相遇并以一种极度不平衡的方式互相影响",不同文化个体可以在"接触区"打破文化边界的束缚进行有效互动。一旦"接触区"建立起来,个体可以通过与不同文化他者的沟通来获取全新视角[2]。所以,我们只有对中国文化在译入国的传播接受现状了然于胸,才能知己知彼,有的放矢,在定量和定性分析的基础上,根据不同国家、民族、文化、制度等有针对性地规划设计译介篇目、传播策略和推广手段,这直接关乎中国形象在世界的形塑和中国话语在全球话语系统的构建。这是当下亟待解决的重要课题,也是"中国文学海外译介研究丛书"的研究宗旨和目标。

事实上,近年来,莫言、刘慈欣、余华等越来越多的中国作家在国际文坛强势"在场",世界文坛对中国当代文学的译介和评判标准正在悄然发生变化——由单调滞后的猎奇性、争议性解读逐渐向多元同步的文学性、审美性研究过渡,不断丰富拓展西方读者的"期待视野",修正有关中国的刻板印象,

---

[1] 姜智芹在"中国当代文学海外传播的回顾与前瞻"会议的发言。间引自项江涛:《助力中国当代文学海外传播行稳致远》,载《中国社会科学报》2022年1月3日。
[2] See. Mary L. Pratt: *Imperial Eyes: Travel Writing and Transculturation*. London/New York: Routledge, 1992, P. 4.

进而趋向全面而正确的"中西互视",中国当代文学国际话语权不断提升。正如古拉斯·奇塔姆慨叹,中国科幻小说在迈进西方的新旅程中已经征服了世界[1]。同时,这也意味着西方评论界、媒体界与文学界霸权主义立场的松动。中国文化使西方读者体悟到一种独特的中国现代性、一条别样的发展之路,激发关乎未来世界模式和人类命运共体的全新想象。

目前,西方世界在经济危机、民主空壳化、社会分裂等的笼罩下,对中国文学与文化的关注抑或暴露出西方文明借助他者以自我更新的强烈诉求。"西方人是时候应该走出从意识形态角度评判中国文学的思想桎梏,中国文学不再是夹室般的存在,她早已摆脱'闭关自锁'的状态,进入世界文学的语境"[2],进而以人类共情的"中国故事"超越时空、种族、文化、意识形态、社会制度等壁垒,在更高层面积极构建"人类命运共同体",最终达至费孝通先生所说的"各美其美,美人之美,美美与共,天下大同"的臻美境界。

张 帆

2022 年 1 月

---

[1] Vgl. Nicolas Cheetham: Die neue Reise in den Westen. Wie Science-Fiction aus China die Welt eroberte, in: Cixin Liu: *Die wandernde Erde*, übersetzt von Karin Betz, Marc Hermann, Johannes Fiederling. München: Heyne Verlag, 2019.

[2] Kai Marchal: Wer China verstehen will, muss lesen. *Zeit-Online*. 13.05.2018.

序言

本书辑录并翻译德国著名汉学期刊（包括《中国学刊》《季节女神·中国特刊》《东亚文学杂志》《袖珍汉学》《东方向》）所涉中国文学的文献篇目，并进行归纳、整理和研究，以期呈现中国文学在德语世界的译介传播和影响接受概况，为国际汉学和中国文学研究提供德意志视野，亦为中国文学走向世界提供值得聆听与扬弃的"他者声音"。

《中国学刊》(*Sinica. Zeitschrift für Chinakunde und Chinaforschung*, 1927—1942)，其前身为《中德季刊》，由德国著名汉学家卫礼贤（Richard Wilhelm）创办，是首本由德国汉学家创立的、专门研究中国的综合性汉学刊物，也是卫礼贤创办的诸种杂志中存续最久、声誉最著的一份。其作为中国研究所（China-Institut）的机关刊物和20世纪上半叶德国汉学界的"引领性刊物"[1]，以中德学者协作式研究模式，扭转"欧洲中心主义"的学术弊端，使杂志"成为现代中国话语进入西方的重要平台"[2]。《中国学刊》秉承卫礼贤的中国文化观，将中国视为

---

[1] Katrin Hudey: Das Verständnis und den Austausch zwischen Ost und West fördern. Zur deutsch-chinesischen Zeitschrift Sinica (1925–1942), in: *»Zwischenvölkische Aussprache«: Internationaler Austausch in wissenschaftlichen Zeitschriften, 1933–1945*. Berlin/Boston: De Gruyter, 2020, S. 300.

[2] 范劲：《卫礼贤之名——对一个边际文化符码的考察》，上海：华东师范大学出版社，2011年，第173页。

独立的文化民族和德国的理想伙伴，一定程度上摒弃了殖民思维和东西方文明两极对立、不可调和的观念。德国汉学家鲁雅文（Erwin Rousselles）于1931年接任《中国学刊》主编，致力于从文化层面提升中国形象。杂志对中国文学作品的翻译、改编、批评与研究视野宏阔，突破时空拘囿，从东北地区的赫哲族伊玛堪，到山东民间故事；从先秦古歌《击壤歌》，到田汉、冰心、施蛰存的现代文学作品，多维度呈现中国文学的社会价值与美学价值，凸显中国文化是中华民族"天才式的创造"[1]，寻求中西文学乃至文化的会通路径。

德国著名文学期刊《季节女神》（die horen）由德国作家库尔特·莫拉维茨（Kurt Morawietz）于1955年创办，作为汉诺威青年文学社的官方刊物，其效法弗里德里希·席勒创立的文学期刊 die Horen，旨在以文学塑造德国人的精神世界，凭借其专业性、权威性和独特性，广受文学界和出版界的褒誉，荣获阿尔弗雷德·科尔文学批评奖（1980、1988）、卡尔·海因茨·齐尔默奖（1998）、下萨克森州出版奖（2011）等。该期刊多以专题刊的形式出版，以开阔的世界文学视野探讨不同国别文学的民族性、现代性等问题，并于1985年、1989年、1993年发行四期中国特刊，聚焦中国文学发展和转型期的重要作家、作品、思潮和现象，抉发西方对中国现当代文学的影响及其催生的新质力量，尤其关注中国诗歌对社会真理的探寻，比较中德女性写作的共性与特性，拓展德国读者对中国文学的期待视野和审美认知，并以中国文学为镜，汲取异域滋养，观鉴补益德国文学，推动全面而正确的"中德互视"。

《东亚文学杂志》（Hefte für ostasiatische Literatur）由汉学家包惠夫（Wolf Baus）、吕福克（Volker Klöpsch）和日本学家沃夫冈·沙莫尼（Wolfgang Schmoni）、罗兰·施耐德教授（Roland Schneider）共同创办。杂志将东亚作为整体性视域，彰显东亚文学共同的文化根基，是"推广东亚作家作品绝佳的论

---

[1] Erwin Rousselle: Vom Eigenwert der chinesischen Kultur, in: *Sinica. Zeitschrift für Chinakunde und Chinaforschung*, Nr. 1, 1933, S. 1.

坛"[1]。就中国文学德语译介而言，该刊视野开阔，从纳西族的远古神话、《诗经》典籍，到唐诗宋词、明清小说，直至现当代名家名作，均有译介；特别是几乎囊括了中国现当代文坛所有重量级作家，也网罗了30余位港台、海外知名华语作家，丰富了中国文学的创作题材和抒写经验，扩大了中国文学的叙事版图，在译文规模、重点推介和研究评论等方面，彰显中国文学／文化在东亚地区的主导性和辐射力，并吸纳整合联邦德国、民主德国的汉学力量，促进两德文学界破冰。《东亚文学杂志》以宽广的理论视野、前沿的问题意识解读中国，以"过硬的品牌质量铸就其业界领先地位"[2]，成为德国汉学译介阐释中国文学的旗帜和标杆。

《袖珍汉学》（minima sinica）由顾彬创办，秉承德国汉学重镇"波恩学派"的学术理念，取法德国汉学家卫礼贤创办《中国学刊》与哲学家西奥多·阿多诺《最低限度的道德》（Minima Moralia）之精髓——见微知著，臻于至善。"袖珍"即"上衣口袋里的汉学"[3]，"关注'与中国有关的小事'"，以"乍看之下微小的成果"，"研究中国思想史、文化史与汉学史诸多方面，翻译中国古代或现当代文学作品"[4]，向德国读者推介中国文学、美学理论、宗教文化和哲学思想，成为海外汉学"研究中国文学和文化的重要阵地"[5]。除文学译介与研究相关栏目外，杂志增设"汉学菁华"栏目，辑录编译中国报刊文章，拓展德语世界的中国文学研究视域。《袖珍汉学》着力推介中国名家经典，聚焦比较文学、翻译学、女性文学研究，为中国文学研究提供异域声音。其开放创新的办刊宗旨，反对"以所谓专家评审意见操控期刊"[6]，强调"文章越'疯狂'越好，既

---

[1] Über die Hefte für ostasiatische Literatur. https://www.iudicium.de/katalog/86205-704.htm.
[2] Ruth Keen: Rezension über die Hefte für ostasiatische Literatur. https://www.iudicium.de/katalog/86205-704.htm
[3] Wolfgang Kubin: Eines Publizisten glückliche Lehrjahre: Zum „Abschied" von der minima sinica, in: *minima sinica*, Nr. 2, 2018, S. 1.
[4] Dorothee Schaab-Hanke, Li Xuetao: Geleitwort der Herausgeber, in: *minima sinica*, 2019, S. VII.
[5] 谢淼：《德国汉学视野下中国当代文学的译介与研究》，南京：南京大学出版社，2016年，第19页。
[6] Wolfgang Kubin: Eines Publizisten glückliche Lehrjahre: Zum „Abschied" von der minima sinica, in: *minima sinica*, Nr. 2, 2018, S. 4.

不参照其他期刊的标准,也不按照所谓权威的标准写作!"[1] 自由、开阔、包容、求真的学术品格,使《袖珍汉学》自成体系,成为"既无所惧,亦不随流"[2] 的"汉学研究和传播的重要平台"[3]。

《东方向》(Orientierungen)作为"波恩大学东方语言系的新通讯",由顾彬创办,肩负着振兴"波恩汉学"的重任,是德国汉学研究重镇——波恩汉学的"机关刊物"[4],为德语读者揭示亚洲国家"在文化、政治、经济等诸多领域采取的发展新路径"[5]。自1992年起,杂志调整办刊目标和宗旨,将亚洲,尤其作为区域发展龙头的东亚作为一种视域和范式予以重点关注,并以"亚洲文化期刊"副标题正式推出,内容聚焦"亚洲现代、古代文学重要作品的译介、阐释及文化分析等"[6],文学疆域覆盖中国、印尼、韩国、越南、日本及土耳其等。《东方向》迄今累计发行(包括主题刊和特刊)79期,所涉中国文学篇目高达400余篇。其中,关于中国文学作品的评论文章共240余篇,论及120余位中国作家作品,不仅捕捉到20世纪90年代后中国文学的市场化倾向,还积极推介少数民族文学,同时关注港台文学,对香港文学的现代性魅力及台湾诗歌融合中西文化的卓越成就予以高度评价,成为德国"研究中国文学与文化的重要阵地"[7]。2018年,《东方向》杂志改革重组,研究区域和领域扩大,从文学向文化转向。

需要说明的是,"文学文献目录"辑录五种德国汉学期刊刊载的中国文学、中德文学关系等篇目,"中文译名"一栏为保留译文特色,直译自德语译名,

---

[1] Wolfgang Kubin: Eines Publizisten glückliche Lehrjahre: Zum „Abschied" von der minima sinica, in: *minima sinica*, Nr. 2, 2018, S. 5.
[2] 冯小冰:《中国当代小说在德语国家的译介研究(1978—2017)》,北京:社会科学文献出版社,2020年,第38页。
[3] 金蕊:《德国汉学的变迁与汉学家群体的更替——以德国古代文学研究为中心》,博士学位论文,武汉大学,2016年,第103页。
[4] https://www.ioa.uni-bonn.de/de/forschung/orientierungen, abgerufen am 15.10.2022.
[5] Wolfgang Kubin (Hrsg.): Orientierungen. Frankfurt am Main: CVS Verlag, Nr. 1, 1989, Titelblatt.
[6] https://www.ostasien-verlag.de/zeitschriften/orientierungen/or.html, abgerufen am 15.10.2022.
[7] 谢淼:《德国汉学视野下中国当代文学的译介与研究》,南京:南京大学出版社,2016年,第19页。

"德语篇名"一栏保留期刊原文格式与内容。本书涉及文献篇目繁多、类型庞杂，需要特别解释说明的内容均以脚注方式标注。个别民间故事、民间童谣等文本对应的中文标题、作者与译者原名等，因年代久远，难以考辨，均保留期刊原文信息。

  本书目录的整理者和译者均是国内高校的优秀青年学者，他们专注、勤奋、认真的治学态度值得称赞。虽尽心耗时，细致推敲，勉力而为，但粗疏错漏想必难免，敬请读者批评指正，见谅海涵。

张 帆

2024 年 7 月 16 日

目录

《中国学刊》（1925—1942 年） — 001
刊物综论：德国《中国学刊》的汉学研究与中国文学译介 — 003
文学文献目录 — 025

《季节女神》中国特刊（1985、1989、1993 年） — 037
刊物综论：德国《季节女神》中国特刊对中国现当代文学的接受与镜鉴 — 039
文学文献目录 — 056

《东亚文学杂志》（1983—2023 年） — 077
刊物综论：德国《东亚文学杂志》对中国现当代文学的译介与阐释 — 079
文学文献目录 — 094

《袖珍汉学》（1989—2022 年） — 141
刊物综论：德国《袖珍汉学》对中国现当代文学的翻译与研究 — 143
文学文献目录 — 154

《东方向》（1989—2023 年） — 221
刊物综论：德国《东方向》对中国现当代文学的译介与阐释 — 223
文学文献目录 — 243

1925—1942年

德国汉学期刊文献辑录与研究

中国学刊

Sinica. Zeitschrift für Chinakunde und Chinaforschung

德国《中国学刊》的汉学研究与中国文学译介[*]

《中国学刊》[1]（*Sinica. Zeitschrift für Chinakunde und Chinaforschung*）由德国著名汉学家卫礼贤（Richard Wilhelm）于1927年创办，是德国首个由中德政府支持建立、以中国为研究对象的学术机构中国研究所[2]（China-Institut）的机关刊物，也是第一本由德国汉学家创办且专门研究中国的综合性汉学杂志，更是20世纪上半叶德国汉学界的"引领性刊物"[3]，"成为现代中国话语进入西方的重要平台"[4]。

第二次世界大战期间，欧洲人心中的中国"完全受一种顽固不化的帝国主义政策的消极影响"[5]，《中国学刊》则力图"让从'中国风'时代至今仍萦绕在欧洲人心中的中国幻想彻底消失，展现中国的真实风采"[6]。相较于同时期的汉学杂志，《中国学刊》"致力于提升中国在政治方面的吸引力"[7]，以实现和促进中德现实合作的意图。因此，现实化与政治化审美贯穿杂志汉学研究的各个方面。无论是与殖民时期遗留的学术研究范式相悖的"集体化知识生产"

---

[*] 本文系教育部哲学社会科学研究重大课题攻关项目"'中国故事'在世界文学中的征引阐释及启示研究"（项目编号：20JZD046）阶段性成果。

[1] 1941年、1942年杂志封面印有中文"中国学刊""中国学报"，国内学界多将其译为"中国学刊"。其他中文译名有："汉学""中国学""中国"等。

[2] 本文参考China-Institut官方网站，笔者将其译为中国研究所。

[3] Katrin Hudey: Das Verständnis und den Austausch zwischen Ost und West fördern. Zur deutsch-chinesischen Zeitschrift Sinica (1925–1942), in: Andrea Albrecht u. a. (Hrsg.): »Zwischenvölkische Aussprache«: Internationaler Austausch in wissenschaftlichen Zeitschriften, 1933–1945. Berlin/Boston: De Gruyter, 2020, S. 300.

[4] 范劲：《卫礼贤之名——对一个边际文化符码的考察》，上海：华东师范大学出版社，2011年，第173页。

[5] 吴素乐：《卫礼贤——传教士、翻译家和文化诠释者》，任仲伟译，载《国际汉学》2005年第1期，第28页。

[6] Richard Wilhelm: Zum Geleit, in: *Sinica. Zeitschrift für Chinakunde und Chinaforschung*, Nr. 1, 1928, S. 2–3.

[7] Katrin Hudey: *China in der Literatur der Zwischenkriegszeit: Studien zum deutsch-chinesischen Austausch (1919–1937/39). Mit einer Bibliographie*. Berlin/Boston: De Gruyter, 2023, S. 170.

《中国学刊》(Sinica) 1941 年第 1—3 期封面　　《中国学报》(Sinica) 1942 年封面

模式[1]，抑或是对中国文学价值的多维度呈现，皆在一定程度上体现了《中国学刊》对现实和政治的烛照与洞见。

一、《中国学刊》的创刊历程与内容概览

20 世纪初，尤其是在第一次世界大战后，西方现代文明陷入深刻危机，"东方乌托邦"是这一时期德国最重要的中国观，"其特征是以中西文化差异和对立为起点"[2]。无论是斯宾格勒、海德格尔抑或是布洛赫、韦伯，其中国观

---

[1] Mechthild Leutner: Richard Wilhelms chinesische Netzwerke: Vom kolonialen Abhängigkeit zur Gleichrangigkeit, in: Mechthild Leutner, Jens Damm (Hrsg.): *Chinesische Literatur: Zum siebzigsten Geburtstag von Eva Müller. Berliner China-Hefte 27*. Münster: LIT-Verlag, 2005, S. 70, 88, 91.

[2] 温馨：《二十世纪德国思想界的中国观》，载《深圳大学学报（人文社会科学版）》2022 年第 1 期，第 151 页。

皆无法摆脱"欧洲中心主义"的历史叙事模式[1]。与这种占主流的中国观不同，卫礼贤高度评价中国文化，"不仅肯定这一文化在中国和整个东亚文化圈的历史与现实意义，而且承认它对欧洲乃至整个西方世界的启示与借鉴价值"[2]。面对西方一战后文明的没落，他强调："当下必须研究中国文化，必须与中国建立个人和科学的联系，以便今后从中获益。"[3]

1924年，卫礼贤在法兰克福大学创建中国研究所，致力于促进中德思想文化交流，被誉为"东西方精神思想的桥梁"[4]，其成立标志着法兰克福成为继汉堡、柏林、莱比锡之后德国的第四个汉学研究中心[5]。1925年，卫礼贤主编《中德季刊》[6]（*Chinesische Blätter für Wissenschaft und Kunst*），推介中国科学、艺术和文学。但该刊在仅发行四期后，因卫礼贤与出版社发生分歧而停刊。1927年，卫礼贤与尼尔斯·坎普曼出版社（Niels Kampmann Verlag）合作出版《中国学刊》，并将其作为中国研究所的机关刊物[7]。《中德季刊》和《中国学刊》在内容到封面的出版年度标识上均具有

《中德季刊》（*Chinesische Blätter für Wissenschaft und Kunst*）第1卷第1期封面

---

[1] 参见温馨：《二十世纪德国思想界的中国观》，载《深圳大学学报（人文社会科学版）》2022年第1期，第150—154页。
[2] 蒋锐：《卫礼贤论中国文化》，载《德国研究》2006年第4期，第53页。
[3] Richard Wilhelm: Zum Geleit, in: *Sinica. Zeitschrift für Chinakunde und Chinaforschung*, Nr. 1, 1928, S. 2.
[4] Hartmut Walravens: Dokumente zur Geschichte des Frankfurter China-Instituts aus den Jahren 1930 bis 1949, in: *NOAG. Nachrichten der Gesellschaft für Natur- und Volkskunde Ostasiens*, Nr. 1, 1998, S. 77.
[5] Vgl. Andreas Stehen: *Deutsch-chinesische Beziehungen 1911－1927: Vom Kolonialismus zur Gleichberechtigung*. Berlin: Akademie Verlag, 2006, S. 424.
[6] 杂志封面印有中文"中德季刊"。1925年发行第1卷第1期，1926年发行第1卷第2—4期。
[7] Vgl. Thomas Seng: *Weltanschauung als verlegerische Aufgabe. Der Otto Reichl Verlag 1909-1954*. Sankt Goar: Reichl Verlag, 1994, S. 262.

连续性，这也侧面印证了《中德季刊》实则为《中国学刊》前身。

《中国学刊》秉承了卫礼贤的中国文化观，将中国视为"独立的文化民族"[1]和德国的"理想伙伴"[2]，这一观念虽基于某种现实目的，但也在一定程度上摒弃了殖民思维和东西方文明两极分化、不可调和的观念。《中国学刊》的德语刊名"Sinica"取自莱布尼茨1697年所编的汉学著作《中国近事》(*Novissima Sinica*)，该刊名承袭了莱布尼茨将中国看作"文明程度最高"[3]的国家之一、将中欧文化交流作为平等的"文明之光的交流"[4]等观念。1931年，德国汉学家鲁雅文（Erwin Rousselles）接任《中国学刊》主编，继续修正长期以来欧洲中心论影响下负面的中国观，试图从文化层面提升中国形象。鲁雅文在《中国学刊》发表文章《中国文化的内在价值》，通过分析中国文化在社会历史发展中的重要作用，指出中国文化是中华民族"天才式的创造"，"历经各种转变与塑造，本质上忠于自己的路线，创造了文化的内在价值；尽管历经各种政治秩序更迭，但在时机成熟时，它总会发展自身"[5]。该文充分肯定中国文化价值，有力地驳斥了西方消极的中国认知。

1925—1942年，《中国学刊》（包括其前身《中德季刊》）历经18个春秋，共发行70期。《中国学刊》发刊周期不固定，其年度发行期数变化趋势如图1所示。

---

[1] Katrin Hudey: *China in der Literatur der Zwischenkriegszeit: Studien zum deutsch-chinesischen Austausch (1919–1937/39). Mit einer Bibliographie*. Berlin/Boston: De Gruyter, 2023, S. 151. "文化民族"（Kulturnation）是德国历史学家弗里德里希·梅尼克（Friedrich Meinecke）在19世纪讨论德国民族国家形成时提出的概念，"主要基于某种共同的文化经历而凝聚起来"，"共同的语言、共同的文学与共同的宗教是最重要的、也是最有效的文化要素"。而与之相对的"国家民族"（Staatsnation）则"首先建立在一种普遍的政治历史与法则的统一力量之上"。（弗里德里希·梅尼克：《世界主义与民族国家》，孟钟捷译，上海：上海三联书店，2007年，第4页。）

[2] Katrin Hudey: *China in der Literatur der Zwischenkriegszeit: Studien zum deutsch-chinesischen Austausch (1919–1937/39). Mit einer Bibliographie*. Berlin/Boston: De Gruyter, 2023, S. 151.

[3] 戈特弗里德·威廉·莱布尼茨：《中国近事：为了照亮我们这个时代的历史》，梅谦立、杨保筠译，郑州：大象出版社，2005年，第1页。

[4] Rita Widmaier (Hrsg.): *Leibniz korrespondiert mit China: Der Briefwechsel mit den Jesuitenmissionaren (1689–1714)*. Frankfurt am Main: Vittorio Klostermann, 1990, S. 6.

[5] Erwin Rousselle: Vom Eigenwert der chinesischen Kultur, in: *Sinica. Zeitschrift für Chinakunde und Chinaforschung*, Nr. 1, 1933, S. 1.

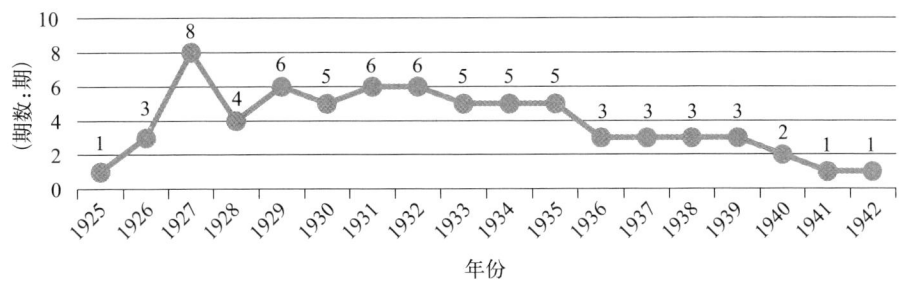

图 1 《中国学刊》年度发行期数

《中国学刊》(包括《中德季刊》)内容包罗万象,涉及中国的政治、经济、文学、历史、宗教等。杂志栏目相对固定,但在不同年份略有变动,主要栏目及内容安排为:"关于政治形势""展望"栏目刊发有关中国的时政要闻;"中国文学""中国文学选读"栏目译介研究中国文学作品;"佛教研究""宗教研究""民俗学与宗教"栏目刊登宗教研究文章;"书评""书展"栏目评介国际汉学最新著作。

《中国学刊》尤其注重从政治角度解读中国。1927 年,"关于政治形势"栏目刊发多篇题为《中国事件》的文章,持续关注中英纷争和中国第一次国内革命战争失败后的动荡形势,该栏目在次年被取消;取而代之的"展望"栏目继续刊文报道、评论中国国内情况和外交形势。1928 年,卫礼贤在中国研究所年报中指出,相较于同期专注报道中国时政新闻的《亚洲评论》(*Asiatische Rundschau*),《中国学刊》更加注重深度挖掘事件背景,如追溯20世纪初中英纷争的历史渊源,体现出杂志探本求源的精神。但部分文章的政治立场并非完全中立,被称作"盲目的政党追随者"[1]的古斯塔夫·阿曼(Gustav Amann)在"展望"专栏共发表22篇题为《关于中国局势》的政治时评,其解读基于

---

[1] Marlies Linke: Einige Anmerkungen zu den deutschen Zivilberatern in China: Das Beispiel Gustav Amann, in: Mechthild Leutner (Hrsg.): *Politik, Wirtschaft, Kultur: Studien zu den deutsch-chinesischen Beziehungen*. Münster: Lit-Verlag, 1996, S. 269.

蒋介石政府与纳粹政权的良好关系，符合纳粹的政治利益[1]，因而带有一定的"情绪化的主观观点"[2]。《中国学刊》后期逐渐减少与政治相关的内容，日趋非政治化[3]。

此外，由于佛教在欧洲的影响逐渐扩大，卫礼贤也对佛学抱有很大兴趣[4]，1928年起，《中国学刊》开设栏目"佛教研究"，聚焦中国佛教及其对西方的启迪。卫礼贤于该栏目译介梁启超《佛教心理学浅测》，肯定佛教是人类"寻找困境中的一种出路"[5]。中国佛教改革的探索者太虚大师的《历史与现代的佛教》一文，介绍中国佛教发展现状，指出佛教作为外来文化，其发展呈现出与道家、儒家思想融合的倾向[6]。纳粹党在攫取政权后，佛教在德国的传播遭到抵制，佛教徒被当作"特殊分子"和"反战论者"遭受迫害[7]。《中国学刊》受此影响，1936年起便取消"佛教研究"专栏，但杂志对中国宗教信仰的关注在同年的"宗教学研究"栏目中得以延续，主要介绍道教起源，翻译佛教契经。1937年，杂志开设专栏"民俗学与宗教"，除继续阐释中国宗教文化以外，还介绍广东客家民俗和中国春节习俗，并翻译数篇北京、山东民间文学故事，如《拉大锯，扯大锯》《小老鼠上灯台》《龙王的女儿》等。关注民间文化的这一旨趣与"民俗学作为一门新兴学科在欧洲本土的发展密切相关"[8]，更有欧洲学者指出，"以比较研究为目的的民俗学资料收集工作已在很多国家展开，

---

[1] Katrin Hudey: *China in der Literatur der Zwischenkriegszeit: Studien zum deutsch-chinesischen Austausch (1919–1937/39). Mit einer Bibliographie.* Berlin/Boston: De Gruyter, 2023, S. 163.

[2] Marlies Linke: Einige Anmerkungen zu den deutschen Zivilberatern in China: Das Beispiel Gustav Amann, in: Mechthild Leutner (Hrsg.): *Politik, Wirtschaft, Kultur: Studien zu den deutsch-chinesischen Beziehungen.* Münster: Lit-Verlag, 1996, S. 256.

[3] Vgl. Hartmut Walravens: Dokumente zur Geschichte des Frankfurter China-Instituts aus den Jahren 1930 bis 1949, in: *NOAG. Nachrichten der Gesellschaft für Natur- und Volkskunde Ostasiens*, Nr. 1, 1998, S. 130.

[4] 参见范劲：《二十世纪二三十年代德国汉学对胡适的接受》，载《文艺理论研究》2006年第5期，第183页。

[5] Richard Wilhelm: Buddhistische Studien. Vorbemerkung des Herausgebers, in: *Sinica. Zeitschrift für Chinakunde und Chinaforschung*, Nr. 1, 1929, S. 17.

[6] Vgl. Shi Tai-hü: Der Buddhismus in Geschichte und Gegenwart, in: *Sinica. Zeitschrift für Chinakunde und Chinaforschung*, Nr. 5/6, 1928, S. 190–192.

[7] Helmut Klar: *Der Buddhismus zur Nazizeit in Deutschland und Frankreich.* München: DBU, 1991, S. 8.

[8] 周歆红：《德语地区民俗学：历史、反思与转型》，载《民族研究》2015年第4期，第37页。

是时候将中国纳入其中了"[1]，德国汉学研究由此呈现出"民间转向"的趋势。直至纳粹时期，"礼缺造诸野"[2]的社会境况进一步推动德国民俗研究发展。

无论是中国民间宗教研究还是民俗文化研究，都属于现代人类学的研究范畴，而《中国学刊》从现代人类学的视角解读中国，凸显了德国作为"世界人类学的思想根源"[3]，为现代人类学开创"基本范式及其方法论体系"[4]的传统地位，这也与人类学成为西方现代学科体系中的独立学科并稳步发展息息相关。"19世纪以后，随着世界殖民体系在全球范围内的建立，伴随着自然科学的进步……现代学科体系中的人类学在西方社会正式诞生，且有了长足发展，其定义逐渐规范起来，研究内容越来越广泛，研究方法也逐步确立起来。"[5]自19世纪末，"德国人类学开始有更多的田野调查和民族志研究"[6]。20世纪上半叶，国际学界包括汉学界对民族起源与迁徙抱有极大兴趣，众多德国人类学学者出于科考兴趣到访中国，例如"开辟了中国研究中社会学和文化人类学的新领域"[7]的艾伯华（Wolfram Eberhard, 1909—1989）自1934年在中国华南、华东地区积极开展田野调查，为柏林民族博物馆进行人类学采风。该时期还有一大批受纳粹资助、带有特定政治意图的德国学者探访中国，进行体质人类学考察，如"试图配合纳粹的人种学说，在西藏寻找所谓的'雅利安人因素'"[8]的恩斯特·舍费尔（Ernst Schäfer）、布鲁诺·贝格（Bruno Beger）等。而由于"殖民主义和异国主义的动机"，并且"因为西方人刚刚踏上中国这片土地时一直未能深入到内陆和汉文化内部，他们以为周边少数民族文化就是汉文化的分

---

[1] Nicholas B. Dennys: The Folklore of China, in: *The China Review*, No. 5, 1875, P. 272.
[2] 参见包汉毅、桂书杰：《德国民俗学史上的"礼俗互动"》，载《文化遗产》2021年第5期，第105—107页。
[3] 孙丽丽：《如何探究教育中的人的形象：当代德国教育人类学的发展历程》，上海：上海教育出版社，2018年，第47页。
[4] 孙丽丽：《如何探究教育中的人的形象：当代德国教育人类学的发展历程》，上海：上海教育出版社，2018年，第48页。
[5] 冯波：《文化人类学》，北京：中国传媒大学出版社，2022年，第3页。
[6] 赵光锐：《纳粹时期德国的西藏人类学研究及其影响》，载《中国藏学》2015年第1期，第68页。
[7] 祁庆富、史晖：《清代少数民族图册研究》，北京：中央民族大学出版社，2012年，第211页。
[8] 赵光锐：《纳粹时期德国的西藏人类学研究及其影响》，载《中国藏学》2015年第1期，第66页。

支"[1]，因此，中国少数民族成为其探访与研究的重要对象。1939年，《中国学刊》设专栏"中国的邻国和异族"，刊载瑞士探险家斯文·赫定（Sven Hedin）《西藏和西藏研究史》、与中国民族学家凌纯声《松花江下游的赫哲族》中的赫哲族英雄史诗《木竹林》。后者的译者约翰·海福特（John Hefter）在译文前言中指出，从《松花江下游的赫哲族》一书中，可以发现当时中国中原以北的渔民、游牧民族等仍深受萨满信仰的影响，并称赞此书为欧洲学者提供现存的或已消失的高、中亚地区民族志信息，向德国读者展示当时中国民族志的观察与研究方法[2]。除此专栏外，《中国学刊》另有数篇文章关注中国少数民族，如1942年傅海波（Herbert Franke）《桑哥——忽必烈时期新疆官员的生平》等。

纳粹时期，德国汉学研究遭受重创。《中国学刊》虽然在一定程度上受到纳粹文化政策的限制，自1933年起不再刊登犹太籍作者的文章，但并未沦为纳粹政党的政治宣传工具，这在当时学术界尤为难得。1942年，《中国学刊》停刊，据相关学者考证，停刊原因大抵与主编鲁雅文的反纳粹倾向有关[3]。综而观之，《中国学刊》栏目的增删与内容、主题的侧重，体现了杂志关注现实中国的特点，符合杂志基于现实考量与中国进行文化交流的主旨，见证了20世纪20—40年代中德关系的风云变幻，亦与彼时德国汉学研究的曲折发展亦步亦趋。

二、《中国学刊》与卫礼贤"集体化知识生产"模式

卫礼贤的汉学研究可以分为三个时期，即青岛时期（1899—1920年）、

---

[1] 曹卫东：《中国文学在德国》，广州：花城出版社，2002年，第110页。

[2] Vgl. Ling Chunsheng: Moculin-Ein Heldenepos der Golden, übersetzt von John Hefter, in: *Sinica. Zeitschrift für Chinakunde und Chinaforschung*, Nr. 3/4, 1939, S. 108.

[3] Vgl. Katrin Hudey: *China in der Literatur der Zwischenkriegszeit: Studien zum deutsch-chinesischen Austausch (1919–1937/39). Mit einer Bibliographie*. Berlin/Boston: De Gruyter, 2023, S. 158-159. Hartmut Walravens: Dokumente zur Geschichte des Frankfurter China-Instituts aus den Jahren 1930 bis 1949, in: *NOAG. Nachrichten der Gesellschaft für Natur- und Volkskunde Ostasiens*, Nr. 1, 1998, S. 167.

北京时期（1922—1924年）、法兰克福时期（1924—1930年）[1]。随着中德政治关系逐渐从殖民关系趋向平等化，卫礼贤的研究也从"为殖民活动服务"转变为"中德文化之间的桥梁"[2]，其与中国学者在汉学研究方面的合作也日渐加强，卫礼贤"将平等的工作方式从民族和个人层面延伸到学术机构层面"[3]。

（一）以平等为基础的中德学人合作

卫礼贤与中国学者合作是"建立在平等基础上的新型模式，这与卫礼贤认为中德（欧）文化平等的观点一致"，因而，"卫礼贤不仅在意识形态上，而且在机构层面远离文化霸权主义，同时反驳其学术同僚在解读中国时带有的特权思想"[4]。卫礼贤"与中国和中国学者的学术合作被确立为中国研究所的工作纲领"[5]，德国汉学家罗梅君（Mechthild Leutner）称之为"集体化知识生产"（kollektive Wissensproduktion），认为该模式堪称卫礼贤的一种"创见"："作为新型学者，卫礼贤越来越把知识生产看作集体化过程，这与当时（德国）个人化的知识生产相悖。"[6]

首先，法兰克福大学中国研究所的创立，明确体现了卫礼贤与中国学者集体化知识生产模式的必要性。研究所董事会除了德国贵族、中产阶级人士、颇有名望的作家、哲学家如戈哈特·豪普特曼（Gerhart Hauptmann）、

---

[1] Vgl. Mechthild Leutner, Jens Damm (Hrsg.): *Chinesische Literatur: Zum siebzigsten Geburtstag von Eva Müller. Berliner China-Hefte 27*. Münster: LIT-Verlag, 2005, S. 70.

[2] 谭渊：《百年汉学与中国形象——纪念德国专业汉学建立一百周年（1909—2009）》，载《德国研究》2009年第4期，第70页。

[3] Mechthild Leutner, Jens Damm (Hrsg.): *Chinesische Literatur: Zum siebzigsten Geburtstag von Eva Müller. Berliner China-Hefte 27*. Münster: LIT-Verlag, 2005, S. 88.

[4] Mechthild Leutner, Jens Damm (Hrsg.): *Chinesische Literatur: Zum siebzigsten Geburtstag von Eva Müller. Berliner China-Hefte 27*. Münster: LIT-Verlag, 2005, S. 88.

[5] Mechthild Leutner, Jens Damm (Hrsg.): *Chinesische Literatur: Zum siebzigsten Geburtstag von Eva Müller. Berliner China-Hefte 27*. Münster: LIT-Verlag, 2005, S. 88.

[6] Mechthild Leutner, Jens Damm (Hrsg.): *Chinesische Literatur: Zum siebzigsten Geburtstag von Eva Müller. Berliner China-Hefte 27*. Münster: LIT-Verlag, 2005, S. 91.

胡戈·冯·霍夫曼斯塔尔（Hugo von Hofmannsthal）和马克思·舍勒（Max Scheler）外，还有中国政府人员及学者。蔡元培曾"不遗余力地为中国学院筹集来自中国方面的官方和私人捐款，并取得了成效"[1]（此处"中国学院"即中国研究所）；在法兰克福大学攻读医学博士、后担任同济大学校长的丁文渊曾出任该研究所副所长[2]；中国近现代文教界代表厉麟似曾是中国研究所的重要成员[3]；诸多中国学者如胡适、徐志摩曾受邀参加中国研究所的活动。研究所成立的"中国留德学生之家"也成为卫礼贤接待访德中国学者的阵地[4]。

其次，《中国学刊》刊发众多中国学者和留德学人撰写的文章，这也是卫礼贤"集体化知识生产模式"的另一重要实践[5]。"'平等'是卫礼贤发起与推动（中德）合作的关键特征，这在紧密围绕《中国学刊》开展的'集体化知识生产'过程中清晰可见。"[6]1921年，中德签署《中德协约》，两国全面恢复双边关系，至纳粹执政初期，中德两国在政治、贸易等方面保持良好往来，中德学术交往蓬勃发展，中国赴德留学生数量持续增长，这为中国留德学人后来参与《中国学刊》提供可能，中国学者为杂志承担文章撰写与翻译工作，例如民国著名法律人士徐道邻、画家徐悲鸿、音乐家王光祈、新儒家代表人物张君劢等均发表过文章。据统计，1925—1942年刊载于《中国学刊》（包括《中德季刊》）的424篇文章中，74篇出自中国学者之手。彼时德国汉学受20世纪初殖民主义研究范式影响，大部分汉学研究者仅将中国学者看作"传播中国零碎知

---

[1] 吴素乐：《卫礼贤——传教士、翻译家和文化诠释者》，任仲伟译，载《国际汉学》2005年第1期，第30—31页。

[2] 参见范劲：《卫礼贤之名——对一个边际文化符码的考察》，上海：华东师范大学出版社，2011年，第210页。

[3] 参见毕雁：《被联合国教科文组织给予极高评价，开"中学西播"之先河的南大人》，https://www.cssn.cn/jyx/jyx_zdtj/202211/t20221108_5560744.shtml，最后访问日期：2024年5月3日。

[4] 参见郑天星：《传教士与中学西渐——以德国汉学家卫礼贤为中心》，载《宗教学研究》1997年第2期，第110页。

[5] Vgl. Mechthild Leutner, Jens Damm (Hrsg.): *Chinesische Literatur: Zum siebzigsten Geburtstag von Eva Müller. Berliner China-Hefte 27*. Münster: LIT-Verlag, 2005, S. 90.

[6] Ja Changbao: Deutsch-chinesische Netzwerke im Frankfurter China-Institut, 1926–1932, in: Chen Hongjie u. a. (Hrsg.): *Deutsch-chinesische Kooperationen in Bildung und Wissenschaft: Akteure–Interessen–Chancen*. Münster: LIT Verlag, 2021, S. 173.

识的'次要助手'"[1]，而《中国学刊》刊发中国学者的文章，不仅提升了他们在德国的学术影响，同时有助于德语世界倾听更为真实的中国声音，弱化东方主义独白传统中的中国想象。

（二）世界范围的汉学研究跨文本互动

"中国研究所除了主要促进中德之间对话之外，还致力于加强（欧洲）汉学界的联系，推行'集体化知识生产'模式。"[2]这一点在中国研究所1928年年报中得到印证，卫礼贤重点申明了研究所的跨国合作关系："我们在出版工作中与中国学术研究机构保持联系，中国教育部为我们杂志发行做出很大贡献。此外，我们还发展了同法国、荷兰、奥地利、匈牙利、捷克斯洛伐克、美国、意大利、苏联的关系，尤其借助在牛津举行的东方学者大会，进一步发展了与英国的关系。（中国研究所的）部分成员也在这些国家积极工作。"[3] 卫礼贤在《中国学刊》首期便主张，德国学者"应跨越德国国界，与其他国家的重要学者建立学术联系，以便推进中国研究"[4]。因此，他的"集体化知识生产"范围实则扩展至全世界，这首先从《中国学刊》作者和译者国籍的多元化特征中可见一斑：苏联"汉学奠基人"[5]阿列克谢耶夫（Wassili Michailowitsch Alexejew）、丹麦作家路易·冯·科尔（Louis von Kohl）、法国汉学家让·埃斯卡拉（Jean Escarra）、俄裔法国汉学家马古烈（Georges Margouliès）等均有撰文。

《中国学刊》的"集体化知识生产"模式还体现在德国与其他国家汉学

---

[1] Ja Changbao: Deutsch-chinesische Netzwerke im Frankfurter China-Institut, 1926–1932, in: Chen Hongjie u. a. (Hrsg.): *Deutsch-chinesische Kooperationen in Bildung und Wissenschaft: Akteure–Interessen–Chancen*. Münster: LIT Verlag, 2021, S. 173.

[2] Katrin Hudey: *China in der Literatur der Zwischenkriegszeit: Studien zum deutsch-chinesischen Austausch (1919–1937/39). Mit einer Bibliographie*. Berlin/Boston: De Gruyter, 2023, S. 153.

[3] Richard Wilhelm: 1. Jahresbericht für 1928, in: *Mitteilungen des China-Institut*, Nr. 2, 1929.

[4] Richard Wilhelm: Zum Geleit, in: *Sinica. Zeitschrift für Chinakunde und Chinaforschung*, Nr. 1, 1928, S. 1.

[5] 参见马蔚云、崔建平：《阿列克谢耶夫〈汉学界工作书目〉的重要学术价值》，https://www.cssn.cn/skgz/bwyc/202304/t20230424_5624214.shtml，最后访问日期：2024年5月3日。

著作之间丰富的评论性跨文本互动，栏目"书评"和"图书阅览"是其重要阵地。由于彼时"西人之治中国学者，英美不如德，德不如法"[1]，因此杂志评论最多的是法国汉学著作。1928 年，"书评"栏目连载评介法国出版的汉学研究著作，涉及伯希和（Paul Pelliot）、马伯乐（Henry Maspero）、戴何都（Robert des Rotours）等汉学家的作品。除法国外，杂志评介最频繁的是英美国家的相关作品，如美国学者爱诗客（Florence Ayscough）1929 年撰写的现代西方第一部关于杜甫的传记作品——《杜甫：诗人的自传》、英国学者谢立山（Alexander Hosie）出版的欧洲第一幅较为完整的中国地图等。杂志紧随国际汉学发展步伐，助力德国汉学研究者了解国际汉学发展动态。

除了提供汉学最新发展信息，《中国学刊》的跨文本互动还给德国学者以研究方法的借鉴与启发。以保罗·拉驰涅夫斯基（Paul Ratschnevsky）所撰评论为例，文章称赞法国汉学家马伯乐《公元前 4 世纪齐王年表》依凭编年体通史《竹书纪年》所记载的数据，但对《史记》中时间记载的准确性提出质疑，借此提示德国汉学家应加强对尚未得到足够关注的《竹书纪年》进行研究，并警示德国学者："这些结论又一次告诉我们，我们在研究中国古代历史的时候，无论多么认真都不为过……"[2] 另有文章评介美国学者《〈中国政治思想〉——一个基于周朝时期主要思想家理论的研究》，指出该作品缺乏对文献来源的批判考证，提醒德国学者注意研究工作的严谨性。

当评论文由中国人所撰时，这种跨文本式的协作成为中德乃至中西思想的交会点和碰撞点。典型范例是徐道邻所撰的数篇评论文章，从对洪涛生（Vincenz Hundhausen）选译陶渊明诗词和法国汉学家马古烈研究中国古代散文的积极评价，到对奥托·福兰阁（Otto Franke）《中国通史》和马克斯·弗莱舍（Max Fleischer）盲目仿作的激烈批评，均是中国话语"与西方权威话语的

---

[1] 李思纯：《与友论新诗书》，载《学衡》1923 年第 19 期，第 5 页。
[2] Paul Ratschnevsky: Übersicht über die Form von Zeitschrift-Artikeln erschienenen französischen sinologischen Arbeiten, in: *Sinica. Zeitschrift für Chinakunde und Chinaforschung*, Nr. 4, 1929, S. 185.

直接交锋"[1]，同时也是卫礼贤"集体化知识生产"立场的延续。

第二次世界大战爆发后，中国研究所的工作几近终止，但中国研究所与《中国学刊》建立的"集体化知识生产"汉学研究模式，促使"德国汉学逐步摆脱了高高在上、曲高和寡的局面"[2]，这在第一次世界大战后德国遭受国际科学界封锁的局面下，殊为难得。《中国学刊》基于"集体化知识生产"模式，塑造了一个充满张力的话语空间，不同国家的多种声音参与其中，同频共振。借此，《中国学刊》将各国汉学研究紧密联系在一起，聚合成一个互惠互鉴的汉学研究共同体。同时，中德学者的集体化协作提高了中国学者在德国汉学研究中的话语权，助力德国了解真实的中国，中国不再是"难以理解的另一极"[3]，而是德国文化与学术领域理想的合作伙伴。

三、《中国学刊》对中国文学的译介与研究

《中国学刊》是德国汉学研究中国文学的重要媒介，1925—1942年刊载于《中国学刊》（包括《中德季刊》）的文章中，共有96篇文章涉及中国文学译介与研究，其中73篇翻译或改编中国文学作品。所涉作品文类丰富，包括诗歌、小说、散文、戏剧等。文章不为时空拘囿，从尧帝时代的民谣，到中国现代文学，从东北地区赫哲族曲艺说书艺术伊玛堪，到介绍西北地区维吾尔族官员生平的史传文学皆有涉及，可谓视野宏阔。此类文章多刊行于常设栏目"中国文学"或"中国文学选读"。《中国学刊》亦重视对中国文学的评论研究，且主要进行比较研究，探究中德文学在主题、意象等方面的共通性与中西文化的会通路径，为德国与中国的现实合作提供理论支持。图2直观展示该杂志涉及中国文学作品的篇目数量变化趋势：

---

[1] 范劲：《卫礼贤之名——对一个边际文化符码的考察》，上海：华东师范大学出版社，2011年，第223页。
[2] 谭渊：《百年汉学与中国形象——纪念德国专业汉学建立一百周年（1909—2009）》，载《德国研究》2009年第4期，第71页。
[3] 张国刚：《欧洲的中国观：一个历史的巡礼与反思》，载《文史哲》2006年第1期，第109页。

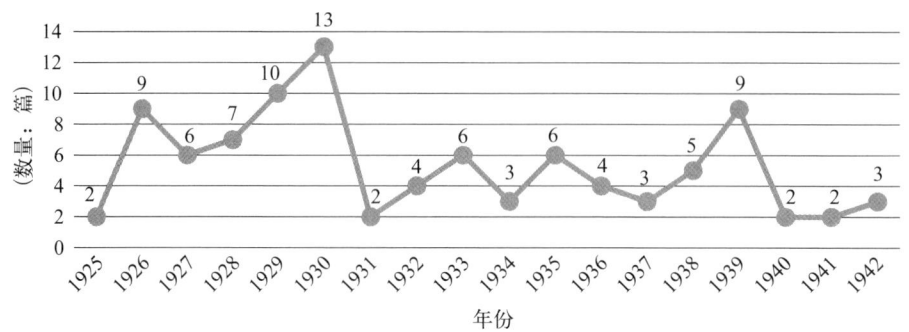

图 2 《中国学刊》译介与研究中国文学篇目数量趋势

《中国学刊》秉持相对平等的文化观对中国文学展开译介与研究。卫礼贤在杂志发表《东方的诗与真》，申明东西文化无高低之分："从东西方的诗歌创作中我们可以感受到一种人类之间的特殊联系，我们也借此看到文化不同的存在形式。哪种更高级？我不做判断。我们各自属于其中某种形式，并不意味着就要确定哪种形式高级或低级，它们只是表达人类思想的不同方式。"[1] 中西文化中流淌着人类的共同精神，研究的最终目的是实现"和而不同"的文化理想[2]。这些观点奠定了杂志译介与研究中国文学的立场基调。总体来看，《中国学刊》对中国文学的译介和研究可分为以下三个阶段：

（一）第一阶段（1925—1932年）：聚焦古典文学，侧重文学审美

"清末民初的西学东渐背景下，新学如潮，思想汇集，新概念和新术语给当时社会带来了前所未有的冲击"[3]，古典文学在中国被推到风口浪尖，地位受到撼动。《中国学刊》加入这场讨论，刊发《古典文学在中国现代精神生活中的地位》一文，重点介绍新文化运动后中国学界与教育界对古典文学作品的

---

[1] Richard Wilhelm: Dichtung und Wahrheit im Osten, in: *Sinica. Zeitschrift für Chinakunde und Chinaforschung*, Nr. 5/6, 1928, S. 188.

[2] Richard Wilhelm: Dichtung und Wahrheit im Osten, in: *Sinica. Zeitschrift für Chinakunde und Chinaforschung*, Nr. 5/6, 1928, S. 188.

[3] 刘满芸：《论知识的语际旅行、变迁与超越》，载《当代外语研究》2023年第4期，第92页。

接受情况,并得出结论:"人们对于古典文学抱有很大兴趣,但这种兴趣并非盲从,而是基于客观研究。"[1] 而对于"在批判性研究之后,中国人是否还信任传统?"这一问题,作者亦抱有积极态度:"人们愈发求新,就会对旧事物产生越多的兴趣……通过批判性研究,(哪些)古典作品是文化瑰宝愈发一目了然。"[2] 借此,《中国学刊》肯定了中国古典文学在新的历史时期所蕴含的重要价值。

1925—1932年,在这一时期杂志译介与研究的中国古典文学作品中,诗歌数量位居首位,共翻译了86首中国诗歌,杂志超三分之二的诗歌译介出自这一时期,涉及先秦《诗经》、汉代《甘泉赋》及孟浩然、杜甫、李白、李商隐、苏轼等人的唐宋诗词。杂志对于诗歌的偏爱基于德国汉学界对中国诗歌的推崇:"它(诗歌)是中国人的精神活动,这种活动以不寻常的节奏一直闪耀光芒,给予我们新的启发。"[3] 同时诗歌也符合德语文学"向来重视诗歌美学内涵和社会价值"[4] 的传统。除诗歌外,明清小说所占比重也较高。彼时正值德国红学研究热潮,《中国学刊》率先刊登《红楼梦》的首个德语改编作品——《燋花》、首个德语译文——《红楼梦选段》,这两部作品分别发表于杂志1928年第二期和1929年第二、三期。1932年,由德国汉学家弗朗茨·库恩(Franz Kuhn)翻译的德国首个《红楼梦》节译本问世,标志着"德国学术界对《红楼梦》的研究达到了一个高潮"[5],而《中国学刊》在同年早些时候(1932年第五期)已刊登库恩《红楼梦》译本的第15章"正月十五妃探亲",即原书第18回元妃省亲相关情节,《中国学刊》此举可谓是

---

[1] Carsun Chang: Die Stellung der kanonischen Literatur im modernen Geistesleben Chinas II, in: *Sinica. Zeitschrift für Chinakunde und Chinaforschung*, Nr. 3, 1931, S. 107.

[2] Carsun Chang: Die Stellung der kanonischen Literatur im modernen Geistesleben Chinas II, in: *Sinica. Zeitschrift für Chinakunde und Chinaforschung*, Nr. 3, 1931, S. 108.

[3] Richard Wilhelm: Dichtung und Wahrheit im Osten, in: *Sinica. Zeitschrift für Chinakunde und Chinaforschung*, Nr. 5/6, 1928, S. 177.

[4] 刘颖、李红红:《21世纪以来中国文学在德国的译介出版研究》,载《广西社会科学》2019年第1期,第158页。

[5] 姜其煌:《欧美红学》,郑州:大象出版社,2005年,第113页。

独具慧眼，先声夺人。此外，明代抱瓮老人的白话短篇小说集《今古奇观》亦受到极大关注，《中国学刊》译介其中《杜十娘怒沉百宝箱》《庄子休鼓盆成大道》《灌园叟晚逢仙女》《滕大尹鬼断家私》《女秀才移花接木》等数篇故事。

自19世纪下半叶以来，伴随现代工业文明而来的思想异化、生态恶化、一战爆发等，西方社会陷入空前的精神危机。道家"无为而无不为""回归自然"的思想成为西方学者竞相采撷的救世良药，道家思想在德国学界风行一时。《中国学刊》应时而动，刊登数篇翻译与解读道教典籍的文章，涉及《道德经》《南华经》等。蕴含道家思想的故事也成为这一时期德语文学创作的重要母题。卫礼贤改编自拟话本小说《庄子休鼓盆成大道》的剧本——《蝴蝶梦的游戏》，借助对庄子天道观的重新演绎，投射出德国知识分子在文明危机下对"出世"与"入世"的思考。此外，卫礼贤还撰文《庄子与伏尔泰》，简陈伏尔泰哲理小说《查第格》第二章《鼻子》与《庄子休鼓盆成大道》的直接渊源，强调该故事对欧洲文学的重要影响。无论是翻译、改编抑或阐释蕴含道家思想的文学作品，皆是借道家之智慧，浇西方文明失落之块垒。

（二）第二阶段（1933—1939年）：政治化与现实性的审美彰明显著

纳粹统治时期，德国汉学遭受毁灭性影响，部分犹太人或抱有反纳粹倾向的汉学家，或在德国丧失工作机会，或因受到严格审查而流亡中国，他们借中国文学反思与批判纳粹的政治与道德。德国汉学家弗朗茨·库恩翻译的第一部中国新文学长篇小说《子夜》"可以看作一种来自德国知识阶层对政治现实的抗议。这种抗议虽然微弱，却如同黑夜前最后的微薄的光芒，代表的是微乎其微的、需要勇气来维系的希望"[1]。《中国学刊》也成为库恩进行政

---

[1] 顾文艳：《中国现代文学在德语世界传播的历史叙述》，载《中国比较文学》2019年第3期，第176页。

治反思与批判的阵地，1933—1939年库恩发表了三篇《水浒传》译文，"智取生辰纲""江州劫法场""白龙庙聚义""智取无为军""梁山小夺泊"等情节集中反映了以蔡京、梁中书为代表的封建统治者与广大农民的矛盾，歌颂起义农民的大智大勇；起义者揭竿而起，讨伐的对象是昏庸残暴的封建统治者，而库恩借此口诛笔伐的则是纳粹的罪恶统治。此外，库恩还于《中国学刊》发表《三国演义》节译：《暴君董卓的灭亡》《王位要易主》涉及"董卓丧命""曹操挟帝"的情节，暴君佞臣的恣睢无忌令人联想到纳粹的独裁虐政；《拜访卧龙》《跃入野溪》两篇译文分别讲述刘备三顾茅庐、觅得良相和跃马檀溪、逃出生天的故事，借此，库恩透露出对政治形势改善的期望与信心。此外，德国汉学家伊姆加德·格林（Irmgard Grimm）选译《三国演义》中"何国舅谋诛宦竖""赵子龙单骑救主""曹操败走华容道"等章节，并将译文分别命名为《汉王宫的纷乱》《危难中的拯救》《曹操的逃亡》，从中不难看出格林同库恩一样，有意影射德国当局统治的黑暗，并对政治走向抱有希望。《中国学刊》对《水浒传》《三国演义》的译介也表明其拒绝与纳粹共谋的决心与倾向。

除小说外，中国历史文学亦为德国学者知往鉴今、反映现实的一面镜子。流亡中国的德国民族学家石坦安（Diether von den Steinen）翻译《史记》的《伯夷列传》，并高度评价该作品不仅是"客观描述"，更具有"诗意的光辉"，这使得司马迁的核心思想重返德国历史编撰者的视野[1]。司马迁借伯夷、叔齐"奔义""让国"的高尚行为，讽刺当时社会的"争利"与"死权"，但两者的深明大义换来的却是悲剧性结局。因此，石坦安认为，司马迁写史的目的是使读者"通过观察古今善恶之人的生平，产生对社会秩序是否公平的质疑"[2]，这

---

[1] Vgl. Diether v. d. Steinen: Das 61. Kapitel des Schi Gi. Zur Geisteshaltung von Si-Ma Tsien, in: *Sinica. Zeitschrift für Chinakunde und Chinaforschung*, Nr. 5/6, 1933, S. 229.

[2] Diether v. d. Steinen: Das 61. Kapitel des Schi Gi. Zur Geisteshaltung von Si-Ma Tsien, in: *Sinica. Zeitschrift für Chinakunde und Chinaforschung*, Nr. 5/6, 1933, S. 232.

同样是石坦安面对犹太人遭受迫害时意欲表达的愤慨之情。同时，石坦安还认为，司马迁在此章节中表明了勇敢坦率的无用性，透露出的"是一种放弃，是对命运力量的屈服，因此不乏悲剧色彩"[1]，这也侧面反映出译者对所受压迫感到无奈与失意。

1933 年，对纳粹持反对态度的德国汉学家卫德明[2]（Hellmut Wilhelm）于《中国学刊》译介《致史可法书》《复多尔衮书》，前者原为多尔衮致抗清将领史可法的招降书，信中以仁义道德之名，行威逼利诱之事，正如纳粹鼓吹的"道德"，实则为荒唐而残酷的"伪道德"。相比之下，史可法的回信声温而气壮，驳斥劝降书虚伪的同时，表达渴望光复朝廷的愿望。从卫德明流亡中国的个人经历，到多尔衮与史可法通信内容的鲜明对比，不难看出译者选译这两篇书信所暗含的现实指涉与政治批判意图。上述德国译者与中国文学作品中的角色经历了相似的黑暗社会环境，德国译者借中国文学经典影射纳粹罪恶统治，或表达对政治形势向好发展的信心和愿望，或抒写对未知命运的担忧，这在一定层面上也彰显了《中国学刊》从历史与文化层面深刻省思、追问真理的可贵品质。

这一时期的中国同样处于救亡图存的斗争中，留德的中国学者也借译介中国文学，指涉中国特定历史和现实，影射民族危机，发出革命声音。1938 年，毛路森[3]（Lucien Mao）译介明末王秀楚记录清兵扬州屠城的史书《扬州十日记》，这无疑是以文学控诉日军"南京大屠杀"暴行；"在近现代中国，随着列强的入侵，对木兰从军故事的演绎长盛不衰，其谱系的展开与国族命运的变动息息相关"[4]。1939 年，在抗日救亡运动的背景下，留德的抗日知识分子蒋学

---

[1] Diether v. d. Steinen: Das 61. Kapitel des Schi Gi. Zur Geisteshaltung von Si-Ma Tsien, in: *Sinica. Zeitschrift für Chinakunde und Chinaforschung*, Nr. 5/6, 1933, S. 232.
[2] 参见丁建弘、李霞：《中德学会和中德文化交流》，载黄时鉴编：《东西交流论谭》，上海：上海文艺出版社，1998 年，第 265—289 页。
[3] 中文名系音译，文章译者署名为：Lucien Mao, National Central University, Nanking。
[4] 秦雅萌：《"木兰从军"故事的现代讲述——以抗战时期的上海、桂林为中心》，载《妇女研究论丛》2017 年第 1 期，第 79—80 页。

文于《中国学刊》发表德译《木兰诗》，他将花木兰譬喻为"唐代的亚马孙女战士"[1]，并在译文序言中将花木兰与欧洲的"奥尔良的姑娘"（die Jungfrau von Orléans）——法国女英雄贞德——相提并论[2]；蒋学文发表的诗歌《孔雀东南飞》译文则以反抗封建礼教压迫为主题。两则故事在战时语境下带有明显的现实隐喻，其震撼人心的英雄事迹和强烈的反抗精神正是译者意欲发出的抗日救亡声音。

此外，这一阶段的《中国学刊》对中国现代文学的译介持积极态度，认为"中国的新文学值得被欧洲熟知"[3]，但相关文章较少，究其原因，在杂志发行前期，中国现代文学的发展正处于初期阶段，"德语地区对中国现代作家的了解极为有限"[4]，而在纳粹时期，"以反封建革命为社会背景的中国现代文学承受巨大禁查压力"[5]。《中国学刊》迫于政治压力，只得控制其数量；虽数量有限，但颇具代表性，涵盖五四新文学、左翼文学、抗战文学等，反映中国社会现实，具有强烈的时代特色。"乡土写实流派成就最大的作家之一"[6]鲁彦的小说《秋夜》一方面在结构上明显受到欧洲文学影响，另一方面，故事中现实与梦境的交融符合中国传统神话想象[7]；中国现代派小说家施蛰存的社会现实批判小说《夜叉》展现了20世纪30年代中国人在摩登都市中生存的心灵困境；冰心的散文《第一次宴会》展示新旧时期交替下真实的中国家庭生活与女性意识的觉醒。艾士宏（Werner Eichhorn）译介熊佛西以中西文化冲突为主题的独幕剧《模特儿》，并认为熊佛西"可能是中国当下健在的剧作家中最好、最知

---

[1] 花木兰是中国古代传说的四大巾帼英雄之一，是南北朝时期一个传说色彩极浓的巾帼英雄，被唐代皇帝追封为"孝烈将军"。
[2] Vgl. Chiang Hsüeh-Wen: Hua Mu-Lan. Eine Amazone aus der Zeit der Tang-Dynastie, in: *Sinica. Zeitschrift für Chinakunde und Chinaforschung*, Nr. 1/2, 1939, S. 27.
[3] Lu Yüen: Herbstnacht, in: *Sinica. Zeitschrift für Chinakunde und Chinaforschung*, Nr. 2, 1927, S. 21.
[4] 顾文艳：《中国现代文学在德语世界传播的历史叙述》，载《中国比较文学》2019年第3期，第173页。
[5] 顾文艳：《中国现代文学在德语世界传播的历史叙述》，载《中国比较文学》2019年第3期，第176页。
[6] 杨义：《中国现代小说史》（第一卷），北京：人民出版社，1986年，第431页。
[7] Vgl. Lu Yüen: Herbstnacht, in: *Sinica. Zeitschrift für Chinakunde und Chinaforschung*, Nr. 2, 1927, S. 21.

名的一位"[1],认为"其作品展示了真正的中国姿态"[2]。田汉的剧作《战友》的译者认为,在剧中为新思想而狂热的学生身上,可以洞见中德社会相似的"回归自我,脱离他者"[3]的思潮与倾向。《中国学刊》通过翻译反映中国现实的现代文学,向德国展示了区别于传统汉学研究中落后的古中国形象,勾勒出相对真实与现代的中国面貌,符合杂志关注辛亥革命后"少年中国"[4]的倾向与同中国谋求现实合作的意图。

这一时期《中国学刊》对中国民间文学的推崇也带有一定的现实目的。"清末民初,英、美、德等各国来华西方学者,对中国民间文学表现出较高热忱,大量搜集整理,翻译介绍,涵盖谚语俗语、歌谣俗曲、故事传说等各种不同类型,掀起一股'中学西传'的浪潮"[5],他们"已经意识到民间文学的生活属性和审美价值,西方学者借由对民间文学和民俗文化的考察,尝试探察我国民族心理特征、找寻中西民俗异同"[6]。这股考察中国民俗文化、关注中国民间文学的热潮从《中国学刊》对中国民间文学的关注中亦可见一斑,除在前文提到的北京、山东民间故事,杂志还译介研究中国民间诗歌与童谣。1934—1935 年,艾伯华以实地考察的方式,收集华中、华北地区书写于中国古迹、崖壁、寺庙等建筑物上的民间诗歌,并与奥托·伯查德(Otto Burchard)合著《寺庙墙壁上的民间诗歌》一文刊登于《中国学刊》。这类民间诗歌均用毛笔或铅笔题写于墙壁上,存续时间有限,因此,刊登于《中国学刊》的民间诗歌具有重要的文献价值。艾伯华不仅指出此类题壁民间诗歌

---

[1] Hiung Fu-Hsi: Ein Einakter von Hiung Fu-Hsi, übersetzt von Werner Eichhorn, in: *Sinica. Zeitschrift für Chinakunde und Chinaforschung*, Nr. 3/4, 1937, S. 161.

[2] Hiung Fu-Hsi: Ein Einakter von Hiung Fu-Hsi, übersetzt von Werner Eichhorn, in: *Sinica. Zeitschrift für Chinakunde und Chinaforschung*, Nr. 3/4, 1937, S. 161.

[3] Tian Han: Dschan-Yu: Der Kriegskamerad, übersetzt von Liao Bao-seing, in: *Sinica. Zeitschrift für Chinakunde und Chinaforschung*, Nr. 3/4, 1939, S. 165.

[4] Richard Wilhelm: Zum Geleit, in: *Sinica. Zeitschrift für Chinakunde und Chinaforschung*, Nr. 1, 1928, S. 1.

[5] 朱灵慧:《清末民初来华西方学者民间文学译介中的文学观与民俗观》,载《民族学刊》2021 年第 10 期,第 40 页。

[6] 朱灵慧:《清末民初来华西方学者民间文学译介中的文学观与民俗观》,载《民族学刊》2021 年第 10 期,第 44 页。

的地域差异,即华中地区多为诗歌,而陕西东部和山西南部则以谜语诗为主,而且尝试从中窥探中国民众的文化心理[1]。伊姆加德·格林通过对比中德童谣,发现中西方具有"惊人的相似性",均热衷于"永恒的生命更替的奇迹"这一主题,且在"理解共同的自然性"[2]方面如出一辙。综上所述,德国学者不仅在现代人类学体系中理解中国民间文学,还着重挖掘民间文学蕴含的现实意义,探索中德精神会通的路径。

(三)第三阶段(1940—1942年):文学审美与哲学思辨的回归

由于纳粹当局加强文化审查,《中国学刊》对中国文学的译介与研究不仅在数量上急剧减少,内容也重新倾向非政治化[3],表现为不再注重中国文学对历史与现实的指涉作用,而是回归其文学审美和哲学内涵。《中国诗歌》一文译介中国诗歌数首,从"最古老的诗歌"[4]《击壤歌》到民国诗歌《树木园》《游三贝子花园》等皆有涉及。不同于初期对中国诗歌的译介,这一时期的《中国学刊》为部分诗歌配以精美的中国书法或工整的中文印刷体原文,彰显出该时期杂志对译文审美价值的重视。《中国中世纪文学的发展史》梳理汉代至明代中国文学发展的特点,从文学史角度观照中国文学。《中国社会与神话中的女性》剖析中国历史与文学中常见的女性形象,并将其划分为"家族与氏族的母亲""情妇与女伴""女巫与女魔法师""亚马孙女战士",深入挖掘文学作品中的中华文化内涵和价值观念。此外,该阶段的《中国学刊》还偏爱蕴含哲学思辨的文学作品,刊发《老子与其著作》《〈庄子〉第二章中的道教思辨》,深入阐释《老子》《庄子》中的道家宇宙观、本体论和辩证法。至此,《中国学

---

[1] Vgl. Wolfram Eberhard, Otto Burchard: Volkspoesie an Tempelwänden, in: *Sinica. Zeitschrift für Chinakunde und Chinaforschung*, Nr. 3/4, 1936, S. 128.

[2] Irmgard Grimm: Chinesische Kinderreime, in: *Sinica. Zeitschrift für Chinakunde und Chinaforschung*, Nr. 4, 1933, S. 138.

[3] Vgl. Hartmut Walravens: Dokumente zur Geschichte des Frankfurter China-Instituts aus den Jahren 1930 bis 1949, in: *NOAG. Nachrichten der Gesellschaft für Natur- und Völkerkunde Ostasiens*, Nr. 1, 1998, S. 130.

[4] Zoltan v. Franyó: Chinesische Gedichte, in: *Sinica. Zeitschrift für Chinakunde und Chinaforschung*, Nr. 1/2, 1940, S. 49.

刊》对中国文学的译介与研究画上了句号。

纵观《中国学刊》译介研究中国文学的三个阶段，杂志始终坚持在宏大的社会历史语境中把握中国文学作品的社会价值和审美价值。从初期侧重古典文学和文学性审美，到中期关注带有政治批判性质、现实指涉明显的文学作品，再到后期文学作品的非政治化倾向与审美功能的回归，皆是《中国学刊》和德国汉学界在时序变换中通过中国文学传递思想与精神的重要方式。

四、结语

综而观之，《中国学刊》创刊十八载，在风云变幻的德国内部局势和中德关系中始终保持相对独立的品格，以政治化审美反思社会，以现实主义笔调烛照真实中国。集体协作化的汉学研究模式与中国文学多重价值的挖掘与呈现，助力探索中德精神会通路径，传递了中国作为优秀文化民族和理想伙伴的正面形象。

张帆、辛媛媛　文

文学文献目录

卷期	德语篇名	中文译名	作者/译者	栏目	页码
1925/1	Die Geschichte der Tuschiniang. Aus der Chinesischen Novellensammlung Kin Ku K'i Kuan	《杜十娘的故事——出自中国短篇小说集〈今古奇观〉》[1]	—	—	43—66
1925/1	Über das chinesische Theater. Eine Betrachtung anlässlich des Klabundschen Kreidekreises	《关于中国戏剧——以克拉邦德〈灰阑记〉为契机的研究》	—	纵览	79—90
1926/2	Paralipomena zu Mongtse	《孟子作品补遗》（一）	Richard Wilhelm 译	—	28—35
1926/2	Das geheimnisvolle Bildnis. Eine chinesische Erzählung aus Kin Ku K'i Kuan	《神秘的画像——出自〈今古奇观〉的中国短篇小说》[2]	Franz Kuhn 译	—	36—60
1926/3	Das Spiel vom Schmetterlingstraum	《蝴蝶梦的游戏》	—	—	5—48
1926/3	Der gespaltene Sarg	《大劈棺》	—	—	49—87
1926/3	Liu Hua Yang, Hui Ming King. Das Buch von Bewusstsein und Leben	《柳华阳〈慧命经〉——意识与生命之书》	柳华阳 作 L. C. Lo 译	—	104—114
1926/4	Der verwechselte Bräutigam	《请错郎》[3]	Richard Wilhelm 译	—	5—58

标注 * 的作品为未查明中文原作。
[1] 中文原作《杜十娘怒沉百宝箱》，出自《今古奇观》。
[2] 中文原作《滕大尹鬼断家私》，出自《今古奇观》。
[3] 中文原作《花田错》。

续表

卷期	德语篇名	中文译名	作者/译者	栏目	页码
1926/4	Paralipomena zu Mongtse (Fortsetzung)	《孟子作品补遗》（二）	Richard Wilhelm 译	—	59—73
1927/1	Tschuangtse und Voltaire/Der gespaltene Sarg in Europa	《庄子和伏尔泰/欧洲的劈棺》	—	杂谈	5
1927/1	Die Nase	《鼻子》[1]	—	杂谈	5—6
1927/2	Lu Yüen/Herbstnacht	《鲁彦/秋夜》	鲁彦 作 H. C. Tsian 译	中国文学	21—26
1927/3	Der gespaltene Sarg in Europa	《欧洲的劈棺》	Franz Schultz	杂谈	55
1927/8-9	Sin Schǐ Sï Niang. Die 14. Tochter der Familie Sin	《〈辛十四娘〉——辛家的第十四个女儿》	蒲松龄 作 Paotschen 译	中国文学	172—179
1927/10	Yang Hsiung's poetische Beschreibung des Himmelsopfers im Lustschloss (Kan-Chüan Fu)	《扬雄对甘泉宫内祭天的诗意描述（〈甘泉赋〉）》	扬雄 作 Erwin von Zach 译	中国文学	190—193
1927/11-12	Der Schleier des schwarzen Windes, chinesisches Volksstück aus Peking	《〈黑风帕〉，中国民间京剧》	H. C. Tsian 译	中国文学	227—234
1928/1	Die künstlerischen Hilfsquellen der chinesischen literarischen Sprache	《中国文言文的修辞参考材料》	Georges Margouliès 作 Maria Gräfin Lanckoronska 译	文论	10—25
1928/1	Schicksalhafte Begegnung. Novelle von Yüan Dschen	《命运般的相遇（一）——元稹短篇小说》[2]	元稹	文论	31—36

---

[1] 出自伏尔泰《查第格》。
[2] 中文原作《莺莺传》。

续表

卷期	德语篇名	中文译名	作者/译者	栏目	页码
1928/2	Schicksalhafte Begegnung. Novelle von Yüan Dschen	《命运般的相遇（二）——元稹短篇小说》[1]	元稹	文论	81—86
1928/3	Welkende Blätter. Nach dem berühmten chinesischen Roman „Traum im roten Zimmer"	《燋花——根据中国著名长篇小说〈红楼梦〉改编》	C. H. Burke	文论	141—148
1928/5-6	Dichtung und Wahrheit im Osten	《东方的诗与真》	Richard Wilhelm	文论	177—188
1928/5-6	Wang Kuo-Wei's Leben und seine Werke	《王国维的生平和作品》	Yao Schï-ao	中国人物画廊	207—215
1928/5-6	Ein Gedicht Li Shang-Yin's	李商隐诗一首（韩愈《平淮西碑》/李商隐《韩碑》）	韩愈、李商隐 作 Erwin von Zach 译	文论	216—220
1929/1	Der Pfeil. Eine chinesische Erzählung aus Gin Gu Ki Guan	《箭——出自〈今古奇观〉的中国短篇小说》[2]	林秋生 译	中国文学选读	28—39
1929/1	Chinesischer Humor Der unbemalte Fächer Warum die Alchemisten Misserfolge haben	中式幽默：《未上色的扇子》《炼金术师为何会失败》	—	综览	45—46
1929/2	Ausgewählte Kapitel aus dem Roman Hung Lou Mong (Der Traum des Roten Schlosses)	《长篇小说〈红楼梦〉节选》（一）	丁文渊 译	中国文学选读	83—89
1929/3	Die Lebensgeschichte des Han Fe. Aus den historischen Aufzeichnungen des Sï-Ma Tsiën	《韩非列传——出自司马迁〈史记〉》[3]	Küan Tang 译	中国人物画廊	114—116

[1] 中文原作《莺莺传》。
[2] 节选自《女秀才移花接木》，出自《今古奇观》。
[3] 节选自《老子韩非列传》，出自《史记》。

续 表

卷期	德语篇名	中文译名	作者/译者	栏目	页码
1929/3	Han Fe Dsï. Die Schwierigkeit des Beratens. Aus dem 4. Buch des Han Fe Dsï und unter Vergleich mit dem Text in Shï Gi	《〈韩非子·说难〉——出自〈韩非子〉第四卷,对比〈史记〉中的相应文本》	徐道邻 译	中国人物画廊	116—120
1929/3	Ausgewählte Kapitel aus dem Roman Hung Lou Mong (Der Traum des Roten Schlosses)	《长篇小说〈红楼梦〉节选》(二)	丁文渊 译	中国文学选读	130—135
1929/4	Tsiu Siën, der Blumennarr. Eine chinesische Erzählung aus Gin Gu Ki Guan	《花痴秋先——出自〈今古奇观〉的中国短篇小说》[1](一)	林秋生 译	中国文学选读	172—176
1929/5	Tsiu Siën, der Blumennarr. Eine chinesische Erzählung aus Gin Gu Ki Guan	《花痴秋先——出自〈今古奇观〉的中国短篇小说》[2](二)	林秋生 译	中国文学选读	215—222
1929/6	Die chinesische Liebe	《中式的爱》	徐道邻	杂论	241—251
1929/6	Der Taube Dscheng	《聋人郑》*	Wang Hsiang-tschen 作 Erich Schmitt 译	中国文学选读	273—284
1930/1	Du Fu, der Dichter der Leidenschaft	《杜甫,充满激情的诗人》	徐道邻	中国人物画廊	6—15
1930/1	Aus Du Fus Gedichten	杜甫诗选(《自京赴奉先县咏怀五百字》/《北征》)	杜甫 作 Erwin von Zach 译	中国文学选读	15—20
1930/1	Das Zauberbuch. Ein chinesisches Märchen aus der Sammlung Liau Dschai Dschï I von Pu Sung Ling	《仙书——出自蒲松龄小说集〈聊斋志异〉的中国故事》[3]	蒲松龄 作 林秋生 译	中国文学选读	20—24

[1] 中文原作《灌园叟晚逢仙女》。
[2] 中文原作《灌园叟晚逢仙女》。
[3] 中文原作《书痴》。

续　表

卷期	德语篇名	中文译名	作者/译者	栏目	页码
1930/1	Chinesischer Humor Der Erbe (Li Gi, Kap. Tan Gung, 19) Menschenopfer (Li Gi, Kap. Tan Gung, 20)	中式幽默：《继承人》(《礼记·檀弓》，第19篇)《活人殉葬》(《礼记·檀弓》，第20篇)	—	综览	43
1930/2	Das Buch Dseng Dsï. Da Dai Li Gi Kapitel 49-57	《〈曾子〉——〈大戴礼记〉第49—57章》	Richard Wilhelm 译	杂论	74—97
1930/2	Gedichte von Mong Hau Jan	孟浩然诗选(《美人分香》/《寒夜》/《寒食宴张明府宅》/《武陵泛舟》/《游精思题观主山房》/《夏日南亭怀辛大》/《秋宵月下有怀》/《彭蠡湖中望庐山》/《初年乐城馆中卧疾怀归作》/《长乐宫》)	孟浩然 作 Richard Wilhelm 译	中国文学选读	97—100
1930/3	Su Dung Po	《苏东坡》	徐道邻	中国人物画廊	133—143
1930/3	Der Ome-Berg	《峨眉山》	Arnold Heim	杂论	143—145
1930/3	Der Mönch vom O Me Schan	《峨眉山的和尚》	林秋生	中国文学选读	145—149
1930/3	Chinesischer Humor Befähigungsnachweis	中式幽默：《资格证书》	—	综览	154
1930/4	Wang We, der Maler der Tang-Zeit	《王维，唐代画家》	A. von Herder	中国人物画廊	191—206
1930/4	Gedichte von Wang We	王维诗选(《送别》/《终南别业》/《送元二使安西》/《赠裴十迪》/《竹里馆》/《木兰柴》)	王维 作 徐道邻、Stephan Kuttner 译	中国人物画廊	206—207
1930/5-6	Über die chinesische Poetik	《关于中国诗学》	王光祈	杂论	245—260
1930/5-6	Die Phönixmelodie. Aus dem Dung Dschou Lië Guo Dschï	《凤凰的旋律——出自〈东周列国志〉》[1]	林秋生 译	中国文学选读	260—265

[1] 中文原作《弄玉吹箫双跨凤，赵盾背秦立灵公》。

续　表

卷期	德语篇名	中文译名	作者/译者	栏目	页码
1931/1	Die Stellung der kanonischen Literatur im modernen Geistesleben Chinas	《古典文学作品在中国人现代精神生活中的地位》（一）	张君劢	综论	13—26
1931/3	Die Stellung der kanonischen Literatur im modernen Geistesleben Chinas	《古典文学作品在中国人现代精神生活中的地位》（二）	张君劢	综论	97—108
1931/5	Aus dem Drama „Mou Dan Ting". 6. Aufzug: „Die Aufmunterung der Bauern"	《戏剧〈牡丹亭〉节选——第六出：〈劝农〉》[1]	汤显祖 作 Dschang Hing, Vincenz Hundhausen 译	中国文学选读	246—255
1932/1	Die literarische Bewegung im modernen China	《现代中国的文学运动》	Dschou-kang Sié	中国艺术研究	11—19
1932/1	Die Mondprinzessin. Ein chinesisches Märchen	《月娘——一则中国民间故事》	林秋生 改写	中国文学选读	19—25
1932/5	Ein Kapitel aus dem Roman Hung Lou Mong	《长篇小说〈红楼梦〉一回》	Franz Kuhn 译	中国文学选读	178—186
1932/6	Chinesische Gedichte	中国诗歌（唐诗：王维《观猎》《归嵩山作》/李益《宫怨》/陈子昂《晚次乐乡县》/张九龄《湖口望庐山瀑布泉》/杜甫《野望》《晓望》《绝句》/徐安贞《闻邻家理筝》/韦承庆《南行别弟》/贺知章《回乡偶书》/丁仙芝《渡扬子江》/张籍《枫桥夜泊》/王昌龄《同从弟南斋玩月忆山阴崔少府》（节选）/李白《元丹丘歌》；现代诗：《流云》*）	王维、张九龄等作 Ernst Boerschmann 译	中国文学选读	235—240

[1] 中文原作中《劝农》应为第八出。

续 表

卷期	德语篇名	中文译名	作者/译者	栏目	页码
1933/3	Lü Dsus „Lied vom Talgeist"	《吕祖的〈谷神歌〉》	Eduard Erkes	中国文学选读	94—96
1933/4	Chinesische Kinderreime	中国童谣	Irmgard Grimm 译	中国文学选读	138—144
1933/4	Der Überfall am Gelbschlammgrat	《黄泥岗袭击》[1]	Franz Kuhn 译	中国文学选读	145—157
1933/5-6	Das 61. Kapitel des Schï Gi Deutsch. Zur Geisteshaltung von Sï-Ma Tsiën	《德译〈史记〉第61卷——论司马迁的思维方式》	Diether von den Steinen	中国文学选读	229—232
1933/5-6	Ein Reisebericht Kang Yu-Wes über Deutschland	《康有为的德国游记》	Wolfgang Franke	综论	188—192
1933/5-6	Ein Briefwechsel zwischen Durgan und Schï Ko-Fa	《史可法与多尔衮的书信往来》	Hellmut Wilhelm	综论	239—245
1934/1	Sung kommt unter die Liangschan-Rebellen. Eine Episode aus dem Schui Hu Dschuan	《宋江上梁山——出自〈水浒传〉的一个片段》	Franz Kuhn 译	中国文学选读	32—45
1934/2	Hu Schï, Eine Frage	《胡适的〈一个问题〉》	胡适 作 Marianne Rieger 译	中国文学选读	81—87
1934/5	Die Falle im Henkergraben. Aus dem chinesischen Roman „Shui Hu Dschuan"	《黄泥岗的陷阱——出自中国长篇小说〈水浒传〉》	Franz Kuhn 译	中国文学选读	198—202
1935/3	Die Suche nach dem Traum. Zwölfter Aufzug aus dem Drama „Mou Dan Ting"	《〈寻梦〉——戏剧〈牡丹亭〉第十二出》	汤显祖 作 Vincenz Hundhausen 译	中国文学选读	97—108

---

[1] 节选自《水浒传》。

续 表

卷期	德语篇名	中文译名	作者/译者	栏目	页码
1935/3	Fünf chinesische Volksmärchen aus Schantung	山东民间故事五则	Brunhild Lessing 译	中国文学选读	108—120
1935/3	Chuan Chen: Die chinesische schöne Literatur im deutschen Schrifttum	《评陈铨:〈德国文学中的中国纯文学〉》	R. F. Merkel	书评	143—144
1935/4	„Entrüstet wirft Fräulein Du Schï das Juwelenkästchen in die Fluten". Aus dem Chinesischen des Gin Gu Ki Guan	《〈杜十娘怒沉百宝箱〉——译自〈今古奇观〉中文版》	Franz Kuhn 译	中国文学选读	177—188
1935/5-6	Der neue Palast. Aus dem Schï-Ging (II. 4, 5)	《新宫殿——出自〈诗经〉(II. 4, 5)》[1]	Vincenz Hundhausen 译	中国文学选读	255—256
1935/5-6	Die verräterische Stimme. Märchen von Ling Tsiu-sen	《泄密的声音——林秋生创作的故事一则》	林秋生	中国文学选读	265—266
1935/5-6	Die erste Einladung. Novelle von Bing Sin	《第一次邀请——冰心短篇小说一则》[2]	冰心 作 A. Eberhard 译	中国文学选读	266—274
1936/1-2	„Lotosliebe". Zu einem Denkspruch des Philosophen Dschou Dun-i	《"爱莲"——哲学家周敦颐的格言》	Werner Eichhorn	中国文学选读	47—50
1936/1-2	Aus Yüan Me „Der Meister sagt nicht..." (Dsï bu yü)	《袁枚〈子不语〉节选》(《陈姓父幼子壮》/《猪道人即郑鄤》)	袁枚 作 Wolfram Eberhard[3] 译	中国文学选读	50—52

[1] 改写自《诗经·小雅·斯干》。
[2] 中文原作《第一次宴会》。
[3] 《中国学刊》1936年第1—2期目录中标注该文献译者姓名为Wolfram Eberhard，正文部分标注该文献译者姓名为Wolfgang Eberhard。

续表

卷期	德语篇名	中文译名	作者/译者	栏目	页码
1936/3-4	Volkspoesie an Tempelwänden	寺庙墙壁上的民间诗歌	Wolfram Eberhard 收集 Otto Burchard 译	中国文学选读	127—130
1936/5-6	Einige Volksdichter der letzten Generation	《上一辈的几个民族诗人》*	Lin Yi-yau 作 Eisenach Friedrich Otte 译	中国文学选读	197—201
1937/1-2	Örtliche Märchen und Geschichten aus Peiping	北平当地的童话和故事	Brunhild Lessing 译	中国文学选读	39—43
1937/1-2	Die goldenen Haarpfeile. Chinesische Erzählung	《金钗钿——中国小说》[1]	Franz Kuhn 译	中国文学选读	55—72
1937/3-4	Ein Einakter von Hiung Fu-hsi	熊佛西独幕剧一部（《模特儿》）	熊佛西 作 Werner Eichhorn 译	中国文学选读	161—172
1937/5-6	Seltsame Geschichten um Sian	《西安怪事》	Chiang Hsiao Lien 作 Lucien Mao 译	中国文学选读	253—256
1938/3-4	Die Wirren am Hof der Han-Kaiser	《汉王后宫的混乱》[2]	Irmgard Grimm 译	—	109—121
1938/3-4	Ye-tscha-Gespenster. Roman von Schï Dschê-tsun aus dem Literatur-Jahrbuch Chinas von 1932	《〈夜叉〉：鬼怪——施蛰存的小说，出自〈中国文艺年鉴（第一回）1932年〉》	施蛰存 作 廖宝贤 译	—	142—154
1938/3-4	Das Ende des Tyrannen Dung Dscho. Eine Episode aus dem San Guo-dschï	《权臣董卓之死——出自〈三国志〉的一个片段》[3]	Franz Kuhn 译	—	122—141
1938/5-6	Chinesisches Drama und chinesisches Theater	《中国戏剧和戏剧表演艺术》	张天麟	—	225—240

[1] 中文原作《陈御史巧勘金钗钿》，出自《今古奇观》。
[2] 节选自《三国演义》。
[3] 节选自《三国演义》。

续表

卷期	德语篇名	中文译名	作者/译者	栏目	页码
1938/5—6	Meine Erinnerungen an das Zehn-Tage-Massaker in Yang-dschou	《我的扬州十日屠城记》[1]	王秀楚 作 Lucien Mao 译	—	265—283
1939/1—2	Hua Mu-lan, eine Amazone aus der Zeit der Tang-Dynastie	《花木兰——一名唐代的亚马孙女战士》	蒋学文	中国文学选读	27—29
1939/1—2	Rettung aus der Not. Aus der „Geschichte der Drei Reiche"	《危难中的拯救——出自〈三国演义〉》	Irmgard Grimm 译	历史与相关角色翻译	32—39
1939/1—2	Besuch beim Schlafenden Drachen. Aus der „Geschichte der Drei Reiche"	《拜访"卧龙"——出自〈三国演义〉》	Franz Kuhn 译	历史与相关角色翻译	40—51
1939/3—4	Tsau Tsau's Flucht. Aus dem San Guo-dschï	《曹操的逃亡——出自〈三国志〉》[2]	Irmgard Grimm 译	历史与相关角色翻译	103—107
1939/3—4	Der Sprung in den Wildbach. Aus dem San Guo-dschï (Kapitel 34)	《跃入野涧——出自〈三国志〉(第三十四回)》[3]	Franz Kuhn 译	历史与相关角色翻译	151—161
1939/3—4	Dschan-yu – Der Kriegskamerad. Ein Einakter von Tiën Han	《〈战友〉——田汉的一部独幕剧》	田汉 作 廖宝贤 译	中国文学选读	165—192
1939/3—4	Moculin – Ein Heldenepos der Golden	《〈木竹林〉——金色英雄史诗》	John Hefter 译	—	108—150
1939/5—6	„Die Pfauen flogen nach Südosten", von einem unbekannten Dichter aus der Han-Dynastie (206 v. Chr.-220 n. Chr.)	《〈孔雀东南飞〉——汉代(公元前206—220年)无名氏作》	蒋学文 译	中国文学选读	213—220

[1] 中文原作《扬州十日记》。
[2] 节选自《三国演义》。
[3] 节选自《三国演义》。

续　表

卷期	德语篇名	中文译名	作者/译者	栏目	页码
1939/5-6	Ein Thron muss wandern. Eine Episode aus dem „San Guo-dschï" (Kap.13 und 14)	《王位要易主——出自〈三国演义〉第十三、十四回的一个片段》	Franz Kuhn 译	历史与相关角色翻译	221—238
1940/1-2	Chinesische Gedichte	中国诗歌 [1]	李白、白居易等 作 Zoltán von Franyó 译	—	49—59
1940/3-6	Entwicklungslinien der chinesischen mittelalterlichen Literatur	《中国中世纪文学的发展史》	Wolfram Eberhard	—	180—189
1941/1-6	Lau-dsï und sein Buch	《老子与其著作》	Erwin Rousselle 译	—	120—129
1941/1-6	Die Frau in Gesellschaft und Mythos der Chinesen	《中国社会与神话中的女性》	Erwin Rousselle	—	130—151
1942/1-6	Sen-ge–Das Leben eines uigurischen Staatsbeamten zur Zeit Chubilai's, dargestellt nach Kapitel 205 der Yüan-Annalen	《桑哥——忽必烈时期新疆官员的生平：根据〈元史〉第205卷撰写》	Herbert Franke	历史与文化史	90—113
1942/1-6	Chinesische Gedichte aus dem Zeitalter der Tang-Dynastie	中国唐代诗歌（李白《北上行》《出自蓟北门行》/白居易《凶宅》）	李白、白居易 作 Zoltán von Franyó 译	中国文学选读	136—139
1942/1-6	Die dauistische Spekulation im zweiten Kapital des Dschuang Dsï	《〈庄子〉第二章中的道教思辨》	Werner Eichhorn	宗教与哲学	140—162

翻译及校对：辛媛媛、方心怡　等

制表：方心怡

[1] 包含远古民歌《击壤歌》，唐诗（孟浩然《春晓》、《洛中访袁拾遗不遇》/李白《月下独酌》（其一）、《静夜思》、《怨情》、《姑孰十咏·丹阳湖》（节选）、《玉阶怨》/杜甫《咏怀古迹（其三）》/白居易《枯桑》、《秋蝶》、《登村东古冢》、《松声》、《闻哭者》、《冬夜》/张籍《寻仙》），宋诗（王安石《夜直》/苏东坡《东栏梨花》/戴石屏（戴复古）《淮村兵后》/盱眙北望》/黄梨洲（黄宗羲）《不寐》），近代诗（李昭实《游三贝子花园》《树木园》等）。

1985、1989、1993年

德国汉学期刊文献辑录与研究

季节女神
中国特刊

die horen

德国《季节女神》中国特刊对
中国现当代文学的接受与镜鉴 *

一、《季节女神》(*die horen*)的创刊历程与办刊理念

德国著名文学期刊《季节女神》(*die horen*),以其专业性、权威性和独特性,广受文学界和出版界的肯定,曾荣获阿尔弗雷德·科尔文学批评奖(1980/1988)、卡尔·海因茨·齐尔默奖(1998)、下萨克森州出版奖(2011)等重要奖项。《季节女神》效法弗里德里希·席勒(Friedrich Schiller)1795年创立的文学期刊 *die Horen*。"die Horen"意为古希腊神话的季节女神,代表正义、秩序与和平,这也"正是(席勒)这本杂志的理念和宗旨"[1],旨在"为读者的思想和心灵提供欢悦的消遣","为缪斯和慈善家们提供一个紧密封闭的圈子,一切带有不纯党派精神的事物都将被驱逐出去"[2]。席勒梦想能在国家分裂的时代,出版一本杂志,专门讨论哲学和艺术,"通过将透彻的知识引入社会生活,将品位引入科学,促进消除美的世界与知识世界的界限"[3],"实现德国人的文化统一,席勒的杂志正是为了塑造这一共同的德国身份"[4],从中寄寓着席勒的美学教育理想和人道主义思想。

斗转星移,时序更张。"德意志第三帝国灭亡十年后,1955 年 10 月 12 日

---

* 本文系教育部哲学社会科学研究重大课题攻关项目"'中国故事'在世界文学中的引征阐释及启示研究"(项目编号:20JZD046)阶段性成果;原文刊载于 *Jahrbuch für Internationale Germanistik* Nr. 2, 2023,本文略作改动。

[1] Friedrich Schiller: Die Horen, eine Monatsschrift, von einer Gesellschaft verfasst und herausgegeben von Schiller, in: *Die Horen. Eine Monatsschrift*, Nr. 1, 1795, S. 10.

[2] Friedrich Schiller: Die Horen, eine Monatsschrift, von einer Gesellschaft verfasst und herausgegeben von Schiller, in: *Die Horen. Eine Monatsschrift*, Nr. 1, 1795, S. 8.

[3] Friedrich Schiller: Die Horen, eine Monatsschrift, von einer Gesellschaft verfasst und herausgegeben von Schiller, in: *Die Horen. Eine Monatsschrift*, Nr. 1, 1795, S. 8.

[4] *Die Horen*, in: https://www.friedrich-schiller-archiv.de/schriften/horen/, abgerufen am 31.08.2023.

下午，五个年轻人握手承诺，要用他们的生命来捍卫人的尊严和自由"[1]，汉诺威青年文学社（Der Junge Literaturkreis）宣告成立，抗议联邦德国议院"漠视年轻人的意见"[2]，实行义务兵役制，这一批"站在德国国家社会主义理想废墟前"的青年人，"对父辈们的一切充满了质疑"，决意寻找"新的知识、方法和思想路径"，弗里德里希·席勒成为"最可靠的榜样"[3]。"在那些迷茫的日子里，在国家即将重新建设之时"，席勒坚信"对人权的人道主义诉求，对人类自由和尊严的观点，仍然是行之有效的价值观，并且比以往任何时候都更具有现实意义"[4]。青年文学社创始人之一库尔特·莫拉维茨（Kurt Morawietz）沿袭席勒创办的杂志名字"die Horen"，"将其小写，以示对席勒思想的崇敬与认同"[5]，《季节女神》顺理成章地成为青年文学社的官方期刊[6]。"我们想通过《季节女神》继续向全世界表明，我们这些年轻人在这里，并且有话要说，我们准备用自己浅薄的能力帮助塑造当今的精神面貌。"[7]同样面对国家四分五裂的现状，同样试图以文学塑造德国人精神世界，这一群年轻人与弗里德里希·席勒产生了跨越时代的心灵共鸣绝非偶然；而且，他们将青年文学社与"哥廷根林苑派和围绕年轻的席勒组成的圈子"[8]相类比，以席勒"不允许保持沉默"[9]的

---

[1] Hans-Otto Hügel: Man muß die Leute incommodieren..., in: Hans-Otto Hügel u. a. (Hrsg.): *die horen 1955－1985. Eine Literarische Zeitschrift aus Hannover*. Wilhelmshaven: Wirtschaftsverlag NW, Verlag für neue Wissenschaft, 1985, S. 70.

[2] Kurt Morawietz: Die Horen der ersten Stunde, in: Hans-Otto Hügel u. a. (Hrsg.): *die horen 1955－1985. Eine Literarische Zeitschrift aus Hannover*. Wilhelmshaven: Wirtschaftsverlag NW, Verlag für neue Wissenschaft, 1985, S. 87.

[3] Kurt Morawietz: Die Horen der ersten Stunde, in: Hans-Otto Hügel u. a. (Hrsg.): *die horen 1955－1985. Eine Literarische Zeitschrift aus Hannover*. Wilhelmshaven: Wirtschaftsverlag NW, Verlag für neue Wissenschaft, 1985, S. 86.

[4] Kurt Morawietz: Die Horen der ersten Stunde, in: Hans-Otto Hügel u. a. (Hrsg.): *die horen 1955－1985. Eine Literarische Zeitschrift aus Hannover*. Wilhelmshaven: Wirtschaftsverlag NW, Verlag für neue Wissenschaft, 1985, S. 86.

[5] David Blum: In Schillers Fußstapfen: seit 2012 gibt der Leipziger Jürgen Krätzer die traditionsreiche Literaturzeitschrift „die horen" heraus, in: *Leipziger Blätter*, Nr. 72, 2018, S. 54－55.

[6] Vgl. Hans-Otto Hügel: Man muß die Leute incommodieren..., in: Hans-Otto Hügel u. a. (Hrsg.): *die horen 1955－1985. Eine Literarische Zeitschrift aus Hannover*. Wilhelmshaven: Wirtschaftsverlag NW, Verlag für neue Wissenschaft, 1985, S. 67.

[7] Hans-Otto Hügel u. a. (Hrsg.): *die horen 1955－1985. Eine Literarische Zeitschrift aus Hannover*. Wilhelmshaven: Wirtschaftsverlag NW, Verlag für neue Wissenschaft, 1985, S. 12.

[8] Hans-Otto Hügel u. a. (Hrsg.): *die horen 1955－1985. Eine Literarische Zeitschrift aus Hannover*. Wilhelmshaven: Wirtschaftsverlag NW, Verlag für neue Wissenschaft, 1985, S. 12.

[9] Kurt Morawietz: Die Horen der ersten Stunde, in: Hans-Otto Hügel u. a. (Hrsg.): *die horen 1955－1985. Eine Literarische Zeitschrift aus Hannover*. Wilhelmshaven: Wirtschaftsverlag NW, Verlag für neue Wissenschaft, 1985, S. 87.

精神要求自己，希望能够对现实发声，对未来产生影响。

然而，古典主义时期的崇高理想，终究无法完全匹配20世纪60年代群情激昂的政治时代。大学生运动增强了联邦德国人民的政治意识，文学政治化成为主流。德国作家尤尔根·西奥巴尔迪（Jürgen Theobaldy）写信质疑主编库尔特·莫拉维茨："我不太喜欢你对席勒的引用，在我看来，这是未经反思的，由此我怀疑，你所引用的引文是否可以适用于晚期资本主义社会。"[1] 莫拉维茨也逐渐意识到，"席勒的思想无法用于创造我们这个时代生动的文学政治期刊"，"仅仅依靠美的文学无法应对我们所面临的社会政治压力"[2]。"席勒作为榜样，虽然是一个崇高的目标，但并不能帮助人们在日常工作中确定方向。"[3]《季节女神》不得不与时俱进，好在它也并未在时代大潮中完全随波逐流，"即便在（欧洲）大学生运动的高潮时期，《季节女神》也仍旧保留了（政治文化之外的）其他经验和文学范式"[4]，席勒崇高的人道主义理想——"通过自由，给予自由"[5]，"精神必须摆脱必要的束缚，才能获得理性的自由"[6] 等，作为《季节女神》的核心理念，至今仍刊于杂志扉页，厚植《季节女神》深刻的人文主义根脉。

1971年，德国胡格出版社（Hug Verlag）接管《季节女神》的出版，其在初期更青睐"文学研究类文章和经典的作家作品"[7]；70年代中后期，杂志开始转而重点关注文化和社会重大问题，通过"有针对性的社会政治评论"的

---

[1] Hans-Otto Hügel u. a. (Hrsg.): *die horen 1955–1985. Eine Literarische Zeitschrift aus Hannover*. Wilhelmshaven: Wirtschaftsverlag NW, Verlag für neue Wissenschaft, 1985, S. 24.

[2] Kurt Morawietz: Die Horen der ersten Stunde, in: Hans-Otto Hügel u. a. (Hrsg.): *die horen 1955–1985. Eine Literarische Zeitschrift aus Hannover*. Wilhelmshaven: Wirtschaftsverlag NW, Verlag für neue Wissenschaft, 1985, S. 89.

[3] Hans-Otto Hügel: Man muß die Leute incommodieren..., in: Hans-Otto Hügel u. a. (Hrsg.): *die horen 1955–1985. Eine Literarische Zeitschrift aus Hannover*. Wilhelmshaven: Wirtschaftsverlag NW, Verlag für neue Wissenschaft, 1985, S. 76.

[4] Hans-Otto Hügel u. a. (Hrsg.): *die horen 1955–1985. Eine Literarische Zeitschrift aus Hannover*. Wilhelmshaven: Wirtschaftsverlag NW, Verlag für neue Wissenschaft, 1985, S. 24.

[5] Friedrich Schiller: Über die ästhetische Erziehung des Menschen. 27. Brief, in: *die horen*, Nr.1, 1993, S. 2.

[6] Friedrich Schiller: Augustenburger Briefe, in: *die horen*, Nr. 3, 1989, S. 2.

[7] Hans-Otto Hügel u. a. (Hrsg.): *die horen 1955–1985. Eine Literarische Zeitschrift aus Hannover*. Wilhelmshaven: Wirtschaftsverlag NW, Verlag für neue Wissenschaft, 1985, S. 27.

发声，例如"监狱与刑罚体系（第105期）""学校与改革（第121期）""教会与基督教（第130期）"。"在世界文学专题特刊中的波斯特刊（第122期和第123期），芬兰特刊（第132期和第133期），尤为特别的中国特刊（第138期），编辑们成功地丰富了其与时俱进的选题风格。这些特刊之所以成功，正是因为他们搜集和介绍了在德国几乎不为人知的文学"[1]，由此可见《季节女神》深刻的世界文学理念，青年文学社呈现出开放的世界观与价值理念，融通东亚思维方式[2]。文学社译介"中国文学与日本文学"[3]，从而为德国文学提供启发，"外国文学特刊成为其重要特点"[4]。

20世纪80年代，《季节女神》荣获阿尔弗雷德·科尔文学批评奖，赢得广泛的声誉和认可，并得到汉诺威市和下萨克森州的政府支持，被奉为"青年作家的起点""最多样化的时代潮流聚集地"[5]。这让杂志在更加纯粹的艺术审美层面确立了办刊宗旨，即"让文学不加掩饰地展示自己，不受利益驱动的影响，不受出版和图书销售的影响"[6]。迄今，《季节女神》杂志已历经68个春秋，对青年作家的青睐使得杂志始终保有自己的先锋性，与知名作家的合作保证了杂志的经典性，而著名学者的参与提升了杂志的权威性，对不同文学潮流的包容加强了杂志的多样性，其逐渐成长为"一个享有盛誉的文学、政治和学术论坛"[7]。

---

[1] Hans-Otto Hügel: Man muß die Leute incommodieren..., in: Hans-Otto Hügel u. a. (Hrsg.): *die horen 1955–1985. Eine Literarische Zeitschrift aus Hannover*. Wilhelmshaven: Wirtschaftsverlag NW, Verlag für neue Wissenschaft, 1985, S. 80.

[2] Vgl. Kurt Morawietz: Die Horen der ersten Stunde, in: Hans-Otto Hügel u. a. (Hrsg.): *die horen 1955–1985. Eine Literarische Zeitschrift aus Hannover*. Wilhelmshaven: Wirtschaftsverlag NW, Verlag für neue Wissenschaft, 1985, S. 87.

[3] Hans-Otto Hügel u. a. (Hrsg.): *die horen 1955–1985. Eine Literarische Zeitschrift aus Hannover*. Wilhelmshaven: Wirtschaftsverlag NW, Verlag für neue Wissenschaft, 1985, S. 7.

[4] Christian Eger: *Ein großes Literaturblatt bleibt auf Kurs*, in: https://www.die-horen.de/die-horen.html, abgerufen am 26.08.2023.

[5] Kurt Morawietz: Die Horen der ersten Stunde, in: Hans-Otto Hügel u. a. (Hrsg.): *die horen 1955–1985. Eine Literarische Zeitschrift aus Hannover*. Wilhelmshaven: Wirtschaftsverlag NW, Verlag für neue Wissenschaft, 1985, S. 90.

[6] Kurt Morawietz: Die Horen der ersten Stunde, in: Hans-Otto Hügel u. a. (Hrsg.): *die horen 1955–1985. Eine Literarische Zeitschrift aus Hannover*. Wilhelmshaven: Wirtschaftsverlag NW, Verlag für neue Wissenschaft, 1985, S. 90.

[7] Hans-Otto Hügel u. a. (Hrsg.): *die horen 1955–1985. Eine Literarische Zeitschrift aus Hannover*. Wilhelmshaven: Wirtschaftsverlag NW, Verlag für neue Wissenschaft, 1985, S. 30.

二、《季节女神》(die horen)的中国特刊

自创刊以来,《季节女神》多以专题刊的形式出版,根据各个专题特色设置相应的栏目,并以开阔的世界文学视野探讨挪威、捷克、比利时、印度等国别文学的民族性、政治化、现代性等问题,推动其成长为国际化的德语文学期刊。《季节女神》在1985年、1989年、1993年共发行四期中国特刊,译介228篇中国文学作品,聚焦中国文学发展的重大时期,展现出对中国文学的特别关注。

事实上,"在20世纪80年代中期,翻译作品数量至少在联邦德国达到了新的历史高度"[1],德译中国文学迎来了"黄金10年(1984—1993)"(详见图1[2])。作为德语文学权威期刊的《季节女神》既融入了这场译介运动,又起到了引领和推动作用,尤其是对初登文坛的张洁、张抗抗、戴厚英、王安忆、北岛、舒婷、顾城、王朔等新人的大力译介,推动中国文学新质力量与世界文

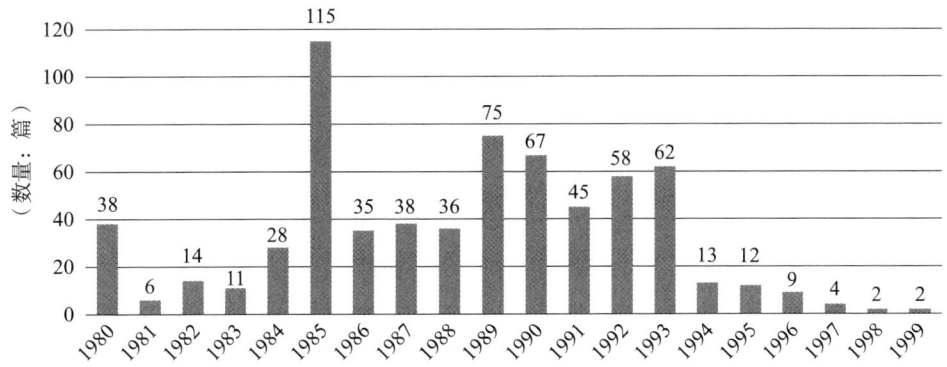

图1　1980—1999年中国现当代作家德译译作数量变化及趋势

---

[1] 马汉茂等:《德国汉学:历史、发展、人物与视角》,李雪涛等译,郑州:大象出版社,2005年,第648页。
[2] 图中数据来源于孙国亮、李斌:《中国现当代文学在德国的译介研究概述》,载《文艺争鸣》2017年第10期,第107页。

学展开对话。

德国涌现中国现当代文学译介的高峰，映射出德国对重开国门的中国充满好奇和期待，"对西方世界而言，中国一直是一块神奇的土地。中国几千年的历史、政权、瑰丽风景都令西方心驰神往，而陌生的疏离感更平添了西方的想象空间"[1]。文学在此扮演着增进国家、民族和个人之间了解交流的重要角色。"由中国作家撰写的文学作品借由自身的感受、想法和视野反映了中国的社会生活，也为德国读者提供了另一种理解中国社会生活的可能。"[2] "通过中国文学的文学特质，西方读者可以从中读到中国对于人类和自身历史的刻画，这种刻画既现实又兼具批评性。"[3] 当然，以德语文学期刊《季节女神》为代表的德语译介中国文学热的初衷必定不是弘扬中国文化，而是为了开阔本国视听、增益国民见闻、累计民族智识，是想通过建立文化接触区——文化融合发生的空间，在这个空间里两种不同的文化相遇并以一种极度不平衡的方式互相影响[4]，不同文化个体可以在接触区打破文化边界的束缚进行有效互动。"一旦'接触区'建立起来，个体就可以通过与不同文化他者的沟通来获取全新视角"[5]，从而镜鉴德语文学与文化，为德国现代化提供补益、滋养。

1985年是中国文坛的"新潮美学年"，适逢民主德国西柏林举办第三届"地平线世界文化节"，王蒙带领16人的作家访问团参加，这在当时无论是规模还是影响力，都是空前的。《季节女神》适时地推出第1期中国特刊，这期特刊纵览中国现当代文学发展概况，将老舍、郭沫若、巴金视为"为中国现

---

[1] Andrea Wörle: Über dieses Buch, in: Andrea Wörle (Hrsg.): *Chinesische Erzählungen*. München: Deutscher Taschenbuch Verlag, 1990, S. 2.

[2] Anne Engelhardt, Ng Hong-chiok: Vorwort, in: Anne Engelhardt, Ng Hong-chiok (Hrsg.): *Wege. Erzählungen aus dem chinesischen Alltag*. Bonn: Engelhardt-Ng Verlag, 1985, S. 2.

[3] Andrea Wörle: Über dieses Buch, in: Andrea Wörle (Hrsg.): *Chinesische Erzählungen*. München: Deutscher Taschenbuch Verlag, 1990, S. 2.

[4] Vgl. Mary L. Pratt: *Imperial Eyes: Travel Writing and Transculturation*. London/New York: Routledge, 1992, P. 4.

[5] 索格飞、张红玲：《中国文化对外传播新路径——基于国际慕课的实证研究》，载《对外传播》2018年第6期，第20页。

代文学奠基的代表作家"[1]，王蒙、刘心武等作家则属于"当代文学最初的一代"[2]，北岛、舒婷、顾城等作家"成为当今中国年轻一代的代表"[3]，并开设专栏"共和国时期的女性生活"，关注当代中国社会的妇女生活状况，译介丁玲、茅盾、冰心等著名作家描写女性生活境遇的作品。可以说，第一期中国特刊旨在为德国读者描摹中国现当代文学的基本概貌。

1989年，《季节女神》连续发行两期中国特刊，关注中国年轻一代作家和海外中国作家，译介顾城、欧阳江河、北岛等作家作品，并延续了1985年首期中国特刊对女性文学的关注，专栏"除了文学，一无所有：中国女性文学"译介张辛欣、谢烨等作家作品，刊发对茹志鹃、王安忆等著名作家的采访；专栏"无论我写得好或不好：1985年视野，作为中国女性写作"翻译张抗抗、张洁、黄宗英等作家的文论，凸显女作家的文学观点与文学态度。

1993年，中国文学即将"告别虚伪的形式"，重返现实主义"冲击波"。柏林世界文化宫举办的"中国先锋"系列展览大有为中国先锋文学做结的意味，鉴于此，《季节女神》发行第4期中国特刊，将目光投向海外华语文学，译介顾城、芒克、多多等作家作品。杂志并未局限于海外华语文学作品的翻译，而是充分关注海外华语文学与中国现当代文学的联系，"海外的中国诗人、中国的叙述者、处于中间位置的芒克，正是这样的作家为中国开拓了国际视野"[4]。

总体而言，《季节女神》从1985年开始发行中国特刊，关注中国现当代文学的多元特质；与德语文学相比，中国文学自身的独特性，可以为德国文学"举起一面镜子，让我们（德国）更清楚地看到自己"[5]。

---

[1] Ruth Keen, Helmuth F. Braun: Von Rinderteufeln und Schlangengeistern–Zu diesem Band, in: *die horen*, Nr. 2, 1985, S. 6.
[2] Ruth Keen, Helmuth F. Braun: Von Rinderteufeln und Schlangengeistern–Zu diesem Band, in: *die horen*, Nr. 2, 1985, S. 6.
[3] Ruth Keen, Helmuth F. Braun: Von Rinderteufeln und Schlangengeistern–Zu diesem Band, in: *die horen*, Nr. 2, 1985, S. 7.
[4] Sabine Peschel: Drinnen und draußen–Die literarische Avantgarde in China, in: *die horen*, Nr. 1, 1993, S. 10.
[5] Kurt Scharf: Welt mit leerer Mitte–Zu diesem Band, in: *die horen*, Nr. 1, 1993, S. 5.

三、以中国文学为镜：中德文学互鉴

德国作家彼得·巴姆（Peter Bamm）在《季节女神》1989年第4期撰文写道："在20世纪，'世界文化'一词重拾旧意，对我们来说，世界文化那个连接东西方的古老存在共同体，那个囊括欧洲和亚洲的伟大欧亚大陆，再次焕发出勃勃生机，在此之上，几千年来，人、货物和思想跨越惊人的距离来回穿梭在战争与和平中，在巨大动荡的年代，在几个世纪的平静生活中。……我们再次开始寻找并看到那些或隐或现的共性，它们将所有这些古老的文化在艺术与宗教、政治学说与哲学层面联系起来。我们寻找相互影响、相互促进的根源，寻找交流所走过的路，寻找交流留下的痕迹。"[1] 世界文化是一个将各国文化联系在一起的存在共同体，《季节女神》从文化互鉴的视角，观照中国文学与德国文学的共性与特性，寻找德国文学在中国文学留下的痕迹与影响，并以此为鉴，反观德国文学的自身。正如司徒汉（Hans Stumpfeldt）所言："德国的中国形象如同幽灵，德国作家和思想家眺望中国时，中国也在注视他们，这正是一面镜子，一面自我和他者的镜子"[2]，映照出西方现代主义在中国文学留下的痕迹与中国文学对德国文学的启示。

（一）中国现当代文学：寻找西方现代主义印记

《季节女神》的四期中国特刊共译介212篇中国现当代文学作品，由于《季节女神》主张与时俱进的选题风格，洞察中国现当代文学在西方未为人熟知的困境，"西方对此（即中国现当代文学）没有足够的了解，因此无法充分理解它"[3]。20世纪80年代，"尽管中国当代文学得到了发展，但翻

---

[1] Peter Bamm: Weltkultur, in: *die horen*, Nr. 4, 1989, S. 275.
[2] Hans Stumpfeldt: Chinoiserie und China als Spiegel, in: *die horen*, Nr. 4, 1989, S. 265.
[3] Helmut Martin: An den Fünf Rosafarbenen Säulen – zur modernen chinesischen Literatur, in: *die horen*, Nr. 2, 1985, S. 14.

译的西方文学作品却把本土文学远远地甩到了后面"[1],"一大批(中国)作家在对西方范式的实验中把自己视为'现代主义者'"[2],中国文学植根于中国特殊的历史文化土壤,却又深深烙上西方现代主义印记,例如通过内心独白、意识流等艺术手法,描写人物的内心世界,直接展现出西方文学的影响[3]。

这种印记,不仅体现在艺术手法上,还体现在文学主题与生活境遇的共鸣上。《季节女神》刊文指出,70年代末的中国伤痕文学"可以与德国战后文学相类比"[4]。毕鲁直(Lutz Bieg)借用文学评论家吴梦的说法,"'废墟文学'一词最能体现中国这一代年轻作家的文学创作",并特别注明,"他(吴梦)选择这个词时,显然参考了海因里希·伯尔(Heinrich Böll)的文章《对废墟文学的自白》(Bekenntnis zur Trümmerliteratur)"[5]。显然,二战后的德国文学与中国文学一样都经由作家对废墟与伤痕的写作开启新的历史。因此,"无论是战后的德国废墟文学,还是在中国被广泛译介的海因里希·伯尔的作品"[6],都对新时期中国作家产生了重要启发。

西方文学在中国现当代文学史上留下深刻的印记,也带给西方读者一种复杂的熟悉感。芭芭拉·亨德里希克(Barbara Hendrischke)以先锋文学为例分析这种复杂的熟悉感,"中国先锋文学显然以西方的(文学)范式为导向,这就是为什么西方读者可以在先锋文学作品中发现他们熟悉的视角、惯常的生活体验与在西方已经被尝试过的叙述方式"[7]。不仅如此,这种熟悉感还促使

---

[1] Helmut Martin: An den Fünf Rosafarbenen Säulen-zur modernen chinesischen Literatur, in: *die horen*, Nr. 2, 1985, S. 14.
[2] Helmut Martin: Erste Begegnung mit der Gegenwartsliteratur in China, in: *die horen*, Nr. 2, 1985, S. 189.
[3] Vgl. Helmut Martin: An den Fünf Rosafarbenen Säulen-zur modernen chinesischen Literatur, in: *die horen*, Nr. 2, 1985, S. 19.
[4] Lutz Bieg: „Rettet die von der ‚Viererbande' verführten Kinder!" Die literarische Verarbeitung der Kulturrevolution in Erzählungen der Jahre 1977 bis 1979, in: *die horen*, Nr. 3, 1989, S. 64.
[5] Lutz Bieg: „Rettet die von der ‚Viererbande' verführten Kinder!" Die literarische Verarbeitung der Kulturrevolution in Erzählungen der Jahre 1977 bis 1979, in: *die horen*, Nr. 3, 1989, S. 61.
[6] Helmut Martin: An den Fünf Rosafarbenen Säulen-zur modernen chinesischen Literatur, in: *die horen*, Nr. 2, 1985, S. 19.
[7] Barbara Hendrischke: Existenzielle Fragen-nicht nur aus dogmatischer Sicht. Ru Zhijuans neuere Texte, in: *die horen*, Nr. 4, 1989, S. 29.

德国读者在异国的文化背景下认知到自身的问题,并重新开始自我反思,例如刘心武的小说《钟鼓楼》描写20世纪80年代在北京钟鼓楼周围发生的故事,展现了中国市民生活的悲欢离合。然而,在这部作品中,"通过将西方生活方式和地方特色与中国市民的生活作对比,引发了人民创造新的生活条件的冲动,也促使西方读者进行(换位)思考"[1]。作为80年代"德国人了解中国现实的教科书"——《沉重的翅膀》[2],雷克哈·萨尔卡(Lekha Sarkar)用"诗意的现实主义"理解,"就作品的思想性和写作形式而言,它跟18、19世纪的欧洲文学似乎有些相似之处"[3]。他还盛赞在张洁小说中找到中国与德国,甚至与全人类的相通之处,"她写作的独到之处在于她能把中国特有情形的细节描写同她对人类生存的根本观察融为一体"[4]。由此可见,《季节女神》在中国现当代文学中不断找寻西方现代主义的印记,强调德国文学的影响,这也是一种对自我的探寻,试图以中国文学为鉴,在异国视角下重新探讨本国个体与自我的问题。

(二)中国诗歌:相似而又不同的自我投射

中国作为"诗歌王国"[5],"文学中第一流的无疑是诗歌"[6],且"被公认为世界文学的一部分"[7],这与德语文学"向来重视诗歌美学内涵和社会价值"的诉求[8]不谋而合。事实上,"德国俨然成为中国当代诗歌的家园"[9]。据笔

---

[1] Helmut Martin: An den Fünf Rosafarbenen Säulen – zur modernen chinesischen Literatur, in: *die horen*, Nr. 2, 1985, S. 21.
[2] 金弢:《与著名女作家张洁一起访德的日子》,载《华商报》2019年5月2日。
[3] 雷克哈·萨尔卡:《中国,一个正处于艰难变革中的国家——谈中国女作家张洁的小说〈沉重的翅膀〉》,朱妙珍译,载何火任编:《张洁研究专集》,贵阳:贵州人民出版社,1991年,第535页。
[4] 雷克哈·萨尔卡:《中国,一个正处于艰难变革中的国家——谈中国女作家张洁的小说〈沉重的翅膀〉》,朱妙珍译,载何火任编:《张洁研究专集》,贵阳:贵州人民出版社,1991年,第537页。
[5] Wolfgang Kubin: Handschellen aus Papier. Der Dichter Ouyang Jianghe, in: *Orientierungen*, Nr. 1, 2000, S. 119.
[6] 蒋蓝:《汉学家顾彬:中国文学 诗歌最强》,载《成都日报》2010年9月27日。
[7] Wolfgang Kubin: Das Meer und das Exil. Zur neueren Dichtung von Yang Lian, in: *Orientierungen*, Nr. 2, 1996, S. 97.
[8] 刘颖、李红红:《21世纪以来中国文学在德国的译介出版研究》,载《广西社会科学》2019年第1期,第158页。
[9] Wolfgang Kubin: Endlich am Rande. Zur Situation der Lyrik in China, in: *minima sinica*, Nr. 1, 2010, S. 113.

者统计，仅德国汉学界三本期刊《袖珍汉学》《东亚文学杂志》《东方向》就译介了中国现当代30余位诗人的300余首诗歌[1]。而《季节女神》(die horen)在中国现当代诗歌译介方面，更是居功至伟，共译介151首诗歌，占据译介总数的一半以上。杂志对中国现当代诗歌的大力推介，一方面在于诗歌篇幅短小，更适合杂志刊发；另一方面，中国诗歌与德国文学在现代性母题与意象方面，能够生发出和而不同的价值。"在西方，现代性在神秘黑暗的诗歌与接近沉默的语言中被掏空，而（截然不同的是）在70年代末和80年代中期的中国，诗歌成为一种重要的交流媒介。它成为中国第一批返乡知青，即从农村回到城市的年轻知识分子的一种交流手段和生活态度的表达方式。"[2]虽然那时的"中国诗歌也被认为是黑暗的、阴郁的、神秘的，只有懂行的人才能理解其意象，然而，它使人有可能通过典故和联想进行交流，萦绕的意象也无须明说。它阐发了一个幻灭但寻求真理的时代"[3]。正是中国现当代诗歌对"社会真理的探索"，"例如北岛这样的诗人对社会真实的探寻，拓宽了世界文学的视野"[4]。

同样晦涩神秘的诗歌，在中国与德国却有着不同的文学特性与文学追求。20世纪80年代初期，德语诗人勒内·玛利亚·里尔克（Rainer Maria Rilke）为中国诗坛"提供了一种诗歌精神上的范式，隐秘地满足了中国诗人对诗歌的现代性渴望"，但是中国诗人在"短暂着迷过里尔克的诗，之后又能抽离出来，以一种更加审慎的态度重新理解里尔克"[5]，带着"我不相信"的历史反思眼光，审视当下，创作出了一系列凸显个体意识和主体精神的传世诗作。顾彬

---

[1] 孙国亮、牛金格：《德国〈东方向〉对中国现当代文学的译介与阐释》，载《当代文坛》2023年第4期，第163页。
[2] Sabine Peschel: Drinnen und draußen Die literarische Avantgarde in China, in: *die horen*, Nr. 1, 1993, S. 7.
[3] Sabine Peschel: Drinnen und draußen Die literarische Avantgarde in China, in: *die horen*, Nr. 1, 1993, S. 7.
[4] Sabine Peschel: Drinnen und draußen Die literarische Avantgarde in China, in: *die horen*, Nr. 1, 1993, S. 8.
[5] 罗昕：《八十年代，诗人为何钟情里尔克？》，载《东方早报》2014年8月11日。

（Wolfgang Kubin）从非非主义诗歌出发，特别指出中国诗歌具有不遵循西方文学标准的独特性，"非非诗派再次转向在日常生活中寻找和描述主体的问题，为了避免内心化，个人经验和社会论点应该相互结合"，"后现代诗歌通常旨在通过消除抒情性和经验性自我之间的差异来实现大众效应，但迄今为止这一情况并不适用于中国……西方学者经常抱怨后现代诗歌无我的我和无形式的形式的特点，也并不适用于非非诗派"[1]。在相同的时间维度上，在西方"被掏空"的现代性，却在中国滋养出与德国文学相似而又不同的文学。这种表象虽然相似，但实质却大相径庭的独特性和陌生化冲击效果，向德国文学展现出文学发展的广阔性与可能性。德国文学在异国的自我映照中，体悟到一种独特的现代性，一条别样的发展之路，由此激发出关乎未来世界模式和人类命运共同体的全新想象。

在《季节女神》译介的中国诗人中，朦胧派诗人顾城、北岛、舒婷、欧阳江河等位居前列（详见图2）。20世纪70年代末，他们以《今天》为文学阵地，在乍暖还寒的政治背景下，敢于打破"石化的沉默"[2]，追求人道主义的回归。负责编辑中国特刊的顾彬由此抉发中德文学的相似境遇，"从国际视野来看，他们并不是孤单的反叛者，也不是最早的反叛者"，"在此之前，波兰诗人和民主德国诗人早已提出了抗议，我们应该记得，早在北京出版文学刊物《今天》之前，克拉科夫就有一个名为'现在'（Jetzt）的文学团体，它在20世纪70年代产生了重要的影响，呼吁人性的回归……20世纪60年代初，民主德国的诗歌浪潮遭遇了与中国后来朦胧诗相似的困境"[3]。惊人相似的文学话语生产语境，一致的文学诉求，促使德国文学重新反思历史，发现新的自我。沙佩雪（Sabine Peschel）在解读芒克的作品时写道："中外读者首次有了共同的接受视

---

[1] Wolfgang Kubin: Das Ende des Propheten. Chinesischer Geist und chinesische Dichtung im 20. Jahrhundert, in: *die horen*, Nr. 1, 1993, S. 85.

[2] Jürgen Fuchs: Die Ablehnung der Mutlosigkeit. Über Manès Sperber, in: *Die Zeit*, 19.09.1991.

[3] Wolfgang Kubin: Das Ende des Propheten. Chinesischer Geist und chinesische Dichtung im 20. Jahrhundert, in: *die horen*, Nr. 1, 1993, S. 81.

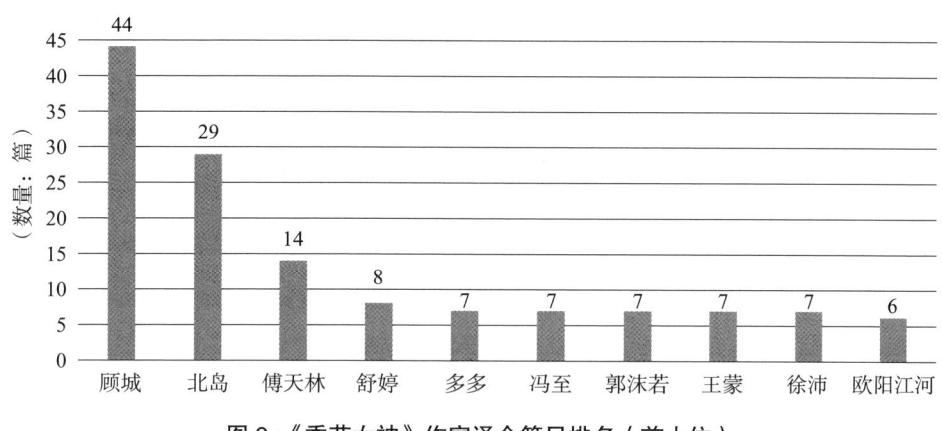

图2 《季节女神》作家译介篇目排名（前十位）

域：适合年轻一代的读物。当然，根据作家的经验，主题设定在中国，但不只限于中国……他们年轻、不加掩饰、叛逆、反独裁，但冷静、幽默、愤世嫉俗，没有20世纪60年代西方一代人反独裁的宏伟姿态。"[1]因此，《季节女神》对中国朦胧诗派的青睐，或许也缘于中德文学相似的文学处境在不同时间维度上的相遇，这不仅是出于了解中国文学的发展，还是一种异国背景下德国文学的自我投射和问题反思。

（三）女性文学：中德女性写作的共鸣

《季节女神》对中国女性文学青睐有加，在四期中国特刊中开设三次女性文学专栏，包括"共和国时期的女性生活"（1985）、"除了文学，一无所有：中国女性文学"（1989）和"无论我写得好或不好：1985年视野，作为中国女性写作"（1989），共译介丁玲、冰心、茹志鹃、戴厚英、张洁、张抗抗、舒婷、王安忆等16位中国重要女作家。"目前中国女性作家的作品，通常比她们的男性同行的文学作品更具爆发力、更真实、更勇敢。"[2]这种欣赏

---

[1] Sabine Peschel: Drinnen und draußen Die literarische Avantgarde in China, in: die horen, Nr. 1, 1993, S. 9.
[2] Ruth Keen, Helmuth F. Braun: Von Rinderteufeln und Schlangengeistern–Zu diesem Band, in: die horen, Nr. 2, 1985, S. 8.

与关注或是出于对中国女性文学周遭压抑,却取得不俗文学成就的考量。中德女性文学身处不同的文化背景,滋生出不同的文学发展,德国女性作家的"学术知识使她们能够使用理论工具,通过女性主义理论质疑文学批评的标准。在西方,女性文学和女性文学批评的共存,通过双重手段为女性的自我发现打开了文学之门,在中国至今还缺乏这一条件。""在西方,现当代女性文学与妇女运动密切相关,它们相互提供启发,但长期以来,中国女性长期以来被官方妇女协会束缚于当前的政治目标,而这些目标很少针对女性,所以这些组织无法帮助今天的女性批判地思考自身的处境。"[1] 由此,《季节女神》认为与德国女性文学相比,中国女性文学的发展相对滞后,但即使在这样的文化背景下,中国女性文学却能焕发出勃勃生机,这对德国女性文学的发展无疑极具启发性。芭芭拉·亨德里希克从德国女性文学的角度写道:"在中国是否存在值得关注的女性文学作品?作为西方女性,我们是否能带着我们的问题在中国女性作家写作主题中重新发现自我?如果我们考虑到中国女性不同的历史和文化背景,如果我们回到工业化的初期,置身于一个几近剥夺女性自主性的社会传统中,那么这些问题肯定可以得到肯定的回答。"[2]《季节女神》对中国女性文学的关注,也是一种换位思考的反思,在中国女性文学作品中,德国女性通过自我的投射,实现新的自我认知,得到新的文学启发。

虽然中德女性文学境遇各不相同,但中德女性作家在爱情主题上产生了默契的文学共鸣。在德国,"女作家的自我觉醒与一个在西方掀起主观主义和个人主义浪潮的主题密切相关,这个主题已经成为人类最关注的领域:爱情。爱情、择偶、婚姻也成为中国现当代文学中女作家的写作主题"[3]。以张洁《爱,是不能忘记的》女主人公钟雨为例,芭芭拉·施皮尔曼(Barbara Spielmann)

---

[1] Barbara Hendrischke: Rückwärts auf dem Weg nach vorn. Chinas neue Frauenliteratur, in: *die horen*, Nr. 2, 1985, S. 214.

[2] Barbara Hendrischke: Rückwärts auf dem Weg nach vorn. Chinas neue Frauenliteratur, in: *die horen*, Nr. 2, 1985, S. 214.

[3] Barbara Hendrischke: Rückwärts auf dem Weg nach vorn. Chinas neue Frauenliteratur, in: *die horen*, Nr. 2, 1985, S. 217.

指出中国女性作家对爱情主题的书写特点："钟雨对感情的坚定信念是中国新爱情主题文学的重要特点，如今这一主题几乎都由女性来写作。在寻找新的女性身份的过程中，她们也塑造了新的爱情形象……作家描绘的爱情形象充满了对理解与认同无止境的追求，同时又带有深深的幻灭感，这些形象的共性是恋人总是无法找到彼此，然而，愿望没有得到满足后的失望并不能阻止他们继续坚持自己的追求。"[1] 正如顾彬在《二十世纪中国文学史》中评论道："张洁……关心的不是性，而是爱，经常是柏拉图式的精神恋爱。一篇纯朴的短篇小说《爱，是不能忘记的》引发了这类文学风潮，同时也宣告了'爱'的内涵的变化。这里所谓的'爱'不同于中国常见的无爱的婚姻，而是最高的理想。一个女人不应该同意'交换'，而应该等待真正伴侣的召唤。即使伴侣已经有家室，也能产生保持距离的爱情，赋予生命以真正的意义。"[2] 中国女性文学通过对爱情主题的书写，展现女性对感情的坚定追求，表达"被摧毁和压抑的个人理想和欲望，并使其与社会道德和意识形态要求相对立"[3]，爱情主题由此在中国被赋予社会批判的力量，女作家的主体意识也随之觉醒，"她们不顾及社会观念，毫无保留地开始以'我'为导向寻找自己，并由此发展出一种对中国来说全新的文学创作维度"[4]。

事实上，中国女性文学的特质早已引起德国文坛的瞩目。"80 年代，年轻的女作家们非常成功，她们不仅触碰了性欲、爱情、伴侣关系等长期被禁忌的话题，而且还致力于全新的、受西方启发的表现方式"[5]。与西方女权主义过分关注自我和两性关系不同，中国女性的"不再把退向密闭的内心世界看作孤寂

---

[1] Barbara Spielmann: Liebesgeschichten und Sehnsuchtsbilder – Moderne chinesische Literatur zum Thema Liebe, in: *die horen*, Nr. 2, 1985, S. 250.

[2] 顾彬：《二十世纪中国文学史》，范劲等译，上海：华东师范大学出版社，2008 年，第 320 页。

[3] Barbara Spielmann: Liebesgeschichten und Sehnsuchtsbilder – Moderne chinesische Literatur zum Thema Liebe, in: *die horen*, Nr. 2, 1985, S. 251.

[4] Barbara Hendrischke: Rückwärts auf dem Weg nach vorn. Chinas neue Frauenliteratur, in: *die horen*, Nr. 2, 1985, S. 216.

[5] Helmut Martin, Christiane Hammer (Hrsg.): *Die Auflösung der Abteilung für Haarspalterei. Texte moderner chinesischer Autoren. Von den Reformen bis zum Exil*. Reinbek bei Hamburg: Rowohlt Verlag, 1991, S. 195.

的必然结果。张洁的《沉重的翅膀》和《方舟》等一些后期小说中的主人公们不再从社会中退出去了,而是不对成功抱任何幻想的继续战斗。他们寻找知音,也找到了知音。他们一次次地摔倒又一次次地爬起来"[1]。而且,她们的创作具有了"世界性"特质,"王安忆笔下人物的失败,不是由社会主义的浅滩和激流或中国社会的特定结构之类的原因引起,这在纽约、悉尼、加尔各答、开罗或是哈默费斯特,同样也会自然而然地发生。人物失败背后的原因几乎与社会秩序的表象形式无关,皆因人类心灵和人们共同生活在必然产生的矛盾所致……她笔下的人物显得如此绝望孤寂,就好像每个人都在勉强维持一座孤岛的痛苦存在……残忍、冷酷和孤寂是王安忆文学世界的核心,但其锋芒也没能盖过另一重要主题:女性的力量和坚毅"[2]。这显然对德国女性文学产生不小的触动。《季节女神》以大量译介优秀的中国女作家作品,不断丰富拓展西方读者的"期待视野",修正有关中国的刻板印象,进而趋向全面而正确的"中德互视"。在不同的文化背景和价值体系中,中德女作家用不同的文学笔触,描绘相似的爱情主题,展现女性写作的主体力量,追求女性自我解放,乃至社会和人类的全面解放。

四、结论

德语文学期刊《季节女神》在20世纪八九十年代陆续出版了四期中国特刊,正如顾彬所言:"关注当代中国对西方人来说是双重的不安。一方面,中国使他消弭了对传统和文化价值的信仰,另一方面,他面对的是一个在强大的西方影响下摆脱了过去封闭状态的世界,不再区别于他自己的世界,因而不再

---

[1] 米歇尔·坎-阿克曼:《混乱,孤寂和没有爱情——谈张洁的短篇和长篇小说》,载何火任编:《张洁研究专集》,贵阳:贵州人民出版社,1991年,第326—327页。
[2] Karin Hasselblatt: Nachbemerkung, in: Karin Hasselblatt (Hrsg.): *Kleine Lieben. Zwei Erzählungen*. München: Carl Hanser Verlag, 1988, S. 265–266.

适合作为异国欲望的投射之地"[1],反而成为映照自我的一面镜子。虽然,通过中国现当代文学这面镜子,"西方人基本会认识到自己的故事只是被移植了,而不愿通过异国的形式认知自己的故事"[2],但这种不安与不愿恰恰是源于对自我认知的逃避。《季节女神》通过中国特刊,追溯西方对中国现当代文学的影响及其催生的新质力量,并"以中国为镜"[3],希冀德国文学与德国读者获得新的启发,进行自我反思,进而实现世界文学的共融共通。

孙国亮、佘丽慧　文

---

[1] Wolfgang Kubin: Aufbruchsphantasien–Bemerkung zum Geist der 4.-Mai-Bewegung von 1919, in: *die horen*, Nr. 2, 1985, S. 80.
[2] Wolfgang Kubin: Aufbruchsphantasien–Bemerkung zum Geist der 4.-Mai-Bewegung von 1919, in: *die horen*, Nr. 2, 1985, S. 82.
[3] Hans Stumpfeldt: Chinoiserie und China als Spiegel, in: *die horen*, Nr. 4, 1989, S. 253.

文学文献目录

卷期	德语篇名	中文译名	作者/译者	栏目	页码
1985/2	Die Künstler	《艺术家们》	Friedrich Schiller	边注	2
1985/2	Gespräche mit Goethe	《对话歌德》	Johann Peter Eckermann	边注	2
1985/2	Über die Malerei der Chinesen	《论中国人的绘画》	Bertolt Brecht	边注	2
1985/2	An den Füßen aufgehängt	《倒提》	鲁迅	边注	2
1985/2	In Lu Xuns Haus	《在鲁迅家中》	Stephan Hermlin	边注	2
1985/2	Zuspruch, in: Qingnian zuojia	《寄语》(刊于《青年作家》)	巴金	边注	2
1985/2	Über das Äußern einer Meinung	《立论》	鲁迅	—	4
1985/2	Zu diesem Band	《卷首语》	Ruth Keen, Helmuth F. Braun	—	5—9
1985/2	Hinweise zur modernen chinesischen Literatur	《关于中国现代文学的线索》	Helmut Martin	—	11—22
1985/2	Unter dem leuchtendroten Banner/Die Geburt	《正红旗下》/《降生》[1]	老舍 作 Volker Klöpsch 译	通向二十世纪之路	24—40

标注 * 的作品为未查明中文原作。

[1] 译自《正红旗下》第一章。

续　表

卷期	德语篇名	中文译名	作者/译者	栏　目	页码
1985/2	Zwei Gedichte	两首诗（《天狗》/《笔立山头展望》）	郭沫若 作 Ingo Schäfer 译	通向二十世纪之路	41—43
1985/2	Schulzeit	《我的学生时代》	郭沫若 作 Ingo Schäfer 译	通向二十世纪之路	44—53
1985/2	Einem Freund zum Geleit auf die Fahrt nach Schu	《送友人入蜀》	李白 作 Günter Eich 译	通向二十世纪之路	53
1985/2	Drei Gedichte	三首诗（《凤歌》/《凰歌》/《光海》）	郭沫若 作 Wolfgang Kubin 译	通向二十世纪之路	55—58
1985/2	„Diese paar seichten Wellen…"/Brief & Prolog	《"这几朵浅浅的浪花……"/书信与序言》（《北国的微音》/《全集自序》[1]）	郁达夫 作 Heiner Frühauf 译	通向二十世纪之路	59—66
1985/2	Nachtgedanken	《静夜思》	李白 作 Günter Eich 译	通向二十世纪之路	66
1985/2	Meine Tränen	《我的眼泪》	巴金 作 Thomas Kampen 译	通向二十世纪之路	67—77
1985/2	So geh denn, Welt	《去吧，人间》[2]	徐志摩 作 Wolfgang Kubin 译	通向二十世纪之路	78
1985/2	Aufbruchsphantasien – Bemerkungen zum Geist der 4.-Mai-Bewegung von 1919	《启程的幻想——评1919年五四运动的精神》	Wolfgang Kubin	五四文学	80—82

[1] 出自《达夫全集》。
[2] 中文原作《去吧》。

续表

卷期	德语篇名	中文译名	作者/译者	栏目	页码
1985/2	Kurzgedichte – Aus der Sammlung „Sterne"	短诗（出自诗集《繁星》）	冰心 作 Wolfgang Kubin 译	五四文学	83—84
1985/2	Der Schlangenschlucker. Die zweite der „Hundert Darstellung des Leids"	《吞蛇儿——百哀图之二》	端木蕻良 作 Ylva Monschein 译	五四文学	86—93
1985/2	Sturm im Wasserglas	《水杯里的风暴》[1]	鲁迅 作 Wolfgang Kubin 译	五四文学	94—102
1985/2	Eine Salongesellschaft	《沙龙协会》[2]	钱锺书 作 Charlotte Dunsing 译	五四文学	104—111
1985/2	Am reinen Strom	《清江》[3]	杜甫 作 Günter Eich 译	五四文学	111
1985/2	Zwei Gedichte	两首诗（《秋窗》/《奈何（黄昏与一个人的对话）》）	卞之琳 作 Wolfgang Kubin 译	五四文学	112
1985/2	Drei Sonette	十四行诗三首（《有加利树》/《威尼斯》/《歌德》）	冯至 作 Wolfgang Kubin 译	五四文学	115—116
1985/2	Traum und Realität – Zum Lebensgefühl chinesischer Schriftstellerinnen in den 20er und 30er Jahren	《幻想与现实——二三十年代中国女作家的生活感受》	Barbara Ascher	民国时期的女性生活	118—121

[1] 中文原作《风波》。
[2] 中文原作《猫》。
[3] 中文原作《江村》。

续 表

卷期	德语篇名	中文译名	作者/译者	栏 目	页码
1985/2	Ein kleines Zimmer in der Qingyun-Gasse	《庆云里中的一间小房里》	丁玲 作 Anna Gerstlacher 译	民国时期的女性生活	122—129
1985/2	Eine Geliebte des Kaisers/Die Eifersüchtige	《帝王的情人》/《妒忌者》[1]	李白 作 Günter Eich 译	民国时期的女性生活	129
1985/2	In einer Sommernacht um Eins	《夏夜一点钟》	茅盾 作 Heidi Brexendorff 译	民国时期的女性生活	130—135
1985/2	Zwei Gedichte	两首诗(《金黄的稻束》/《来到》)	郑敏 作 Wolfgang Kubin 译	民国时期的女性生活	137—138
1985/2	Die Schule der Töchter	《闺训篇》	张天翼 作 Rupprecht Mayer 译	民国时期的女性生活	139—144
1985/2	Bei sinkender Sonne	《落日》	杜甫 作 Günter Eich 译	民国时期的女性生活	144
1985/2	Schwägerin Zhang	《张嫂》	冰心 作 Monika Bessert 译	民国时期的女性生活	145—150
1985/2	Literatur im Sozialismus 1949–1976	《社会主义中的文学（1949—1976年）》	Thomas Harnisch	百花和毒草：适应社会主义现实主义过程中的困难	152—156
1985/2	Herbstlied	《秋歌（之一）》	郭小川 作 Karl-Heinz Pohl 译	百花和毒草：适应社会主义现实主义过程中的困难	158—159
1985/2	Loushan Paß	《忆秦娥·娄山关》	毛泽东 作 J. Schickel 译	百花和毒草：适应社会主义现实主义过程中的困难	159

[1] 中文原作《宫中行乐词（其一）》/《怨情》。

续表

卷期	德语篇名	中文译名	作者/译者	栏目	页码
1985/2	Preislied auf den Führer der Revolution (Zur Melodie „Man jiang hong")	《给革命领导者的颂歌（词牌〈满江红〉)》[1]	郭沫若	百花和毒草：适应社会主义现实主义过程中的困难	161
1985/2	Vier Gedichte	四首诗（《启明星》/《树》/《泉》/《下雪的早晨》)	艾青 作 Karl-Heinz Pohl 译	百花和毒草：适应社会主义现实主义过程中的困难	173—177
1985/2	Eine persönliche Erklärung–Rede, gehalten auf dem 4. Nationalen Schriftstellerkongreß im Herbst 1979	《一份个人宣言——在1979年秋中国文学艺术工作者第四次代表大会上的发言》	萧军 作 Gabi Gauler 译	百花和毒草：适应社会主义现实主义过程中的困难	178—182
1985/2	Erste Begegnung mit der Gegenwartsliteratur in China	《与中国当代文学的初遇》	Helmut Martin	—	188—191
1985/2	Nachforschungen	《调查》[2]	孔捷生 作 Helmut Franz 译	—	192—197
1985/2	Die Fußgängerbrücke	《立体交叉桥》	刘心武 作 Helmut Forster-Latsch 译	—	198—203
1985/2	„Kernpunkt ist immer, daß der Radius vergrößert werden muß!"–Aus einem Interview mit Liu Xinwu	《"关键点一直是，必须扩大半径"——摘自对刘心武的采访》	Helmut Forster-Latsch, Marie-Luise Latsch	—	203—204

[1] 中文原作《满江红·沧海横流》。
[2] 中文原作《追求》。

续 表

卷期	德语篇名	中文译名	作者/译者	栏目	页码
1985/2	Minigeschichten	小小说（王蒙《雄辩症》《维护团结的人》《互助》《越说越对》/雁翼《老梦大叔》/许世杰《关于申请添购一把铁壶的报告》）	王蒙、雁翼、许世杰 作 Helmut Martin, Gerhard Will 译	—	205—212
1985/2	Rückwärts auf dem Weg nach vorn–Chinas neue Frauenliteratur	《在前行的路上逆行——中国新女性文学》	Barbara Hendrischke	在自卫与社会批判间的女性文学	214—220
1985/2	Nordlicht	《北极光》	张抗抗 作 Monika Bessert 译	在自卫与社会批判间的女性文学	221—226
1985/2	Die Stanniolschwalbe–Aus dem Roman „Die Arche"	《锡纸小燕儿——出自中篇小说〈方舟〉》	张洁 作 Nelly Ma 译	在自卫与社会批判间的女性文学	227—230
1985/2	Treiben	《漂浮》[1]	茹志鹃 作 Thomas Kampen 译	在自卫与社会批判间的女性文学	231—233
1985/2	Dieser Zug endet hier	《本次列车终点》	王安忆 作 Eike Zschacke 译	在自卫与社会批判间的女性文学	234—238
1985/2	Ein Wintermärchen	《一个冬天的童话》	遇罗锦 作 Michael Nerlich 译	在自卫与社会批判间的女性文学	239—242
1985/2	Einige Gedanken zu meiner schriftstellerischen Arbeit–Nachwort zum Roman „Menschheit"	《对我的写作工作的一些思考——长篇小说〈人啊，人！〉后记》	戴厚英 作 Almuth Richter 译	在自卫与社会批判间的女性文学	243—248

[1] 中文原作《丢了舵的小船》。

续表

卷期	德语篇名	中文译名	作者/译者	栏目	页码
1985/2	Liebesgeschichten und Sehnsuchtsbilder – Moderne chinesische Literatur zum Thema Liebe	《爱情故事和思念形象——书写爱情主题的中国现代文学》	Barbara Spielmann	在自卫与社会批判间的女性文学	249—254
1985/2	Bekanntschaft im Mai	《相识在五月》	傅天琳 作 Rupprecht Mayer 译	在自卫与社会批判间的女性文学	255—257
1985/2	am kreuz der poesie	《在诗歌的十字架上》	舒婷 作 Rupprecht Mayer 译	在诗歌的十字架上：朦胧诗人	260—262
1985/2	„Wer Hoffnungen hegt, ist ein Verbrecher" – Bemerkungen zur Lyrik von Bei Dao	《"谁期待，谁就是罪人"——评北岛抒情诗》	Wolfgang Kubin	在诗歌的十字架上：朦胧诗人	263—266
1985/2	Zehn Gedichte	十首诗（《微笑，雪花，星星》/《日子》/《岸》/《界限》/《雨夜》/《主人》/《无题》/《很多年》/《无题》/《孤儿》）	北岛 作 Wolfgang Kubin 译	在诗歌的十字架上：朦胧诗人	267—270
1985/2	In den Ruinen	《在废墟上》	石默 作 Almuth Richter, Irmgard E. A. Wiesel 译	在诗歌的十字架上：朦胧诗人	271—275
1985/2	Fünf Gedichte	五首诗（《流水线》/《一代人的呼声》/《枫叶》/《墙》/《小渔村的童话》））	舒婷 作 Rupprecht Mayer 译	在诗歌的十字架上：朦胧诗人	276—279
1985/2	Westdeutschland, flüchtige Impression	《浮光掠影记西德》	王蒙 作 Nelly Ma 译	等待戈多：中文/遥远的世界——戏剧：电影：旅行	298—304

续表

卷期	德语篇名	中文译名	作者/译者	栏目	页码
1989/3	Augustenburger Briefe	《奥古斯滕堡书简》	Friedrich Schiller	边注	2
1989/3	Chinesisch-deutsche Jahres- und Tageszeiten Ⅷ	《中德四季晨昏杂咏》（之八）	Johann Wolfgang von Goethe	边注	2
1989/3	Die höflichen Chinesen	《礼貌的中国人》	Bertolt Brecht	边注	2
1989/3	Bücher, die junge Leute unbedingt lesen sollten	《青年必读书》	鲁迅	边注	2
1989/3	Chinesische Legende	《中国传说》	Hermann Hesse	—	5
1989/3	Denken & Schreiben – Zu diesem Band	《思考和书写——卷首语》	Helmuth F. Braun, Wolfgang Kubin	启程的延迟结束	7—8
1989/3	Zehn Jahre chinesische Gegenwartsliteratur oder Das unzeitige Ende der Aufbruchsphase und die Perspektiven für die nächsten Jahre	《"中国当代文学十年"或"启程阶段的延迟结束与对未来的展望"》	Helmut Martin	启程的延迟结束	9—15
1989/3	Menschenherzen	《人心的法则》	舒婷 作 Rupprecht Mayer 译	启程的延迟结束	16
1989/3	Deklaration – Für Yu Luske	《宣告——献给遇罗克》	北岛 作 Chang Hsien-chen 译	事件编年史	18
1989/3	Endzeit. Ein Gespräch mit Bei Dao	《末日——对话北岛》[1]	Wolfgang Kubin 译	事件编年史	55—58

[1] 原文为张穗子（Suizi Zhang-Kubin）与北岛的访谈录。

续表

卷期	德语篇名	中文译名	作者/译者	栏目	页码
1989/3	Mitten auf dem Platz/Vier Gedichte	《在广场中间/四首诗》(《让我们一起奔腾吧》/《纪念碑》/《喷泉》/《话语》)	欧阳江河 作 Judy Halttunen, Gisela Baumeister, Dieter Gehret, Alois Büchelmeier 译	"让我们一起奔腾吧"——1979年后的政治反思	65—69
1989/3	Eine einfache Arbeiterin	《普通女工》	孔捷生 作 Ruth Keen 译	"让我们一起奔腾吧"——1979年后的政治反思	70—74
1989/3	Intentionsadäquatheit und Ästhetik deutscher Übersetzungen klassischer chinesischer Dichtung	《中国古典诗歌德文译本的意图适配性和审美性》	Richard Trappl	"床前明月光"——来自译者的日常	76—81
1989/3	Nachtgedanken – Acht Übertragungen	《〈静夜思〉——八个译本》	李白作 Otto Hauser, Alfred Forke, von den Steinen, Hans Bethge, Vincenz Hundhausen, Hans Böhm, Günter Eich, Hugo Dittberner 译	"床前明月光"——来自译者的日常	81—82
1989/3	Franz Kuhn als Vermittler chinesischer Romane	《弗兰兹·库恩作为中国小说的介绍人》	Adrian Hsia	"床前明月光"——来自译者的日常	89—93
1989/3	Franz Kuhn – Abschied vom chinesischen Traum	《弗兰兹·库恩——告别中国梦》	Hatto Fischer	"床前明月光"——来自译者的日常	94—100

续 表

卷期	德语篇名	中文译名	作者/译者	栏目	页码
1989/3	Trauer, Zorn, Reue, Gelächter – oder Was geht uns die chinesische Gegenwartsliteratur an? – Rede zur Verleihung des Richard-Wilhelm-Übersetzerpreises	《悲、怒、悔、笑或中国当代文学与我们有什么关系？——在卫礼贤翻译奖颁奖典礼上的演讲》	Michael Kahn-Ackermann	"床前明月光"——来自译者的日常	101—106
1989/3	Der Gesetzmäßigkeit Worte	《规律说》	方冰 作 Wolfgang Kubin 译	当代中国诗歌	114—116
1989/3	Fünf Gedichte	五首诗（《荒野》*/《心灵的碎片》/《落叶》/《来自心灵》*/《儿童集体舞》）	傅天琳 作 Wolfgang Kubin, N.N./Sun Shuzhu 译	当代中国诗歌	117—119
1989/3	Fußwaschung/Lotosblüten	《濯足》/《荷花》	郑敏 作 Wolfgang Kubin 译	当代中国诗歌	120
1989/3	Bar jeder Hoffnung. Vier Sonette	《没有希望——十四行诗四首》（《鼠草曲》/《原野的哭声》/《画家梵高》/《有加利树》）	冯至 作 Wolfgang Kubin 译	当代中国诗歌	121—122
1989/3	Wenn die Wälder lodern. Vier Gedichte	《当树林燃烧——四首诗》（《这一步》/《另一种传说》/《八月的梦游者》/《无题》）	北岛 作 Wolfgang Kubin 译	当代中国诗歌	125—127
1989/3	Wider die Barrieren. Für die Freiheit der Künste	《对抗障碍——为艺术的自由》	Gereon Sievernich	"艺术世界开放在我们面前"——1985年视野：诗论	130—134
1989/3	Die Poetik der obskuren Dichter. Drei poetologische Skizzen	《朦胧诗人的诗学——三段诗学随笔》[1]	顾城、徐敬亚、张学梦 作 Heiner Frühauf 译	"艺术世界开放在我们面前"——1985年视野：诗论	135—139

---

[1] 节选自张雪梦等《请听听我们的声音——青年诗人笔谈》。

続 表

卷期	德语篇名	中文译名	作者/译者	栏 目	页码
1989/3	Notizen zur Lyrik	《诗笔记》*	傅天琳 作 Theda Schatteburg 译	"艺术世界开放在我们面前"——1985年视野：诗论	139—142
1989/3	Über neuere Lyrik	《关于新诗》*	舒婷 作 Eike Zschacke 译	"艺术世界开放在我们面前"——1985年视野：诗论	142—146
1989/3	Selbstgespräche	《自我对话》*	王小龙 作 Heiner Frühauf 译	"艺术世界开放在我们面前"——1985年视野：诗论	146—147
1989/3	Bitte, hört unsere Stimmen!	《请听听我们的声音！》	欧阳江河 作 Karl-Heinz Pohl, Birgit Voigtländer 译	"艺术世界开放在我们面前"——1985年视野：诗论	152—153
1989/3	Geschichte ohne Überschrift	《没有标题的故事》*	陈国凯 作 Eike Zschacke 译	"春春！哦，春春，这是真的吗"——中国当代散文	184—192
1989/3	Die *Nantan*-Anekdote	《南滩镇逸事》[1]	古华 作 Sabine Rott 译	"春春！哦，春春，这是真的吗"——中国当代散文	193—203
1989/3	Kannst du auch	《你也能吗》*	欧阳江河 作 Alois Büchelmeier 译	"春春！哦，春春，这是真的吗"——中国当代散文	203
1989/3	Wer hat mehr vom Leben?	《谁生活得更美好》	张洁 作 Carolin Blank 译	"春春！哦，春春，这是真的吗"——中国当代散文	210—217
1989/3	Abschied des Nachts	《夜别》	傅天琳 作 Wolfgang Kubin 译	"春春！哦，春春，这是真的吗"——中国当代散文	217

[1] 中文原作《南湾镇逸事》。

续表

卷期	德语篇名	中文译名	作者/译者	栏目	页码
1989/3	Das zweite Fenster stand sperrangelweit offen	《完全敞开的第二扇窗》*	甲子 作 Heiner Frühauf 译	"春春!哦,春春,这是真的吗"——中国当代散文	218—219
1989/3	Baumelnder Sarg	《悬棺》	欧阳江河 作 Heiner Frühauf 译	"春春!哦,春春,这是真的吗"——中国当代散文	220—222
1989/3	Anekdoten vom Abteilungsleiter Maimaiti „Schwarzer Humor" der Uiguren – Volksliterarische Elemente im Werk Wang Mengs	《〈买买提处长轶事——维吾尔族的"黑色幽默"〉——王蒙作品中的民族文学元素》	Lutz Bieg	"啊,你们都是作家"——小说家王蒙	224—230
1989/3	Spiegelbild	《镜像》[1]	李白 作 Günter Eich 译	"啊,你们都是作家"——小说家王蒙	230
1989/3	Die Auflösung der Abteilung für Haarspalterei	《扯皮处的解散》	王蒙 作 Helmut Martin 译	"啊,你们都是作家"——小说家王蒙	231—232
1989/3	Wang Mengs modernistische Erzählungen	《王蒙的现代派小说》[2]	郑树森 作 Eva Maria Breiner-Fneich 译	"啊,你们都是作家"——小说家王蒙	233—237
1989/3	Das Auge der Nacht	《夜的眼》	王蒙 作 Michaela Herrmann 译	"啊,你们都是作家"——小说家王蒙	238—243

[1] 中文原作《秋浦歌十七首(白发三千丈)》。
[2] 英文原作"Wang Meng, Stream-of-consciousness, and the Controversy over Modernism"。

续表

卷期	德语篇名	中文译名	作者/译者	栏目	页码
1989/3	Reise zum Selbst. Unterwegs auf einem alten Gaul – Zu Wang Mengs Erzählung „Der Schecke"	《通向自我的旅行：骑老马上路——评王蒙小说〈杂色〉》	Wong Kam-ming 作 Bettina Vogel 译	"啊，你们都是作家"——小说家王蒙	244—254
1989/3	Problematisch, ein Schriftsteller zu sein… Bolschewistischer Gruß, Der Schecke und Andante Cantabile im Kontext des Traums der Roten Kammer, der Begegnung mit dem Leid, des Ich bitte dich, Zhongzi und des Buches der Lieder	《麻烦的是，当个作家……〈红楼梦〉〈离骚〉〈郑风·将仲子〉和〈诗经〉语境下的〈青春万岁〉〈杂色〉和〈如歌的行板〉》	Wong Kam-ming 作 Bettina Vogel 译	"啊，你们都是作家"——小说家王蒙	254—261
1989/3	Schwer fällt das Wiedersehen. Wang Mengs Kurzroman „Xiangjian shi nan" oder Das Ausland in der chinesischen Gegenwartsliteratur	《艰难的重逢——王蒙的短篇小说〈相见时难〉或中国当代文学中的异国》	Helmut Martin	"啊，你们都是作家"——小说家王蒙	262—270
1989/4	Augustenburger Briefe	《奥古斯滕堡书简》	Friedrich Schiller	边注	2
1989/4	Für die Suppe	《为了汤》	Bertolt Brecht	边注	2
1989/4	Vom Erzählen erzählen	《讲述叙述》	Hans Joachim Schädlich	边注	2
1989/4	Tagebuch eines Verrückten	《狂人日记》	鲁迅	边注	2
1989/4	Zu diesem Band	《卷首语》	Wolfgang Kubin	—	5—6

续 表

卷期	德语篇名	中文译名	作者/译者	栏 目	页码
1989/4	Jedermann möchte die anderen fressen	《每个人都想吃别人》[1]	鲁迅	—	6
1989/4	Aus der Richtung des Todes	《从死亡的方向看》	多多 作 Wolfgang Kubin 译	—	24
1989/4	Fünf Gedichte	五首诗(《蔓》/《旁证》/《要求》/《我不相信，我相信》/《回忆》)	谢烨 作 Wolfgang Kubin 译	"除了文学，一无所有……"——中国女性文学	27—28
1989/4	Existenzielle Fragen – nicht nur aus dogmatischer Sicht. Ru Zhijuans neuere Texte	《生存的问题：不只是站在教条的角度看待它们——茹志鹃的新作品》	Barbara Hendrischke	"除了文学，一无所有……"——中国女性文学	29—40
1989/4	Die mittlere und jüngere Generation. Aus einem Interview mit Ru Zhijuan und ihrer Tochter Wang Anyi	《中年和青年一代——摘自对茹志鹃和她的女儿王安忆的采访》	Li Li 作 Barbara Hendrischke 译	"除了文学，一无所有……"——中国女性文学	42—45
1989/4	Vom Lächeln zum Politischen. Begegnungen mit Ru Zhijuan	《从微笑到政治——遇见茹志鹃》	Wolfgang Kubin	"除了文学，一无所有……"——中国女性文学	46—48
1989/4	Die unvollendete Sinfonie. Wang Anyis Erzählkunst	《未完成的交响曲——王安忆的叙事艺术》[2]	Wong Kam-ming 作 Anne Gröning 译	"除了文学，一无所有……"——中国女性文学	49—62
1989/4	In der Verbannung	《流放中》[3]	李白 作 Günter Eich 译	"除了文学，一无所有……"——中国女性文学	62

[1] 节选自鲁迅小说《狂人日记》。
[2] 原作为英文。
[3] 中文原作《客中行》/《客中作》。

续表

卷期	德语篇名	中文译名	作者/译者	栏目	页码
1989/4	Das Erwachen am Morgen. Aufbegehren und Anpassung zeitgenössischer Frauengestalten der chinesischen Literatur	《晨间的觉醒——中国文学中当代女性形象的反叛与适应》	Susanne Posborg	"除了文学，一无所有……"——中国女性文学	63—68
1989/4	Zwischen Traum und Realität. Zhang Xinxins Erzählung „Der Traum unserer Generation"	《梦想与现实之间——张辛欣的小说〈我们这个年纪的梦〉》	Ida Bucher	"除了文学，一无所有……"——中国女性文学	69—74
1989/4	Der Traum unserer Generation	《我们这个年纪的梦》	张辛欣 作 Goatkoei Lang-Tan 译	"除了文学，一无所有……"——中国女性文学	75—79
1989/4	Außer der Literatur gibt es nichts	《除了文学，一无所有……》*	张洁	"除了文学，一无所有……"——中国女性文学	79
1989/4	Lengjing werden, cool sein. Begegnungen mit Zhang Xinxin	《冷静——遇见张辛欣》	Wolfgang Kubin	"除了文学，一无所有……"——中国女性文学	80—83
1989/4	Die Ebenen der Liebe. Formen des Widerspruchs in Zhang Xinxins Erzählung „Auf eine Ebene"	《爱情的地平线——张辛欣小说〈在同一地平线上〉中矛盾的形式》	Goatkoei Lang-Tan	"除了文学，一无所有……"——中国女性文学	84—94
1989/4	Hab' keine Angst, Mama. Neun Gedichte	《不要害怕，妈妈——九首诗》(《你穿上妈妈做的裙子》/《妒意》/《我是男子汉》/《月亮》/《母爱》/《晨》/《毛衣》/《夜》/《回来》)	傅天琳 作 N.N./Sun Shuzhu 译	"除了文学，一无所有……"——中国女性文学	98—102

续 表

卷期	德语篇名	中文译名	作者/译者	栏 目	页码
1989/4	Chinas zeitgenössische Schriftstellerinnen	《中国当代女作家》*	张洁 作 Eike Zschacke, Gu Chia-chun 译	"无论我写得好或不好……"——1985年视野：作为中国女性写作	105—109
1989/4	Wir brauchen zwei Welten	《我们需要两个世界》	张抗抗 作 慕尼黑大学托马斯·哈尼施工作小组 译	"无论我写得好或不好……"——1985年视野：作为中国女性写作	110—113
1989/4	Kurzbiographie?!	《短自传？！》*	黄宗英 作 Michael Nerlich 译	"无论我写得好或不好……"——1985年视野：作为中国女性写作	114—115
1989/4	Chinesische Schriftsteller in den USA	《在美国的中国作家》*	陈若曦 作 Eike Zschacke 译	"无论我写得好或不好……"——1985年视野：作为中国女性写作	116—118
1989/4	Mit Tränen kam ich nach Amerika. Die Literatur der Auslands-Chinesen in Amerika	《我含泪来到美国——美国华裔的文学》	Helmuth F. Braun	"中国的传统是什么"——华裔文学	121—138
1989/4	Eingepfercht in einem Haus aus Holz. Barackenwand-Gedichte auf Angel Island und Aussagen aus Interviews mit Immigranten, die zwischen 1910 und 1940 über Angel Island nach Amerika einwanderten	《被关在一个木屋里——天使岛棚屋墙上的诗歌以及对1910—1940年间经由天使岛来到美国的移民的采访记录》	Angelika Dierkes	"中国的传统是什么"——华裔文学	139—151
1989/4	Brennende Nacht	《燃烧的夜》	陈若曦 作 Julia Mollée 译	"中国的传统是什么"——华裔文学	153—159

续表

卷期	德语篇名	中文译名	作者/译者	栏目	页码
1989/4	Ich und die Sonne	《我和太阳》*	欧阳江河 作 Christine Köhler 译	"中国的传统是什么"——华裔文学	159
1989/4	Blüte einsamer Liebe	《孤恋花》	白先勇 作 Wolf Baus 译	"中国的传统是什么"——华裔文学	161—170
1989/4	Tau nächtens transparent	《夜露晶莹》	傅天琳 作 Wolfgang Kubin 译	"中国的传统是什么"——华裔文学	170
1989/4	Moderne chinesische Literatur (1911–1942). Ein Überblick	《中国现代文学（1911—1942年）——概览》*	李欧梵 作 Eva Richter 译	"路曼曼其修远兮，吾将上下而求索……"中国的现代性（1911—1942年）	172—181
1989/4	Berauschende Frühlingsnächte	《春风沉醉的晚上》	郁达夫 作 Gudrun Fabian 译	"路曼曼其修远兮，吾将上下而求索……"中国的现代性（1911—1942年）	183—190
1989/4	Verstöße in die wilde Zone. Chinesische Frauenliteratur, 1920–1942 (Xiao Hong u. a.)	《闯入野生地带——中国女性文学，1920—1942年（萧红等）》	Elke Junkers	"路曼曼其修远兮，吾将上下而求索……"中国的现代性（1911—1942年）	194—202
1989/4	Konvention und Erneuerung. Die lyrische Tradition in der modernen chinesischen Erzählkunst	《传统和创新——中国现代叙事艺术中的诗意传统》	Wong Kam-ming 作 Frank Wiegand 译	"路曼曼其修远兮，吾将上下而求索……"中国的现代性（1911—1942年）	203—220
1989/4	Die Welt und ich	《世界和我》《《第一个早晨》/《第二个早晨》/《边界》/《播》）	顾城 作 Peter Hoffmann 译	中国新诗	240
1989/4	Vier Gedichte	四首诗（《悼亡》/《霜冻日》*/《在路上》/《钟声》）	北岛 作 Wolfgang Kubin 译	中国新诗	241—243

续　表

卷期	德语篇名	中文译名	作者/译者	栏　目	页码
1989/4	Leichter als Trauer geht eine Stimme. Drei Gedichte	《一丝比忧伤还要细弱的声音穿过——三首诗》(《北方闲置的田野有一张犁让我疼痛》/《创造》*/《醒来》)	多多 作 Wolfgang Kubin 译	中国新诗	245—246
1989/4	Tage wie diese/ Nacht überm Schneeland	《如今的日子》/《雪地上的夜》	芒克 作 Wolfgang Kubin 译	中国新诗	247
1989/4	Unvollendetes Gedicht	《没有写完的诗》	欧阳江河 作 Karl-Heinz Pohl 译	中国新诗	248—250
1989/4	Ich habe kehrtgemacht	《我终于转过身去》	谢烨 作 Wolfgang Kubin 译	中国新诗	250
1989/4	Lessings Grab	《莱辛憩园》	公刘 作 Georg-Oswald Cott 译	文化历史素描——以中国为镜	252
1989/4	Chinoiserie und China als Spiegel. Wirkungen Chinas auf die deutsche Dichtung	《以中国风和中国为镜——中国对德国诗作的影响》	Hans Stumpfeldt	文化历史素描——以中国为镜	253—265
1989/4	Moderne chinesische Literatur – Eine Auswahlbibliographie	《中国现代文学——精选书目》	Helmut Martin	文化历史素描——以中国为镜	277—284
1993/1	Über die ästhetische Erziehung des Menschen. 27. Brief	《审美教育书简——第27封信》	Friedrich Schiller	边注	2

续表

卷期	德语篇名	中文译名	作者/译者	栏目	页码
1993/1	Der Tote Mann und Der Philosoph. Hörspiel nach einem Text von Lu Xun (Auferstehung), 1935	《死人和哲学家——根据鲁迅1935年作〈起死〉改编的广播剧》	Hans Magnus Enzensberger	边注	2
1993/1	Tagebuch eines Verstörten, April 1918	《狂人日记》（1918年4月）	鲁迅	边注	2
1993/1	Zu diesem Band	《卷首语》	Kurt Scharf	—	5—6
1993/1	Drinnen und draußen. Die literarische Avantgarde in China	《内部和外部——中国的文学先锋》	Sabine Peschel	—	7—10
1993/1	Der Jungfernflug	《首航》[1]	莫言 作 Rupprecht Mayer 译	没有故乡：乡村——剖瓜	17—23
1993/1	Schuldig	《罪过》	莫言 作 Michael Kahn-Ackermann 译	没有故乡：乡村——剖瓜	24—41
1993/1	Der Hochbegabte	《天才》	莫言 作 Rupprecht Mayer 译	没有故乡：乡村——剖瓜	41—47
1993/1	Die gelben Blumen unter dem Himmel der Heimat	《故乡天下黄花》	刘震云 作 Michael Kahn-Ackermann 译	没有故乡：乡村——剖瓜	49—56
1993/1	Die Einheit	《单位》	刘震云 作 Chang Hsien-Chen, Ruth Keen 译	没有故乡：乡村——剖瓜	57—63

---

[1] 中文原作《翱翔》。

续 表

卷期	德语篇名	中文译名	作者/译者	栏目	页码
1993/1	Der erste Morgen	《第一个早晨》	顾城 作 Peter Hoffmann 译	没有故乡：乡村——剖瓜	63
1993/1	Erwachen wie aus Wunden. Neun Gedichte	《就像从伤痕中醒来——九首诗》（《无题》/《夜归》/《反叛》*/《走廊》/《剧作家》*/《哀歌》*/《空城》*/《出口》/《东方旅行者》）	北岛 作 Wolfgang Kubin 译	没有故乡：流浪——在不可能的位置	69—73
1993/1	Das Ende des Propheten. Chinesischer Geist und chinesische Dichtung im 20. Jahrhundert	《预言家的终结——20世纪的中国精神和中国诗歌》	Wolfgang Kubin	没有故乡：流浪——在不可能的位置	75—90
1993/1	Zeit ohne Zeitlichkeit. Auszug aus einem Zyklus	《没有时间的时间——组诗节选》	芒克 作 Wolfgang Kubin 译	没有故乡：流浪——在不可能的位置	91—94
1993/1	Tage wie diese	《如今的日子》	芒克 作 Wolfgang Kubin 译	没有故乡：流浪——在不可能的位置	94
1993/1	Drei Gedichte	三首诗（《在这样一种天气里 来自天气的任何意义都没有》/《没有》/《早晨》）	多多 作 Wolfgang Kubin 译	没有故乡：流浪——在不可能的位置	95—98
1993/1	Die Akte Windelin. Ein Zyklus	《布林的档案——组诗》	顾城 作 Peter Hoffmann 译	没有故乡：流浪——在不可能的位置	107—116
1993/1	Die Stadt. Ein Zyklus	《城——组诗》	顾城 作 Peter Hoffmann 译	没有故乡：流浪——在不可能的位置	117—132

续 表

卷期	德语篇名	中文译名	作者/译者	栏目	页码
1993/1	Herzklopfen spielen	《玩的就是心跳》	王朔 作 Ma Yingli, Sabine Peschel 译	没有故乡：城市——错误的身份	139—151
1993/1	Der Oberchaot	《顽主》	王朔 作 Karin Hasselblatt 译	没有故乡：城市——错误的身份	152—159
1993/1	Frauenleben Ⅰ–Die Geschichte der Xian	《妇女生活Ⅰ——娴的故事》	苏童 作 Barbara Spielmann 译	没有故乡：城市——错误的身份	161—169
1993/1	Frauenleben Ⅱ–Die Geschichte der Zhi	《妇女生活Ⅱ——芝的故事》	苏童 作 Barbara Spielmann 译	没有故乡：城市——错误的身份	170—180
1993/1	Frauenleben Ⅲ–Die Geschichte der Xiao	《妇女生活Ⅲ——萧的故事》	苏童 作 Barbara Spielmann 译	没有故乡：城市——错误的身份	180—191

翻译：方心怡 等

校对：方心怡、佘丽慧

制表：方心怡

1983—2023 年

德国汉学期刊文献辑录与研究

东亚文学杂志

Hefte für ostasiatische Literatur

德国《东亚文学杂志》对中国现当代文学的译介与阐释 *

一

德国汉学是欧洲乃至世界汉学的中坚力量。20 世纪 80 年代，德国综合性大学热衷于开设汉学专业，形成"无汉学系不大学"之盛况 [1]；每年发表的论文总数仅次于美国，高居全球第二位。"德国这么小的国家会有最少 11 本或者 12 本中国文学史"，比中国本土学者编撰出版的《中国文学史》还"大约要早 5 到 10 年" [2]。而且，德国汉学家历来有办刊的优良传统，自郭士立（Karl Friedrich August Gützlaff）于 1833 年 7 月在广州创办《东西洋考每月统记传》肇始，德国汉学期刊已不胜数，其中，创刊于 1983 年 8 月的《东亚文学杂志》[3]（*Hefte für ostasiatische Literatur*）以其专业性、权威性、独特性、持久性和影响力堪称翘楚。"作为推广东亚作家作品绝佳的论坛，其知名度甚至比德国其他同类图书更高" [4]。迄今，该杂志已步入 36 年头，仅翻译、评论和报道中国文学的篇目已达 500 余篇。"期刊市场更迭很快，刊物消失的速度超过了新刊

---

* 原文刊载《小说评论》2019 年第 4 期，第 40—50 页，本文略作改动。
[1] 王维江：《20 世纪德国的汉学研究》，载《史林》2004 年第 5 期，第 12 页。
[2] 顾彬：《海外中国当代文学与文学史写作》，载《山西大学学报（哲学社会科学版）》2014 年第 1 期，第 28 页。事实上，早在 1902 年，德国汉学家葛禄博（Wilhelm Grube）就编著出版了《中国文学史》；而中国学者撰写《中国文学史》始于何年，首创者何人，是学术界争论已久的话题。目前公认的较早的几部史著有：窦士镛的《历朝文学史》（1906 年）、黄摩西的《中国文学史》（1907 年）、林传甲的《中国文学史》（1910 年）。参见吴瀛：《中国第一部文学史》，载《人民日报（海外版）》2004 年 12 月 6 日。
[3] 《东亚文学杂志》由两位汉学家包惠夫（Wolf Baus）和吕福克（Volker Klöpsch）以及两位日本学家沃尔夫冈·沙莫尼（Wolfgang Schmoni）和罗兰·施耐德教授（Roland Schneider）创刊，为半年刊，分别于 5 月和 11 月发行，每册约 200 页。创刊之初在德国凯叶出版社（Verlag Kai Yeh）出版，1988 年至今，在慕尼黑尤迪西乌姆出版社（Iudicium Verlag）出版。
[4] http://www.iudicium.de/katalog/0933-8721.htm, abgerufen am 20.05.2019.

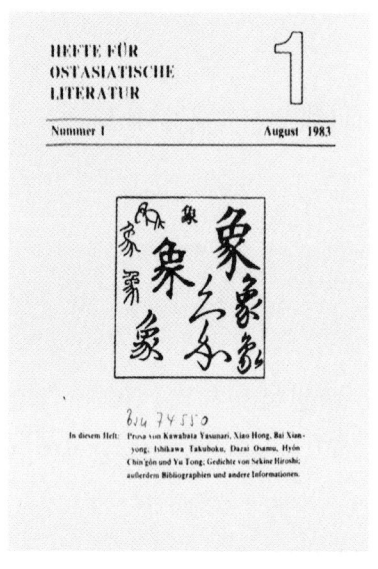

《东亚文学杂志》(Hefte für ostasiatische Literatur) 1983年第1期封面

萌芽的速度,这也印证了《东亚文学杂志》的长久生命力。"[1] 如今,"《东亚文学杂志》已经成为文学灵感跨越国界的、富有成效的、不可替代的源头,过硬的品牌质量铸就其业界领先地位"[2]。

《东亚文学杂志》创刊前夕,尽管中德两国签订了文化交流协定,但中国文学,甚至整个东亚文学"在德语语言区还籍籍无名",图书市场供应稀缺,译者寥寥无几,读者兴趣没有激发,出版渠道相对狭窄。因此,"出版一本非商业导向的""体现原著文学性的"翻译杂志,成为一项紧迫的任务。它"旨在向德国读者推介中日韩作家及其作品,包括抒情、叙事、诗歌或戏剧等"[3]。每一期都介绍这三个国家的文学,栏目包括:作品翻译、作家信息、历史文档、文坛资讯、文学评论、文献书目,以及工作坊报道等[4]。它不仅将东亚文学视为一个整体,亦在文学接受的层面上将民主德国与联邦德国"统一"起来——"之前,重要的(汉语)作品更多的是通过民主德国出版社译介的,《东亚文学杂志》的创刊打破了'文学城墙'"[5],将柏林墙东西两边的汉学力量吸纳和整合起来,文学破冰作为两德统一的先声,无疑是意义深远的。

首先,将东亚作为一种视域和范式,彰显东亚文学共同的文化根基。"我

---

[1] Ludger Lütkehaus: Die Freuden des Ostmeeres, in: *Neue Zürcher Zeitung*, 11.06.2008.
[2] Ruth Keen: *Rezension über die Hefte für ostasiatische Literatur*, in: http://www.iudicium.de/katalog/0933-8721.htm, abgerufen am 20.05.2019.
[3] Wolf Baus u. a. (Hrsg.): Vorbemerkung der Herausgeber, in: *Hefte für ostasiatische Literatur*, Nr. 1, 1983, S. 7–9.
[4] 事实上,《东亚文学杂志》并非每一期都涵盖中日韩三国文学,比如第4期没有刊登韩国文学,第10期是"日本特刊",第46期是"中国特刊"等;栏目也经常随刊物内容灵活调整。
[5] Ludger Lütkehaus: Die Freuden des Ostmeeres, in: *Neue Zürcher Zeitung*, 11.06.2008.

们摒弃依据国别区域将译文进行划分的做法",把"日本文学放这边,中国或韩国文学放那边","仅专攻一种文学,而对它周围文学一无所知",是"不幸且毫无益处的趋势"[1]。事实上,自日本学者西嶋定生在1962年出版《6—8世纪的东亚》中首倡"东亚世界"肇始,至20世纪80年代,"东亚世界"以汉字文化、儒学、律令与佛教等要素为表征的理论体系与研究框架已然形成。《东亚文学研究》强调"东亚文学"理念,无疑扩大和提升了汉学的内涵,拓展和推进了汉学的外延。比如,杂志第10期"日本特刊",通过把相关的中国文章引入"日本专栏","用关于中国的文章来解读日本",在某种意义上说,"它同时也是中国特刊"[2]。"中日韩三种文学都历史性地依赖彼此,影响彼此",整个东亚从宗教到哲学、从道德到律令、从文学到绘画、从舞蹈到音乐都形成了宽泛普适的文化根脉,写下了传承千年的不朽巨著,留下了精湛深邃的艺术瑰宝,为世界文明提供了可资选择的发展维度。因此,"我们将作品混编在一起,希冀能够引领读者越出他所感兴趣的国家界限,将目光放远大一点"[3]。

其次,强调中国文化/文学作为东亚文学的主导,在译文规模、重点推介和研究评论方面,彰显中国文学/文化在东亚地区的影响力与辐射作用,形成了从周边国家观照中国文学的跨文化、跨族裔、跨国别、跨政治的多重视野。"日本文学中的中国/中国文学中的日本——由此引申出两层意指:共同继承中国古典文学遗产和在现代化过程中相互对立而又彼此联系的发展","把分散的东亚文学的读者们重新聚集起来"[4]。

最后,仅就德译中国文学而言,该刊视野开阔。时间向度上,涵盖古今,从纳西族的远古神话、古代典籍《诗经》、唐诗宋词、明清小说,直至现当代

---

[1] Wolf Baus u. a. (Hrsg.): Vorbemerkung der Herausgeber, in: *Hefte für ostasiatische Literatur*, Nr. 1, 1983, S. 9.
[2] Wolf Baus u. a. (Hrsg.): Vorbemerkung der Herausgeber, in: *Hefte für ostasiatische Literatur*, Nr. 10, 1990, S. 5.
[3] Wolf Baus u. a. (Hrsg.): Vorbemerkung der Herausgeber, in: *Hefte für ostasiatische Literatur*, Nr. 1, 1983, S. 9.
[4] Wolf Baus u. a. (Hrsg.): Vorbemerkung der Herausgeber, in: *Hefte für ostasiatische Literatur*, Nr. 10, 1990, S. 5–6.

名家名作；空间向度上，不仅囊括了中国文坛几乎所有重量级的作家，也网罗了港台、海外知名华语作家 30 余位，他们以差异性的视野丰富了中国文学的创作题材和抒写经验，扩大了中国文学的版图，成为中国与世界沟通交流的文化桥梁。

二

《东亚文学杂志》一直致力于翻译中国现当代作家作品，截至 2017 年总共翻译 292 篇（分期连载的长文，按一篇统计），年均译介 8.3 篇，详见图 1。

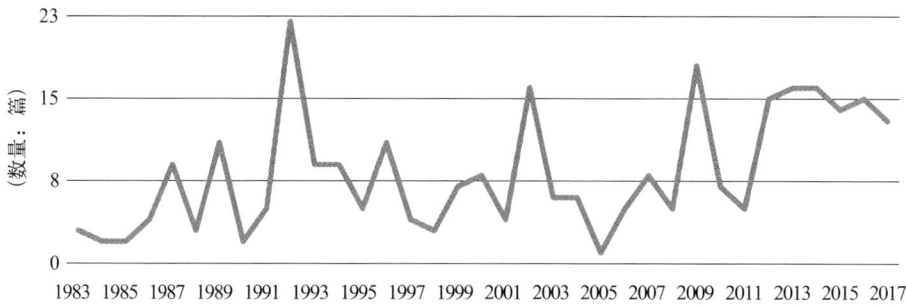

图 1 《东亚文学杂志》翻译中国现当代作家作品篇目数量变化趋势

而整个德语汉学界截至 2016 年，共翻译中国现当代文学单篇作品 784 篇（此数据，不包括译著和译文集 312 部）[1]，《东亚文学杂志》的翻译量占比三成以上，凸显了该杂志举足轻重的地位。如果我们对杂志刊文数量加以分析和梳理，可以明显地看到，1992 年是译介的高峰，总共刊发了 22 篇中国现当代作品，既有现代文学巨匠老舍的小说、朱自清的散文和徐志摩的诗歌，也有当代文坛名家莫言的小说、冯至的诗歌，体裁多样，名家荟萃，集中展示了这一时

---

[1] 孙国亮、李斌：《中国现当代文学在德国的译介研究概述》，载《文艺争鸣》2017 年第 10 期，第 104 页。

期中国文学的至高水平。紧随其后的几个高峰有：2009 年刊发了 18 篇，杂志"编纂了一本只有中国作品翻译的特刊，庆祝中国将以主宾国的身份参加法兰克福书展，向中国文学致敬"[1]。2002 年刊发了 16 篇，接近平均值（8.3 篇）的两倍；是年，中德建交 30 周年，中国首次超过日本成为德国在亚洲的最大贸易伙伴。两国文化交流呈现出日益紧密、健康发展的态势，逐步形成了全方位、宽领域、多渠道的交流格局，推动了中国现当代文学在德语地区的译介和传播[2]。2012—2017 年，《东亚文学杂志》年均译介篇目数将近 15 篇，其中，2013 年、2014 年同为 16 篇，2012 年、2016 年同为 15 篇。这一骄人的实绩，显示了中国现当代文学在德国的翻译和传播呈现良好态势，也标志着中国文化"走出去"取得了显著成效。

《东亚文学杂志》译介的 292 篇作品，几乎涵盖了中国现当代文坛重要作家，视野极具广度。"中国当代文学最重要的作家作品几乎全部能有德文译作出版"[3]，其中，译介篇目数量超过 3 篇的作家有 17 位，重点突出，颇具深度。具体如表 1 所示：

---

[1] Hans Peter Hoffmann u. a. (Hrsg.): Aus der Mitte–Statt einer Vorbemerkung, in: *Hefte für ostasiatische Literatur*, Nr. 46, 2009, S. 5.

[2] 2001 年 9 月中国作为"主宾国"参加了第三届柏林"亚太周"；2002 年 4 月，中德签署了《关于中德互设文化中心的会谈纪要》。2007 年至 2010 年，德国在华举办系列文化活动——"德中同行"。2008 年，中德博物馆项目"中国在德累斯顿·德累斯顿在中国"成功举行；是年，柏林中国文化中心正式启用，标志着中国文化在德国传播获得官方认可。尤其是，德国是 2007 年北京国际书展主宾国，中国是 2009 年法兰克福书展主宾国，这推动了中德文学的互译推广。2010 年 7 月，中德签署了《关于 2012 年在德国举办"中国文化年"的谅解备忘录》。2011 年 4 月至 2012 年 3 月，中国国家博物馆和德国柏林国家博物馆、德累斯顿国家艺术收藏馆、巴伐利亚国家绘画收藏馆联合在北京举办《启蒙的艺术》大型展览。2012 年 1 月至 2013 年 1 月，"中国文化年"系列活动在德国 40 余个城市举行，将"中国文化风"吹遍德国的大街小巷。2013 年 5 月，李克强总理访德期间同默克尔总理共同宣布"2013/2014 中德语言年"开幕。2014 年 7 月，李克强总理同默克尔总理在北京天坛会见出席中德语言年闭幕式活动的两国青少年代表。2015 年 5 月至 9 月，"中国 8"当代艺术展在德国举行。2016 年 3 月，两国元首在北京为"2016 中德青少年交流年"开幕。同年 11 月，刘延东副总理与德国外长施泰因迈尔共同在汉堡出席交流年闭幕式。2017 年 5 月，中德高级别人文交流机制正式启动。9 月至 10 月，德国在华举办"德国艺术在中国"。总之，政府层面交流与合作全面深化，文化艺术交流繁荣有序，文化产业合作深入推进，无疑为中国文学在德国的译介和出版注入了生机活力。

[3] 顾彬：《海外中国当代文学与文学史写作》，载《山西大学学报》2014 年第 1 期，第 27 页。

表1 《东亚文学杂志》翻译中国现当代作家作品篇目数量

排　序	作　家	篇目数	排　序	作　家	篇目数
1	杨　炼	15	10	莫　言	4
2	阿　城	13	11	曹　寇	3
2	周作人	13	11	曹乃谦	3
4	朱自清	12	11	梁实秋	3
5	冯　至	10	11	沈从文	3
6	萧开愚	9	11	苏　童	3
7	贾平凹	8	11	萧　红	3
8	残　雪	5	11	张爱玲	3
8	钱锺书	5			

德译著作较多的中国作家，既有现代经典作家周作人、朱自清、冯至、钱锺书、梁实秋、沈从文、萧红、张爱玲等，亦有当代实力派作家阿城、贾平凹、莫言、苏童、残雪等，还有曹寇、萧开愚、曹乃谦等在中国文坛相对沉寂或边缘的作家。译介篇目如表2所示：

表2 《东亚文学杂志》翻译中国现当代作家作品统计

作家	篇　目
阿　城	《大门》《阴宅》《成长》《白纸》《炊烟》《厕所》《补丁》《考古》《打赌》《峡谷》《押面》《西装》《驴与Pizza》
周作人	《苍蝇》《吃蟹》《初恋》《一个乡民的死》《奴才礼赞》《上下身》《沉默》《教训之无用》《死之默想》《入厕读书》《我是猫》《哑巴礼赞》《日本与中国》
朱自清	《温州的踪迹》、《白马湖》、《潭柘寺戒坛寺》、《南京》、《匆匆》（有两个翻译版本）、《儿女》、《论无话可说》、《桨声灯影里的秦淮河》、《给亡妇》、《白种人——上帝的骄子》、《择偶记》

续表

作　家	篇　目
冯　至	十四行诗共10首（为1941年创作、1942年由桂林明日社出版的《十四行集》中的第4、6、7、10、11、12、14、22、25、26首）
萧开愚	《玫瑰盛宴》《蝙蝠》《早晨》《山坡》《塔》《为现实，为臃肿》《北站》《鲁德霍夫》《勃兰登堡速写》
贾平凹	《丑石》《回乡》《猎人》《闲人》《不必规矩》《泥土的形状》《制造声音》《辞宴书》
残　雪	《瓦缝里的雨滴》《患血吸虫病的小人》《公牛》《天堂里的对话》《旷野里》
钱锺书	《〈写在人生边上〉序》《魔鬼夜访钱锺书先生》《释文盲》《论快乐》《说笑》《上帝的梦》
莫　言	《老枪》、《生死疲劳》(第一章)、《狗、鸟、马》、《天堂蒜薹之歌》
曹　寇	《山鬼》《惩罚》《画》
曹乃谦	《老汉》《山药蛋》《山丹丹》
梁实秋	《女人》《男人》《早起》
沈从文	《七个野人与最后一个迎春节》《雨后》《都市一妇人》
苏　童	《已婚男人杨泊》《来自草原》《红桃Q》
萧　红	《感情的碎片》《呼兰河传》《牛车上》
张爱玲	《天才梦》《封锁》《年轻的时候》

通过上述分析，我们可以得出如下结论：

其一，受中国学界"重写文学史"观念的影响，被正统文学史观边缘甚或遮蔽的周作人、梁实秋等成为《东亚文学杂志》的"新宠"。杂志第11期评价周作人是"一直被忽视的""在东亚文学界占据重要地位的作家"[1]；第32期集中译介了这位"民国时期最杰出的散文家"的8篇文章，推崇程度可见一斑。而对此前籍籍无名的萧红，更是赞赏有加："我们想强调《呼兰河传》这

---

[1] Wolf Baus u. a. (Hrsg.): Vorbemerkung der Herausgeber, in: *Hefte für ostasiatische Literatur*, Nr. 11, 1991, S. 5.

样一部重要的中国现代小说，它在内容和形式上开辟了新道路，但在文学史上却未得到善待。"[1]而中国现代文学的传统经典"鲁、郭、茅、巴、老、曹"则逐渐淡出德国译介视野，《长城》作为鲁迅的最后一部德译本出版于1987年，《春蚕》作为茅盾的最后一部德译本也出版于1987年，老舍的最后一部德译本《骆驼祥子》出版于1989年，之后20余年，三人的作品几乎鲜有译介出版。因此，德国汉学家认为中国文学的德译在"一九八七年达到了前所未有的高潮"[2]，中国学者，谢淼也确证"中国新时期文学作品在德国的翻译数量呈增长状态，1979年至1987年持续上扬并于1987年达到最高点"[3]。当然，两人的观点作为印象式的判断，其实并不严谨，且有较大误差。事实上，仅就中国现当代文学的德语译文数量而言，1985年是高峰，德语译作从1984年不足30篇的发表量跃升到1985年的115篇。其后的1986年、1987年、1988年连续三年数量明显下滑，但稳定在35篇左右；1989年之后的五年间，译文发表的数量又较前三年有明显提升，年均60余篇。可以说，中国现当代文学在德国的译介，几乎集中于1989年前后的10年间（1984—1993年）[4]，自1994年起德语译作数量才呈现断崖式下降。

其二，对诗歌情有独钟，翻译推介用力甚巨，因为"中国文学的成就主要在诗歌，而不是小说"[5]。中德两国作为"诗歌大国"，有着深厚的诗学传统，《东亚文学杂志》非常关注中国诗歌，不但翻译了王维、李商隐等古代诗人诗作，亦对现当代诗歌情有独钟，仅翻译冯至、萧开愚三位诗人作品就有19首，此外，对"朦胧诗派"和"后朦胧诗派"亦多有关注，并在第30期设立中国诗评专版。"有许多德国人还是非常喜欢中国当代诗歌的"，"从某个角度来说，

---

[1] Wolf Baus u. a. (Hrsg.): Vorbemerkung der Herausgeber, in: *Hefte für ostasiatische Literatur*, Nr. 9, 1989, S. 6.
[2] 马汉茂等：《德国汉学：历史、发展、人物与视角》，李雪涛等译，郑州：大象出版社，2005年，第37页。
[3] 谢淼：《新时期文学在德国的传播与德国的中国形象建构》，载《中国现代文学丛刊》2012年第2期，第37页。
[4] 孙国亮、李斌：《中国现当代文学在德国的译介研究概述》，载《文艺争鸣》2017年第10期，第107页。
[5] 王湛：《德国汉学家顾彬：莫言、余华的书到德国变成了火腿》，载《钱江晚报》2016年3月27日。

在全球化的进程中,德国是中国诗歌的第二个故乡"[1]。就连一向对中国当代文学抱持偏见的顾彬,也对中国现当代诗歌情有独钟,除了翻译冯至的《十四行集》,还持续编译《太阳城消息:中国现代诗歌(1919—1984)》,推介了郭沫若等16位中国现当代诗人诗作,90年代初翻译了北岛诗集《白日梦》和《太阳城札记》,此后,又翻译了张枣《春秋来信》(1999),梁秉均《政治的蔬菜》(2000)、《花鸟志异》(2000)、《玉石与木头》(2009),北岛《战后》(2001),翟永明《咖啡馆之歌》(2004),欧阳江河《快餐馆》(2010),王家新《哥特兰的黄昏》(2011)、《未完成的诗》(2017)等多位诗人的诗集,并由衷感叹:"中国诗人世界一流","无论我走到那里,我总是告诉大家中国有许多,(大约十几个)世界级的优秀诗人"[2]。

三

《东亚文学杂志》能够长期屹立德国汉学乃至国际汉学界潮头,首先仰仗的是该杂志培养出的一批高水平译者。众所周知,当下制约德国汉学发展的一个重要因素是翻译稿酬偏低,正如有译者说"如果我不是大学教授而把翻译作为主业的话,我就不能从事翻译工作了",因此,致力于纯粹文学翻译的德国汉学家少之又少,"可能只有15个人左右"[3],这直接导致"中国文学在德难觅,翻译成最大瓶颈"[4]。但是,《东亚文学杂志》从创刊伊始,就将"翻译"活动和"译者"主体提升为杂志核心竞争力要素。主编在创刊词中坦承:"只要译者发表作品的机会非常有限,努力不被重视或提及,那么翻译这项工作乏人问津,就并不令人意外了。"然而,"放弃翻译,同时也意味着放弃一种极其精密的、用充满异国风情的语言和文字进行阐释的方法"。

---

[1] 艾瑞克·尼尔森:《德国汉学家顾彬称"中国诗人世界一流"》,载《中国日报》2007年12月12日。
[2] 艾瑞克·尼尔森:《德国汉学家顾彬称"中国诗人世界一流"》,载《中国日报》2007年12月12日。
[3] 李晓:《中国作家在德国没有畅销书》,载《北京晚报》2007年9月5日。
[4] 饶博:《中国文学在德难觅,翻译成最大瓶颈》,载《参考消息》2015年3月16日。

有鉴于此,"这本杂志致力于不间断地发表能体现原作文学性的翻译作品",为文学翻译出版搭建平台,为译者提供展示的舞台。"那些迄今为止致力于翻译工作的少数人,只是将他们努力翻译的成果展示出来,却很少将他们与文本打交道的过程中遇到的困难,以及翻译过程的艰辛公布于众。而恰恰从这些困难中,我们可以对远东文化的特点——也正如对我们自己的文化——了解一二"。因此,编译团队希望"这本杂志能随着时间流逝慢慢转变为一个论坛",在这个论坛上,不仅仅展示"已完成"的翻译作品,同时,翻译又是永远也不可能完成的,"在某种程度上可以像手工艺一样得以不断应用与修饰",常译常新,并希望"在这里有越来越多的东亚语言的翻译问题能够得以讨论,也就是说,它是一个发表有关翻译问题的论文、评论或者简短文章的论坛"[1]。详见表3:

表3 《东亚文学杂志》翻译中国现当代文学作品篇目数量最多的前十位译者

排序	译 者	篇 目 数
1	包惠夫(Wolf Baus)	54篇(合译8篇)
2	蒋永学(Thilo Diefenbach)	30篇
3	何致瀚(Hans Peter Hoffmann)	24篇(合译13篇)
4	吕福克(Volker Klöpsch)	14篇(合译1篇)
5	英戈·舍费尔(Ingo Schäfer)	14篇(合译1篇)
6	梅儒佩(Rupprecht Mayer)	14篇(合译2篇)
7	甘默霓(Monika Gänßbauer)	13篇
8	屈汉斯(Hans Kühner)	12篇(合译2篇)
9	布丽吉特·赫恩里德(Brigitte Höhenrieder)	11篇(均为合译)
10	卡特琳·玛莲娜·奥皮奥(Katrin-Marlene Opiolla)	9篇(合译8篇)

---

[1] Wolf Baus u. a. (Hrsg.): Vorbemerkung der Herausgeber, in: *Hefte für ostasiatische Literatur*, Nr. 1, 1983, S. 8.

如上表显示，这十位译者共计翻译了近 200 篇中国现当代文学作品，占《东亚文学研究》刊载中国现当代文学翻译总篇数的 70% 左右，而且，他们精诚合作，取长补短，合译了近 50 篇，逐渐成为德国知名的汉学翻译家，撑起德国汉译的半壁江山。如《东亚文学杂志》的创办者和出版者包惠夫（Wolf Baus）翻译了张爱玲、残雪、梁实秋、沈从文、滕刚、苏叔阳、张抗抗、王小波、丰子恺、刘恒、朱自清、贾平凹、周作人、韩少功、刘索拉、吴建广、徐志摩、白先勇、张系国、郑清文、黄春明、黄瑞云和马建等作家的作品。台湾文学翻译和研究专家蒋永学（Thilo Diefenbach）在《东亚文学杂志》上的 30 篇译作均是台湾作家作品；此外，他还翻译过张炜、刘继明、刘庆邦等作家作品。何致瀚（Hans Peter Hoffmann）翻译过北岛、白桦、冯至、顾城、多多、闻一多、西川、章诒和、慕容雪村等作家作品。《东亚文学杂志》的创办者和出版者吕福克（Volker Klöpsch）翻译过的中国现当代作家有老舍、胡适、林语堂、周作人、沈从文、冯至、巴金、郭沫若、茅盾、余华、余秋雨、钱锺书、吴组缃等，他与梅薏华（Eva Müller）一起出版了《中国文学辞典》，另有翻译文集《盼春：当代中国短篇小说（第一辑）》《中国爱情诗》《孙子兵法》《丝扇：唐诗》等。梅儒佩（Rupprecht Mayer）翻译过顾城、舒婷、白桦、北岛、陈村、迟子建、蒋子龙、老舍、莫言、沈从文、张洁、张辛欣、萧开愚、高尔泰、鸿鸿和陈黎等众多现当代作家的作品。甘默霓（Monika Gänßbauer）翻译了冯骥才、残雪、张辛欣、刘索拉、苏童、贾平凹、刘再复等作家作品，同时也是中国文学系列丛书《中国出版》的出版者之一。向德国读者不遗余力地介绍中国当代文学作品数量最多的当属德国翻译家高立希（Ulrich Kautz），他翻译了李准、王蒙、邓友梅、陆文夫、李国文、王朔、余华、皮皮、阎连科等作家的中篇小说和长篇小说约 30 部，并于 2007 年荣获中国政府颁发的"中华图书特殊贡献奖"。

其次，《东亚文学杂志》突破地域拘囿，努力构建全球"华语文学"的大视野。在全球化时代，一个大写的中国，必然包括港、澳、台和全球华语的多元声音和风貌，此举拓展了中国与东亚文化的根性和影响力。《东亚文学杂志》自创刊以来共翻译中国及海外作家作品 78 篇，如高尔泰、北岛、刘再复、肖铁、冯丽、白先勇、张系国、陈若曦、黄春明、龙应台、郑清文、郑炯明、刘克襄、陈虚谷等作品，基本囊括了整个华语文学的名家力作（详见图 2 数据），他们以文化基因展现汉语写作的恒久魅力，以文学精品助推中国文化的世界性传播，是中国现当代文学的自然延展和重要组成部分。

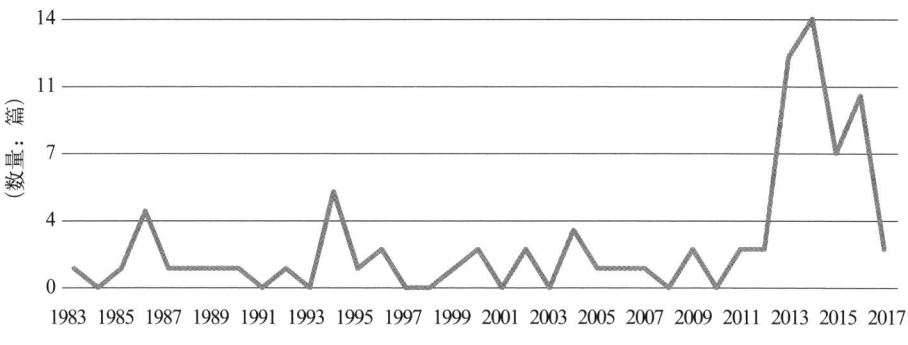

图 2 《东亚文学杂志》翻译港台与海外华语作品篇目数量统计

再次，杂志不断翻译推介新人新作以拓展德语读者对东亚文学，特别是中国文学的阅读和认识视域。如第 19 期翻译推介王任叔，"或许是中国文学第一次探究谋杀魅力的尝试，我们以此想让人们关注这位共和国早期还未有任何德译作品的著名作家"[1]。第 18 期"介绍了三位年轻的中国作家（都是 30 岁左右），即残雪、王朔和苏童，他们令人称奇的表现手法和写作方式，在中国文坛特立独行"[2]。第 53 期介绍中国作家曹乃谦"在文坛至今籍籍无名，但他发出的是鲜明的有个性的声音，走了一条独特的文学道路"[3]。由此可见《东亚文学杂志》独特的审美品格和文学趣味。

---

[1] Wolf Baus u. a. (Hrsg.): Vorbemerkung der Herausgeber, in: *Hefte für ostasiatische Literatur*, Nr. 19, 1995, S. 6.
[2] Wolf Baus u. a. (Hrsg.): Vorbemerkung der Herausgeber, in: *Hefte für ostasiatische Literatur*, Nr. 19, 1995, S. 6.
[3] Hans Peter Hoffmann u. a. (Hrsg.): Vorbemerkung der Herausgeber, in: *Hefte für ostasiatische Literatur*, Nr. 53, 2012, S. 5.

又次，出版人的自觉与自省，以读者为中心，注重争鸣探讨。《东亚文学杂志》创刊词援引庄子"井底之蛙"的寓言故事，并以此自况。"就东亚文学而言，我们在此方面都是井底之蛙"[1]。"先前满足于自我狭隘视野的井底蛙，如果猛然知晓了东海的广博与乐趣，显然也会心生胆怯。可是，《东亚文学杂志》的出版者不抵制这种风险，而将自己及其潜在读者置于东亚文学大海般的怀抱"[2]。杂志第3期开辟"专题工作坊"，刊登姚阿西姆·施克尔（Joachim Schickel）新译的毛泽东诗词《沁园春·雪》，作为对弗里德黑尔姆·典宁豪斯（Friedhelm Denninghaus）发表在第2期译文的重译和指谬。"我们在第3期印刷出版前把施克尔的译文手稿转发给了典宁豪斯先生，他回应第4期会有'重译的重译'"。"我们希望这个'专题工作坊'将成为一个争论正确翻译的论坛。施克尔先生和典宁豪斯先生之间的讨论非常受欢迎，这将激励我们更仔细地，或许也更急切地阅读毛泽东的《沁园春·雪》"[3]。杂志第6期因诗人冯至获颁德国艺术奖而应景性地加急翻译冯至的十四行诗，"这些十四行诗是顾彬在他的译文集《太阳城消息：中国现代诗歌（1919—1984）》里没有涉及的篇目。于是，我们增补后，冯至的整个组诗都有了德语译文"。可是，当杂志定稿后，却尴尬地发现"顾彬已经在《冯至：国际艺术奖1987》集子里补译了《太阳城消息》中剩余的十四行诗"[4]。尽管此举"撞车"纯属意外，但杂志还是在序言中不无遗憾地坦陈选题的失误。

最后，尤其需要指出的是，《东亚文学杂志》以更宽的理论视野、更新的西方问题意识解读中国。截至2017年，该杂志共发表中国现当代文学研究评介类文章75篇。既有对各文类的宏观史论，如第27期发表西格弗里德·克拉施卡（Siegfried Klaschka）的《中国报告文学》长文，对20世纪八九十年代中

---

[1] Wolf Baus u. a. (Hrsg.): Vorbemerkung der Herausgeber, in: *Hefte für ostasiatische Literatur*, Nr. 1, 1983, S. 9.
[2] Ludger Lütkehaus: Die Freuden des Ostmeeres, in: *Neue Zürcher Zeitung*, 11.06.2008.
[3] Wolf Baus u. a. (Hrsg.): Vorbemerkung der Herausgeber, in: *Hefte für ostasiatische Literatur*, Nr. 3, 1985, S. 7.
[4] Wolf Baus u. a. (Hrsg.): Vorbemerkung der Herausgeber, in: *Hefte für ostasiatische Literatur*, Nr. 6, 1987, S. 7.

国报告文学的流派予以归纳，指出"报告文学从一种不起眼的边缘文学发展成为中国当代文学中最具影响力的体裁"，"扮演着重要的社会角色"，对其文学性与政治性、虚构性与写实性、超越性与介入性给予理性分析。第 52 期发表洪素珊（Susanne Hornfeck）《山谷中的孩子——中国当代随笔》，第 54 期发表伊尔卡·施耐德（Ilka Schneider）《向海的方向——新的中国杂文》，探究"在如今的中国，是什么使杂文如此受欢迎"，并进一步追问思考：在一个社会剧烈转型的时代，简洁的形式是否更能被接受？第 30 期发表毕鲁直（Lutz Bieg）的长文《中国抒情诗，东西方文学以及内卡尔格明德的短句》，梳理探讨中国诗歌的传统和新变。第 14 期发表马汉茂的《〈狗儿爷涅槃〉与八十年代中国戏剧》，指出 20 世纪 80 年代是中国戏剧的"黄金时期"，既恢复了现实主义戏剧传统，又追求探索戏剧的革新。同时，杂志又对重点作家作品给予关注，如对余华的评论有五篇：《余华作品〈第七天〉阅读报告》（第 59 期）、《中国的另一面：余华的新作品〈兄弟〉》（第 41 期）、《余华的中篇、长篇小说（阅读报告）》（第 31 期）、《遇见余华》（第 29 期）、《余华〈许三观卖血记〉》（第 29 期），称赞余华的作品是"中国的"——中国人、中国历史、中国社会、中国政治的缩影[1]，但又是"德国的"，"恰恰是在德国，一个从纳粹黑暗统治迅即跨入经济奇迹的地方，一部像《兄弟》这样的作品可以激发人们的兴趣与理解，它不仅提供阅读享受，同时亦在无须解释中国历史或政治关系细节的情况下深化对中国人和中国的理解；它不是一本关乎历史的书，而是一本关乎人的书，不单是汉学家愿读，更是一本具有广大读者市场的书"[2]。对莫言的评论有两篇：《莫言〈天堂蒜薹之歌〉》（第 22 期）、《莫言：〈变〉》（第 56 期），考察莫言作品的想象性和批判性，"继《红高粱》之后，莫言以《天堂蒜薹之歌》

---

[1] Ulrich Kautz: Drei Novellen und ein Roman von Yu Hua–ein Lesebericht, in: *Hefte für ostasiatische Literatur*, Nr. 31, 2001, S. 111.

[2] Ulrich Kautz: Chinas andere Seite: Yu Huas neuer Roman Xiongdi (»Brüder«), in: *Hefte für ostasiatische Literatur*, Nr. 46, 2009, S. 126.

展现了一位伟大作家的才能，四两拨千斤地运用了所有叙述技巧：恰切的戏剧性场景交织着极具感官性的细致语言描写。作家笔下的大自然于他而言，正如对中国农民一样，并非点缀性的装饰品，亦非能被驯化的小菜一碟；它一方面为人类奉献生命，另一方面冷漠地拒人千里、暴戾残忍。莫言所聚焦的那些快速切换的密集场景使读者百感交集"[1]。对王蒙的评论有两篇：《关于王蒙的作品》（第 18 期）、《德国译者对王蒙〈活动变人形〉的思考》（第 10 期），推崇王蒙小说在古老国度的探索性和现代性，均凸显《东亚文学杂志》的理论和学术素养。综之，杂志卓尔不群的诸多特质，使其成为德国汉学译介阐释中国文学的旗帜和标杆。

孙国亮、李斌　文

---

[1] Monika Gänßbauer: Mo Yan: Die Knoblauchrevolte, in: *Hefte für ostasiatische Literatur*, Nr. 22, 1997, S. 11.

文学文献目录

年份	卷期（总）	德语篇名	中文译名	作者/译者	栏目	页码
1983	1	Auf dem Ochsenkarren	《牛车上》	萧红 作 Ruth Keen 译	翻译	19—31
1983	1	Rong an der Blumenbrücke	《花桥荣记》	白先勇 作 Susanne Ettl、汪珏 译	翻译	43—57
1983	1	Das Fernglas	《望远镜》*	雨冬 作 Rupprecht Mayer 译	翻译	79—81
1983	1	Das poetische Bild im Chinesischen und seine Übertragung ins Deutsche	《汉语中的诗意意象及其德语转译》	Chang Peng	工作坊	83—98
1984	2	Einige Lieder aus dem Shi Jing	《诗经》选（《小雅·祈父》/《周南·卷耳》/《周南·关雎》/《周南·葛覃》/《周南·樛木》《周南·螽斯》/《周南·桃夭》/《周南·汉广》/《召南·摽有梅》/《邶风·北风》/《卫风·河广》/《王风·扬之水》/《王风·采葛》/《郑风·将仲子》/《郑风·子衿》/《郑风·出其东门》/《桧风·隰有苌楚》/《曹风·蜉蝣》/《小雅·采薇》（节选））	Joachim Schickel 译	翻译	9—32

标注 * 的作品为未查明中文原作。

续 表

年份	卷期（总）	德语篇名	中文译名	作者/译者	栏目	页码
1984	2	Die Beiden Ma (Teil Ⅲ, Kapitel 3)	《二马》（第三部分，第三章）	老舍 作 Petra Großholtfort 译	翻译	66—76
1984	2	Gegenseitige Hilfe	《互助》	王蒙 作 Helmut Martin 译	翻译	77—78
1984	2	Wie Bertolt Brecht und wie man in Peking Mao Zedong übersetzt	《布莱希特以及人们在北京如何翻译毛泽东的作品》	Friedhelm Denninghaus	工作坊	79—93
1984	2	Marginalien zum Stand der Jin Ping Mei-Forschung–Die erste Jin Ping Mei-Konferenz in Bloomington	《〈金瓶梅〉研究现状旁注——第一届伯明顿〈金瓶梅〉会议记录》	Lutz Bieg	工作坊	94—105
1984	2	Bemerkungen zur „Jin Ping Meh"	《评〈金瓶梅〉》	Joachim Schickel	工作坊	106—112
1984	2	Rezension zu Lu Yanzhou: Die wunderbare Geschichte des Himmel-Wolken-Berges	《评鲁彦周:〈天云山传奇〉》	Volker Klöpsch	工作坊	113—114
1985	3	Lieder aus den Grenzgebieten, Acht Vierzeiler aus der Tang-Zeit	边塞诗 ——唐绝句八首（卢纶《塞下曲（其一、其二、其三、其四）》/陈陶《陇西行四首（其二）》/李益《夜上受降城闻笛》/王翰《凉州词二首（其一）》/王之涣《出塞》）	卢纶等 作 Volker Klöpsch 译	翻译	20—24
1985	3	Unter Nachbarn	《邻里之间》	王大鹏 作 Hans Kühner 译	翻译	33—47
1985	3	Häufig auftauchende Probleme aus der chinesisch-deutschen Übersetzungspraxis mit Vorschlägen zu ihrer Lösung	《中德翻译实践的常见问题及应对建议》	Florian Reissinger	工作坊	48—57

续表

年份	卷期（总）	德语篇名	中文译名	作者/译者	栏目	页码
1985	3	Die montierte Übersetzung oder das erfundene Original, Eine wahre Besprechung	《拼凑式翻译或创造性本语，一份真实的评论》	Lutz Bieg	工作坊	58—64
1985	3	Schneeblindheit, Die sehr feinen falschen Bemerkungen des F. Denninghaus	《雪盲——典宁豪斯先生精妙错译》	Joachim Schickel	工作坊	65—79
1985	3	Rezension: Wang Wei, Gedichte	《评王维的诗歌》	Volker Klöpsch	工作坊	90—91
1985	4	Gespräche mit Meister Kong. Lun Yu, Buch Ⅰ und Buch Ⅱ	《和孔圣人的对话——〈论语〉（第一篇和第二篇）》	Joachim Schickel 译	翻译	9—19
1985	4	Der letzte Auftritt von Daban Jin	《金大班的最后一夜》	白先勇 作 Wolf Baus 译	翻译	29—45
1985	4	Irene Damm. Modell einer Übersetzungskritik am Beispiel des klassischen chinesischen Romans „Am Ufer des Flusses" (Shui hu zhuan)	《评伊蕾妮·达姆：〈一个翻译批评模型——以中国古典小说《水浒传》为例〉》	Volker Klöpsch	评论	70—71
1986	5	Prosa und Gedichte (I)	散文与诗（一）（《五柳先生传》/《桃花源记》/《时运（其一、其二）》/《停云（并序）（其一、其二、其三）》/《闲情赋》/《形影神三首》（《形赠影》《影答形》《神释》）/《癸卯岁十二月中作与从弟敬远》）	陶渊明 作 Ernst Schwarz 译	翻译	9—23
1986	5	Auf den Pavillon an der Kühlen Quelle	《冷泉亭记》	白居易 作 Volker Klöpsch 译	翻译	36—37

续表

年份	卷期（总）	德语篇名	中文译名	作者/译者	栏目	页码
1986	5	Der Pavillon an der Kühlen Quelle	《冷泉亭》	张岱 作 Volker Klöpsch 译	翻译	38—41
1986	5	Drei Fabeln	寓言三则（《骆驼的自信》/《黄鼠狼论声誉》/《傀儡的哲学》）	黄瑞云 作 Wolf Baus 译	翻译	42—44
1986	5	Ein Sohn mit Zukunft	《一个有前途的儿子》[1]	张系国 作 Sabine Peschel 译	翻译	56—75
1986	5	Lin Shu und Franz Kuhn – zwei frühe Übersetzer	《林纾与弗兰兹·库恩，两位早期译者》	Monika Motsch	工作坊	76—87
1986	5	Albert Ehrenstein, Ich bin der unnütze Dichter, verloren in kranker Welt	《评阿尔贝特·埃伦施泰因：〈我是一位迷失在病态世界的无用诗人〉》	Volker Klöpsch	评论	88—89
1986	5	Manfred Dahmer, Qin. Die klassische Griffbrettzither	《评曼大墨：〈琴——古典拨弦乐器〉》	Volker Klöpsch	评论	90—93
1987	6	Die Käfige des Herrn Präfekten	《太尊的站笼》[2]	刘鹗 作 Ernst Schwarz 译	翻译	9—16
1987	6	Blauer Dunst	《青烟》	郁达夫 作 Johanna Sohn, Martina Niembs 译	翻译	17—23
1987	6	Die Nacht, in der die Motte begraben wurde	《灯蛾埋葬之夜》	郁达夫 作 Irmgard Wiesel 译	翻译	24—30
1987	6	Sonette	《十四行集》	冯至 作 Volker Klöpsch 译	翻译	93—98

[1] 中文原作《望子成龙》。
[2] 节选自小说《老残游记》第四、第五回。

续表

年份	卷期（总）	德语篇名	中文译名	作者/译者	栏目	页码
1988	7	Gedichte（Ⅱ）	诗（二）（《归去来兮辞》/《归园田居（其一、其三、其四、其五）》/《饮酒（其五）》/《饮酒（其七、其十四）》/《乞食》/《移居二首（其一）》/《己酉岁九月九日》）	陶渊明 作 Ernst Schwarz 译	翻译	41—51
1988	7	Ein Gast aus der Heimat	《客自故国来》	陈若曦 作 Lutz Bieg 译	翻译	52—86
1988	7	Eine Frau von erst 85 Jahren	《才八十五岁的女人》	杨逵 作 Heinz Lohmann 译	翻译	95—105
1989	8	Der Mythos der Naxi: Die Entstehung der Welt	《纳西族神话：创世纪》	Helmut Forster-Latsch, Marie-Luise Latsch 译	翻译	9—29
1989	8	Der Bananendampfer	《香蕉船》	张系国 作 Martin Schoenian 译	翻译	39—49
1989	8	!!!!!!	《！！！！！！》	路东之 作 Astrid Böhmer, Lin Weijian 译	翻译	59—60
1989	8	Gedichte（Ⅲ）	诗（三）	陶渊明 作 Ernst Schwarz 译	翻译	61—76
1989	8	Im weiten Land	《旷野里》	残雪 作 Wolf Baus 译	翻译	81—86
1989	8	Ein Gedicht und seine Metamorphosen–„Sehnsucht in stiller Nacht 静夜思" von Li Bai/Li Po	《一首诗及其流变——李白诗作〈静夜思〉》	Lutz Bieg, Wolf Baus	工作坊	98—109

续 表

年份	卷期（总）	德语篇名	中文译名	作者/译者	栏目	页码
1989	9	Erklärung	《宣告》	北岛 作 Rupprecht Mayer, Chang Hsien-chen 译	翻译	11
1989	9	Geschichten von Fuchsdämonen aus dem Taiping Guangji	《〈太平广记〉狐妖故事选》	Birthe Blauth 译	翻译	48—55
1989	9	Der alte Trunkenbold und acht andere denkwürdige Charaktere aus dem China der Ming-Zeit	中国明代的"醉叟"和其他八个重要人物（袁宏道《醉叟传》《徐文长传》/陆容《阿留传》/毛先舒《戴文进传》/张岱《柳敬亭说书》《王月生》《朱楚生》《彭天锡串戏》/徐渭《白母传》）	袁宏道、张岱等 作 Volker Klöpsch 译	翻译	56—80
1989	9	Erzählungen vom Hulan-Fluß (Auszug)	《呼兰河传》（节选）	萧红 作 Ruth Keen 译	翻译	92—110
1989	9	Fünf Gedichte	五首诗（《夜歌》/《黄昏》/《也许——葬歌》/《口供》/《天安门》）	闻一多 作 Peter Hoffmann 译	翻译	111—114
1990	10	Östlich von Fusang – Japanische Besucher im tangzeitlichen China im Spiegel der zeitgenössischen Dichtung	《扶桑以东——同时期诗歌中的遣唐使》	Volker Klöpsch 译	翻译	37—43
1990	10	Sayonara – Auf Wiedersehen!	《莎哟娜啦·再见》	黄春明 作 Wolf Baus 译	翻译	64—100
1990	10	»Das Verwandlungsbilderbuch« von Wang Meng Gedanken des deutschen Übersetzers	《德国译者对王蒙〈活动变人形〉的思考》	Ulrich Kautz	工作坊	101—109

续表

年份	卷期（总）	德语篇名	中文译名	作者/译者	栏目	页码
1991	11	Augewählte Essays: Japan und China. Übers Lesen auf dem Klo. »Ich bin ein Kater.« Lob der Stummheit	杂文选（《日本与中国》/《入厕读书》/《〈我是猫〉》/《哑巴礼赞》）	周作人 作 Lutz Bieg, Wolf Baus, Volker Klöpsch, Otto Putz 译	翻译	9—32
1991	11	Eine Annäherung an Zhou Zuorens (1885–1967) essayistisches Werk	《浅探周作人（1885—1967年）的杂文作品》	Lutz Bieg	翻译	33—36
1991	11	Sayonara – Auf Wiedersehen! (Teil 2)	《莎哟娜啦·再见》（二）	黄春明 作 Wolf Baus 译	翻译	52—63
1991	11	Eine Morgentoilette (Das zweite Kapitel aus dem Roman *Das Verwandlungsbilderbuch*)	《晨间梳妆》（小说《活动变人形》第二章）	王蒙 作 Ulrich Kautz 译	翻译	67—78
1991	11	Die Verhaftung (Das erste Kapitel aus dem Roman *Die Knoblauchrevolte*)	《拘捕》（小说《天堂蒜薹之歌》第一章）	莫言 作 Andreas Donath 译	翻译	97—109
1992	12	Nächtliches Gespräch mit einem »German« von echtem Schrot und Korn Blut. Erinnerungen an einen Besuch, den ich der sterblichen Hülle Lenins abstattete	《"一宿有话"——真正老牌"迦们"》《血——谒列宁遗体回想》	徐志摩 作 Wolf Baus 译	翻译	21—30
1992	12	Hunde, Pferde, Vögel	《狗、鸟、马》	莫言 作 Andreas Donath 译	翻译	36—45
1992	12	Hunde	《狗》	老舍 作 Markus Niggenaber 译	翻译	76—86

续表

年份	卷期（总）	德语篇名	中文译名	作者/译者	栏目	页码
1992	12	Katzen	《猫》	老舍 作 Sybill Lieber 译	翻译	76—86
1992	12	Engländer	《英国人》	老舍 作 Notker Böhme 译	翻译	
1992	13	Volkserzählungen aus Gengcun	耿村民间故事	Susanne Knödel 译	翻译	69—91
1992	13	Der Weiße, ein Liebling der Götter	《白种人——上帝的骄子》	朱自清 作 Wolf Baus 译	翻译	116—120
1992	13	Martin Buber und die chinesische Literatur. Marginalien zu einer Neuerscheinung	《马丁·布伯与中国文学——对一个新版本的旁注》	Hartmut Walravens	杂录	121—127
1993	14	Zhuang Zi träumt von einem Totenschädel	《庄子梦见骷髅》	蔡志忠 作 Wolf Baus 译	翻译	9—11
1993	14	Totenklagen aus dem alten China	中国古代祭文（贾谊《吊屈原赋》/刘令娴《祭夫徐悱文》/李华《吊古战场文》/元稹《唐故工部员外郎杜君墓系铭并序》/苏轼《祭欧阳文忠公文》）	贾谊、刘令娴等 作 Volker Klöpsch 译	翻译	12—25
1993	14	Meiner verstorbenen Frau	《给亡妇》	朱自清 作 Wolf Baus 译	翻译	26—31
1993	14	Die alte Flinte	《老枪》	莫言 作 Susanne Ettl、汪珏 译	翻译	32—45
1993	14	Tote Fliege	《蝇尸》	方瑜 作 Hans-Otto Sterling, Christiane Hammer 译	翻译	71—73

101

续表

年份	卷期（总）	德语篇名	中文译名	作者/译者	栏目	页码
1993	14	Chinesische Chan-Meister und der Tod	《中国禅宗及其逝世》	林笳 译	翻译	74—78
1993	14	Reflexionen über den Tod	《死之默想》	周作人 作 Wolf Baus 译	翻译	80—84
1993	14	Die große Frau und ihr kleiner Ehemann	《高女人和她的矮丈夫》	冯骥才 作 Maja Voigt 译	翻译	85—98
1993	14	Weinen vor der Hühnersuppe	《鸡汤前落泪》	Peter Hoffmann	评论	133—135
1993	14	Sammelrezension: Taiwanesischer Regionalismus	《集评：台湾本土意识》	Helmut Martin	评论	135—137
1993	14	Die wundersame Geschichte von der Donnergipfelpagode	《评〈雷峰塔奇传〉》	Helmut Martin	评论	137—138
1993	14	*Das Nirvana des »Hundemanns« und andere chinesische Stücke, Chinesische Stücke der achtziger Jahre*, herausgegeben und mit einem Nachwort von Irmtraud Fessen-Henjes	《评〈狗儿爷涅槃及其他——中国八十年代戏剧选〉，尹虹编并作后记》	Helmut Martin	评论	139
1993	15	Der Stier	《公牛》	残雪 作 Wolf Baus 译	翻译	25—29
1993	15	Dialog im Paradies（Ⅰ），（Ⅱ）	《天堂里的对话》	残雪 作 Wolf Baus 译	翻译	29—38
1993	15	Lieder der Song-Zeit	宋词（李煜《虞美人》/欧阳修《采桑子》/苏轼《少年游》《江城子》《临江仙》/辛弃疾《西江月》《清平乐·独宿博山王氏庵》《清平乐·村居》《丑奴儿·书博山道中壁》）	李煜、欧阳修等 作 Marion Eggert 译	翻译	53—64

续 表

年份	卷期（总）	德语篇名	中文译名	作者/译者	栏目	页码
1993	15	Ein Strauß wundersamer Begebenheiten	《集异记》(《集翠裘》/《狄梁公》/《李子牟》/《贾人妻》/《杨褒》/《刘玄》/《王积薪》/《王维》/《王之涣》/《僧晏通》)	薛用弱 作 Volker Klöpsch 译	翻译	65—81
1993	15	Die leere Schale	《空壳》	常青 作 Else Unterrieder 译	翻译	82—109
1993	15	Über das Essen	《谈吃》	夏丏尊 作 Alexandra Dost, Roderich Ptak 译	翻译	127—131
1993	15	Die Überwindung von Raum und Zeit	《打破空间与时间的束缚》*	罗英 作 Christiane Hammer 译	翻译	132
1993	15	Vom Reich der Helden zum Reich der Zwerge	《从伟人国到小人国》*	刘再复 作 Stephan P. Werner, Mette Thunø 译	翻译	133—140
1993	15	Philip F. Williams: *Village Echoes. The Fiction of Wu Zuxiang*	《评魏纶：〈乡间回响——吴组缃的小说〉》	Anke Pieper	评论	141—143
1993	15	Das Chinabild in der deutschen Literatur aus der Sicht der Aachener Komparatistik-Schule	《亚琛比较文学学派视角下德国文学中的中国形象》	Andreas Weiland	评论	144—146
1994	16	Aus dem *Wald des Lachens*	《〈笑林广记〉节选》	Elisabeth Jörs 译	翻译	29—32
1994	16	Fünf Dichterbiographien der Tang	五篇唐代诗人传记（陆羽《陆文学自传》/白居易《醉吟先生传》/陆龟蒙《江湖散人传》/李商隐《齐鲁二生·刘叉》/韩愈《柳子厚墓志铭》）	Volker Klöpsch 译	翻译	50—67

续表

年份	卷期(总)	德语篇名	中文译名	作者/译者	栏目	页码
1994	16	Die Heimat des Vagabunden	《漂泊的故乡》	刘再复 作 Monika Gänßbauer 译	翻译	78—80
1994	16	Entfremdung, Verklärung, Entschlüsselung. Grundlinien der deutschen Übersetzungsliteratur aus dem Chinesischen in unserem Jahrhundert	《异化，形变，解密——本世纪中国文学德译基本原则》	Wolfgang Bauer	工作坊	85—100
1994	16	Überlegungen zur Übersetzung einer belanglosen Geschichte. Ein Werkstattbericht Li Guowen: Schachfiguren?	《工作坊报告：对翻译一个没意思的故事的思考——译李国文〈别扭〉》	Ulrich Kautz	工作坊	108—125
1994	16	Zur Ermordung Xie Yes und zum Selbstmord Gu Chengs	《论谢烨被谋杀和顾城的自杀》	Birgit Häse	讣告	131—133
1994	16	*Das große Lexikon der chinesischen Literatur*	《评〈中国文学大辞典〉》	Peter Hoffmann	评论	136
1994	16	Wendy Larson: *Literary Authority and the Modern Chinese Writer. Ambivalence and Autobiography*	《评文棣：〈文学权威与中国现代作家——矛盾与自传〉》	Vera Schick	评论	137—138
1994	17	Vom kindlichen Herzen	《童心说》	李贽 作 Volker Klöpsch 译	翻译	9—12
1994	17	Geleitwort zu Chen Zhengfus »Einvernehmen des Herzens«	《叙陈正甫会心集》	袁宏道 作 Volker Klöpsch 译	翻译	13—14
1994	17	Die Wochenberichte des Jugendlichen Großkopf Chun (Auszüge)	《少年大头春的生活周记》（节选）	张大春 作 Christiane Hammer 译	翻译	15—27

续表

年份	卷期（总）	德语篇名	中文译名	作者/译者	栏目	页码
1994	17	Der Tod eines Nachmittags	《下午之死》	李捷金 作 Wolf Baus 译	翻译	59—77
1994	17	Scherben eines Gefühls	《感情的碎片》	萧红 作 Barbara Fuchs 译	翻译	78—79
1994	17	Der häßliche Stein	《丑石》	贾平凹 作 Wolf Baus 译	翻译	80—82
1994	17	Hans Peter Hoffmann: *Gu Cheng – Eine dekonstruktive Studie zur Menglong-Lyrik*	《评何致瀚：〈顾城——关于朦胧诗的解构研究〉》	Siegfried Klaschka	评论	100—104
1994	17	Shen Congwen: *Türme über der Stadt. Eine Autobiographie aus den ersten Jahren der chinesischen Republik*	《评沈从文：〈城上群塔：中华民国初年自传〉》[1]	Wolf Baus	评论	104—106
1995	18	Ein bilharziöser Zwerg	《患血吸虫病的小人》	残雪 作 Monika Gänßbauer 译	翻译	40—45
1995	18	Meister des Spiels (Auszug)	《顽主》（节选）	王朔 作 Ulrich Kautz 译	翻译	46—62
1995	18	… aus der Steppe	《来自草原》	苏童 作 Gisela Muders, Thomas Kempa 译	翻译	63—72
1995	18	Chinesischer Humor	《中式幽默》	Martin Gimm 译	翻译	108—139
1995	18	Das kommentierte *Jin Ping Mei*	《评评注版〈金瓶梅〉》	Lutz Bieg	评论	140—144

[1] 中文原作《从文自传》。

续表

年份	卷期（总）	德语篇名	中文译名	作者/译者	栏目	页码
1995	18	Zur Werkausgabe Wang Mengs	《评〈王蒙文集〉》	Martin Woesler	评论	145—147
1995	19	–123–	《一二三》	李捷金 作 Wolf Baus 译	翻译	11—28
1995	19	Sieben Geschichten ausgeprägten Scharfsinns aus der Tang-Dynastie	七个唐代精察故事（《蒋恒》/《裴子云》/《张楚金》/《董行成》/《张鷟》/《刘崇龟》/《杀妻者》）	Volker Klöpsch 译	翻译	32—41
1995	19	Die Drihort-Halle	《三宝殿》	Carsten Storm 译	翻译	51—58
1995	19	Der Selbst-Mord-Test	《自杀尝试者》	王任叔 作 Vera Schick 译	翻译	75—87
1995	19	Kriminalistische Episoden aus den *Pinselplaudereien am Traumbach*	《〈梦溪笔谈〉中关于犯罪的片段》	沈括 作 Notker Böhme 译	翻译	91—96
1996	20	Herr Ungefähr	《差不多先生传》	胡适 作 Volker Klöpsch 译	翻译	28—29
1996	20	Treten und Getretenwerden	《踢与被踢》[1]	林语堂 作 Volker Klöpsch 译	翻译	30—32
1996	20	Tränen	《哭》	王任叔 作 Wolfgang Keßler 译	翻译	33—34
1996	20	Chinesen, warum ereifert ihr euch nicht?	《中国人，你为什么不生气》	龙应台 作 Wolfgang Keßler 译	翻译	34—38

[1] 中文原作《论踢屁股》。

续 表

年份	卷期（总）	德语篇名	中文译名	作者/译者	栏目	页码
1996	20	Kaiserliche Gattin Pflaumenblüte	《梅妃传》	Volker Klöpsch 译	翻译	39—47
1996	20	Die Rache der Xie Xiao'e	《谢小娥的复仇》[1]	凌蒙初 作 Wolf Baus 译	翻译	55—80
1996	20	Regentropfen von der Decke	《瓦缝里的雨滴》	残雪 作 Irmtraud Fessen-Henjes 译	翻译	91—94
1996	20	Lu Wenfu: *Des Menschen Nest (Ren zhi wo)*	《评陆文夫:〈人之窝〉》	Ulrich Kautz	评论	111—114
1996	21	Vorwort zu meinem »Bericht vom Reisen nach West-Übersee«	《〈西海纪游草〉序言》	林鍼 作 Marion Eggert 译	翻译	34—43
1996	21	Tröstliche Träume. Ausgewählte Städteansichten aus dem Unteren Yangzi-Tal	《欣慰之梦——长江下游河谷的城市景观精选》[2]（《秦淮河房》/《葑门荷宕》/《虎丘中秋夜》/《西湖七月半》/《西湖香市》/《湖心亭看雪》/《二十四桥风月》/《扬州清明》/《烟雨楼》/《闰中秋》/《庞公池》)	张岱 作 Volker Klöpsch 译	翻译	44—62
1996	21	Der Turm des Gleichmuts/Der Pavillon zum willkommenen Regen	《超然台记》/《喜雨亭记》	苏轼 作 Volker Klöpsch 译	翻译	63—67
1996	21	Zum Klang der Ruderschläge und beim Schein der Lampions auf dem Qinhuai-Fluß	《桨声灯影里的秦淮河》	朱自清 作 Wolf Baus 译	翻译	68—80

[1] 中文原作《李公佐巧解梦中言 谢小娥智擒船上盗》。
[2] 出自《陶庵梦忆》。

续表

年份	卷期(总)	德语篇名	中文译名	作者/译者	栏目	页码
1996	21	Allein am Ufer des Michigansees	《独处密歇根湖畔》	刘再复 作 Monika Gänßbauer 译	翻译	95—97
1996	21	»Ein Leben im Feuer«. Zum Tode des chinesischen Lyrikers Ai Qing	《"火中人生"——纪念中国诗人艾青》(《大堰河——我的保姆》/《煤的对话》/《我爱这土地》/《乞丐》/《秋》/《在智利的纸烟盒上》/《礁石》/《女射手》/《拣贝》/《镜子》)	Peter Hoffmann	讣告	98—109
1996	21	Maghiel van Crevel: *Language Shattered. Contemporary Chinese Poetry and Duo Duo*	《评柯雷:〈粉碎的语言:中国当代诗歌与多多〉》	Peter Hoffmann	评论	111—115
1996	21	Hei Ma: *Verloren in Peking*	《评黑马:〈混在北京〉》	Wolf Baus	评论	116—117
1997	22	Jede Menge Leute	《人堆人》	刘索拉 作 Wolf Baus 译	翻译	9—21
1997	22	Vier Gedichte	四首诗(《拟古十二首(其九)》/《妾薄命》/《在浔阳非所寄内》/《静夜思》)	李白 作 Walter Fick 译	翻译	30—32
1997	22	Yang Bo, ein verheirateter Mann	《已婚男人杨泊》	苏童 作 Christiane Hammer 译	翻译	79—109
1997	22	Mo Yan: *Die Knoblauchrevolte*	《评莫言:〈天堂蒜薹之歌〉》	Monika Gänßbauer	评论	110—111
1997	22	Cao Yu. Ein Nachruf	《曹禺——讣告》	Bernd Eberstein	杂文	113—117
1997	23	In der Jugendzeit	《年轻的时候》	张爱玲 作 Wolf Baus 译	翻译	56—73

续 表

年份	卷期（总）	德语篇名	中文译名	作者/译者	栏目	页码
1997	23	Chaos und all das	《浑沌加哩咯楞》	刘索拉 作 Monika Gänßbauer 译	翻译	77—84
1997	23	Die Geschichte von immerwährender Liebe und Sehnsucht	《关于永恒的爱和渴望的故事》[1]	陈鸿 作 Volker Klöpsch, Walter Fick 译	翻译	103—117
1997	23	Der Palast der Unsterblichkeit (21. und 49. Szene)	《长生殿》（第二十一、四十九出）	洪昇/洪升 作 Walter Fick 译	翻译	118—136
1997	23	Arbeiten zur chinesischen Literaturwissenschaft und zu angrenzenden Gebieten im deutschsprachigen Raum seit 1990	《1990年以来德语世界关于中国文学与相关领域的研究文献》	Martin Woesler	杂文	140—145
1997	23	Hong Ying, *Der verratene Sommer*	《评虹影：〈背叛之夏〉》	Christiane Hammer	评论	150—153
1998	24	Vermischte Epigramme. Eine Auswahl aus dem *Zazuan*	《〈杂纂〉节选》	李商隐 作 Martin Gimm 译	翻译	13—21
1998	24	Herzdame	《红心女士》[2]	苏童 作 Monika Gänßbauer 译	翻译	38—46
1998	24	Aus der Abgeschiedenheit des Landlebens	《归田录》	欧阳修 作 Volker Klöpsch 译	翻译	59—74
1998	24	Die behaarte Frau	《毛女传》	陈鼎 作 Notker Böhme 译	翻译	75—80

[1] 中文原作《长恨歌传》。
[2] 中文原作《红桃Q》。

续表

年份	卷期（总）	德语篇名	中文译名	作者/译者	栏目	页码
1998	24	Der Tod im Reisladen	《米店之死》	Christiane Hammer	评论	106—108
1998	25	Zwanzig Gedichte	二十首词（《忆江南》三首/《遐方怨·欹角枕》/《如梦令》三首/《江城子·咏史》/《相见欢·落花如梦凄迷》/《菩萨蛮·窗前桃蕊娇如倦》/《采桑子》三首/《忆秦娥·山重叠》/《摊破浣溪沙·一霎灯前醉不醒》/《鹧鸪天》三首/《临江仙·寒柳》/《蝶恋花·又到绿杨曾折处》）	纳兰性德 作 Martin Gimm 译	翻译	42—53
1998	25	Ausgangssperre	《封锁》	张爱玲 作 Wolf Baus 译	翻译	92—105
1998	25	Brüderleins Vorspiel	《弟弟的演奏》	朱文 作 Sabine Peschel 译	翻译	106—114
1999	26	Mein Kindermädchen Yuqing Sao	《我的奶妈玉卿嫂》[1]	白先勇 作 Wolf Baus 译	翻译	33—57
1999	26	Der pietätvolle Räuber und andere Charakterbilder aus der »Neuen Chronik des Yu Chu«	《虞初新志》中的"孝贼"和其他人物形象（王猷定《孝贼传》《汤琵琶传》/侯方域《马伶传》《李姬传》《郭老仆墓志铭》/徐芳《雷州盗记》/汪琬《江天一传》）[2]	Volker Klöpsch 译	翻译	65—83
1999	26	Zum Tode des Künstlers und Gelehrten Qian Zhongshu (1910–1999)	《悼念艺术家、学者钱锺书（1910—1999年）[3]》	Monika Motsch	讣告	92—96

[1] 中文原作《玉卿嫂》。
[2] 《江天一传》一文并非出自《虞初新志》。
[3] 钱锺书生卒年应为1910—1998年。

续　表

年份	卷期（总）	德语篇名	中文译名	作者/译者	栏目	页码
1999	27	Mein Kindermädchen Yuqing Sao (Fortsetzung aus HEFT 26)	《我的奶妈玉卿嫂》[1]（接第 26 期）	白先勇 作 Wolf Baus 译	翻译	21—45
1999	27	Geschichte und Geschichten aus dem *Youyang zazu*	出自《酉阳杂俎》的历史和故事	段成式 作 Volker Klöpsch 译	翻译	73—89
1999	27	Gedichte	诗（《玫瑰盛宴》/《蝙蝠》/《早晨》/《山坡》/《塔》/《为现实，为臃肿》）	萧开愚 作 Dirk Skiba 译	翻译	90—101
1999	27	Siegfried Klaschka: *Die chinesische Reportageliteratur: Das Genre baogao wenxue und seine politisch-gesellschaftlichen Bezüge*	《评齐格弗里德·克拉什卡:〈中国报告文学及其社会政治特征〉》	Peter Hoffmann, Monika Gänßbauer	评论	109—116
1999	27	Stephan Schuhmacher (Übs.): Victor. H. Mair (Hrsg. und Kommentar): *Zhuangzi– Das klassische Buch daoistischer Weisheit*	《评史蒂芬·舒马赫译：梅维恒编注:〈庄子——道家智慧经典〉》	Peter Hoffmann	评论	116—120
1999	27	Gail Tsukiyama: *Nacht der lichten Träume*; Pang-Mei Natasha Chang, *Grüner Tee und Coca Cola*; Weiyan Meng, *Die Familie Meng*	《评盖尔·月山:〈光之梦之夜〉》[2]，张邦梅:〈绿茶与可乐〉[3]，孟卫言（音）:〈孟氏家史〉*》	Susanne Hornfeck	评论	120—123
2000	28	Gottes Traum	《上帝的梦》	钱锺书 作 Thomas Kempa 译	翻译	9—26
2000	28	Die Geschichte von der schönen Yingying	《美丽少女莺莺的故事》[4]	元稹 作 Martin Gimm 译	翻译	27—42

---

[1] 中文原作《玉卿嫂》。
[2] 英文原作 *Night of Many Dreams*。
[3] 英文原作 *Bound Feet and Western Dress*。
[4] 中文原作《莺莺传》。

续 表

年份	卷期（总）	德语篇名	中文译名	作者/译者	栏目	页码
2000	28	Der Fisch	《鱼》	黄春明 作 Wolf Baus 译	翻译	68—77
2000	28	Der chinesische Konsul in Hamburg. Gedichte von Wang Taizhi	《评〈中国驻德国汉堡总领事王泰智诗集〉》	Vera Michaela Schick	评论	87—88
2000	29	Blätter im Triebsand	《流沙坠简》《幸福的符号》/《蓝皮袄》《风之味》/《逃亡者》《出死》）	高尔泰 作 Anja Sommerer, Anke Rönspies, Gudrun da Costa, Hans Kühner 译	翻译	9—31
2000	29	Marginalien zum menschlichen Leben	《写在人生边上》(《序》/《魔鬼夜访钱锺书先生》/《释文盲》/《论快乐》/《说笑》)	钱锺书 作 Petra Strang, Volker Klöpsch, Katrin-Marlene Opiolla, Britta Schmitz 译	翻译	59—82
2000	29	Zeit, die ungetröstet bleibt	《无法抚慰的岁月》	张抗抗 作 Monika Gänßbauer 译	翻译	109—112
2000	29	Begegnung mit Yu Hua	《遇见余华》	Ulrich Kautz	杂文	149—154
2000	29	Lao She – Vier Generationen unter einem Dach	《评老舍:〈四世同堂〉》	Silvia Kettelhut	评论	156—159
2000	29	Yu Hua – Der Mann, der sein Blut verkaufte	《评余华:〈许三观卖血记〉》	Wolf Baus	评论	160—164
2001	30	Acht Gedichte aus dem Buch der Lieder (Shijing)	《诗经》八首（《召南·采蘋》/《召南·殷其雷》/《邶风·终风》/《邶风·凯风》/《唐风·有杕之杜》/《唐风·葛生》/《秦风·蒹葭》/《秦风·晨风》）	Günther Debon 译	翻译	22—29

续表

年份	卷期（总）	德语篇名	中文译名	作者/译者	栏目	页码
2001	30	Der widerrufene Tod. Neun Episoden aus der tangzeitlichen Sammlung *Panorama der Absonderlichkeiten* (Guangyi ji)	《被撤销的死亡——选自唐代小说集〈广异记〉的九个片段》(《秦时妇人》/《赵州参军妻》/《韦秀庄》/《颖阳里正》/《李光远》/《杨再思》/《勤自励》/《长孙无忌》/《户部令史妻》)	戴孚 作 Volker Klöpsch 译	翻译	30—44
2001	30	Shanghai Baby (Auszug)	《上海宝贝》(节选)	卫慧 作 Karin Hasselblatt 译	翻译	64—80
2001	30	Chamissos chinesische Enkel–Dai Sijie: *Balzac und die kleine chinesische Schneiderin*	《沙米索的中国后代——评戴思杰作:〈巴尔扎克和中国小裁缝〉》	Susanne Ettl-Hornfeck	评论	139—141
2001	31	Die Pagode des daoistischen Mönches	《道士塔》	余秋雨 作 Roswitha Bethe 译	翻译	25—32
2001	31	Träume vom Westsee	《西湖梦》	余秋雨 作 Volker Klöpsch 译	翻译	33—48
2001	31	Mord	《谋杀》	韩少功 作 Wolf Baus 译	翻译	52—71
2001	31	Drei Geschichten zum Thema: Neues im Dorf	《乡间新事三题》	何申 作 Monika Gänßbauer 译	翻译	78—88
2001	31	Drei Novellen und ein Roman von Yu Hua–ein Lesebericht	《余华的三篇中篇小说和一部长篇小说——一份读书报告》	Ulrich Kautz	杂文	111—115
2002	32	Wu kong–Die Leere erkennen: Das 1. Kapitel des Romans *Die Reise in den Westen*	《悟空——〈西游记〉第一回》	Eva Luedi Kong 译	翻译	14—31

续　表

年份	卷期（总）	德语篇名	中文译名	作者/译者	栏目	页码
2002	32	Acht Essays	杂文八则（《苍蝇》/《吃蟹》/《初恋》/《一个乡民的死》/《奴才礼赞》/《上下身》/《沉默》/《教训之无用》）	周作人 作 Katrin-Marlene Opiolla, Wolf Baus 译	翻译	32—52
2002	32	Das Tagebuch von Mutter Yang	《杨妈的日记》	丁玲 作 Carsten Storm 译	翻译	53—58
2002	32	Hongmei Die Heimreise	《红梅》* 《回家》	吴建广 作 Wolf Baus 译	翻译	59—68
2002	32	Frau der ersten Stunde in Taiwans Literaturbetrieb – Nachruf auf Lin Haiyin	《台湾文坛"祖母级的人物"——祭林海音》	Susanne Ettl-Hornfeck	讣告	69—70
2002	32	Pan Fujun und Lü Shengzou: *Shijing Zhiwu Tujian*	《评潘富俊、吕胜由:〈诗经植物图鉴〉》	Manfred W. Frühauf	评论	80—81
2002	33	Fünf chinesische Gedichte aus den zwanziger Jahren	中国二十年代诗歌五首（朱湘《当铺》/刘大白《秋晚的江上》/王独清《我从 Café 中出来》/闻一多《闻一多先生的书桌》/郭沫若《天狗》）	郭沫若等 作 Ingo Schäfer 译	翻译	59—70
2002	33	Die Drei Schluchten	《三峡》[1]	范成大 作 Volker Klöpsch 译	翻译	71—83
2002	33	In den Drei Schluchten: Sieben Gedichte der Tang-Zeit	《在三峡——唐诗七首》（孟郊《峡哀》（十首选二）/李白《上三峡》《江南春怀》《荆州歌》/杜甫《白帝》《江边星月》《宿江边阁》）	孟郊等 作 Volker Klöpsch 译	翻译	84—92

---

[1] 出自《吴船录》。

续表

年份	卷期（总）	德语篇名	中文译名	作者/译者	栏目	页码
2003	34	Schön anzusehen	《看上去很美》	王朔 作 Ulrich Kautz 译	翻译	15—35
2003	34	Herrlich, die Wintersonne!	《冬日美丽》	王跃文 作 Ylva Monschein 译	翻译	46—60
2003	34	Abenteuer im Paradies	《天堂奇遇》	白桦 作 Eva Müller 译	翻译	71—79
2003	34	Frühlingswanderung am Qiantang-See	《钱塘湖春行》	白居易 作 Ingeborg Vogelsang 译	翻译	80—81
2003	34	Thomas Zimmer: *Der chinesische Roman der ausgehenden Kaiserzeit*	《评司马涛：〈中国皇朝末期的长篇小说〉》	Hans Kühner	评论	89—94
2003	34	*The Plum in the Golden Vase or, Chin P'ing Mei. Volume Two: The Rivals*	《评〈金瓶梅〉第二卷：对手》	Lutz Bieg	评论	94—98
2003	35	1. Kapitel aus dem Roman *Roter Mohn*	《小说〈红罂粟〉[1]第一章》	阿来 作 Karin Hasselblatt 译	翻译	9—40
2003	35	Drei Traktate zur Literatur	文论三篇（《送孟东野序》/《答李翊书》/《答刘正夫书》）	韩愈 作 Volker Klöpsch 译	翻译	88—94
2003	35	Altes und Neues	《"古"与"今"》	茅盾 作 Volker Klöpsch 译	翻译	95—97
2003	35	Die Art des Ah Q	《阿 Q 相》	茅盾 作 Bettina von Reden 译	翻译	97—99

---

[1] 中文原作《尘埃落定》。

续表

年份	卷期（总）	德语篇名	中文译名	作者/译者	栏目	页码
2003	35	Liu Zongyuan's Works in Translation. A Bibliography. Compiled by Wilfried Spaar.	《评石磊编选：〈柳宗元作品外译目录〉》	Lutz Bieg	评论	104—107
2004	36	Rückkehr aufs Land	《回乡》[1]	贾平凹 作 Monika Gänßbauer 译	翻译	57—65
2004	36	Jäger	《猎人》	贾平凹 作 Wolf Baus 译	翻译	66—87
2004	36	Geisterhochzeit	《冥婚》[2]	王安忆 作 Kathrin Linderer, Jan Reisch, Hans Kühner 译	翻译	88—110
2004	36	Schriftenverzeichnis Ernst Schwarz – unter besonderer Berücksichtigung seiner Übersetzungen aus dem Chinesischen	《恩斯特·施瓦茨著作目录——聚焦其中国文学译作》	Lutz Bieg	工作坊	122—131
2004	36	Das Leben ist jetzt. Neue Erzählungen aus China	《评〈生活就在此刻——中国新短篇小说〉》	Christiane Hammer	评论	132—135
2004	36	Anthologien mit chinesischen Dichtungen	《评〈中国诗德语翻译总目〉》	Lutz Bieg	评论	142—152
2004	36	Wolfgang Kubin, Geschichte der chinesischen Literatur, Band 1: Die chinesische Dichtkunst. Von den Anfängen bis zum Ende der Kaiserzeit	《评顾彬：〈中国文学史（第1卷）：中国诗歌史：从起始到皇朝的终结〉》	Volker Klöpsch	评论	159—165

[1] 出自《我是农民》。
[2] 中文原作《天仙配》。

续表

年份	卷期（总）	德语篇名	中文译名	作者/译者	栏目	页码
2004	37	Der Brunnen	《井》	肖铁 作 Monika Gänßbauer 译	翻译	9—14
2004	37	Mit Leib und Seele. Acht Geschichten aus Buch 358 des *Taiping guangji*	《以身体与灵魂——〈太平广记〉卷第三百五十八故事八则》(《庞阿》/《王宙》/《郑齐婴》/《林少游》/《苏莱》/《韦隐》/《齐推女》/《舒州军吏》)	Volker Klöpsch 译	翻译	15—28
2004	37	Ein sogenannter Herr	《所谓先生》	冯丽 作 Ulrich Kautz 译	翻译	52—87
2004	37	Zwei Männer ohne Gespür für die Zeit	《两个时间的不感症者》	刘呐鸥 作 Clemens Treter 译	翻译	88—96
2004	37	Konfuzius ein Dichter?	《孔子——一位诗人？》	Günther Debon	杂文	97—104
2005	38	Von Konfuzianern und Menschenfressern: Tangzeitliche Schlaglichter auf die koreanischen Nachbarn	《儒士与食人者：唐代聚光灯下的朝鲜邻邦》[1]	Volker Klöpsch 译	翻译	26—30
2005	38	Östlich und westlich des Meeres. China und Korea während der Tang-Zeit: eine lyrische Spurensuche	《海的东边和西边——唐代的中国与朝鲜：诗歌寻迹》(钱起《送陆珽侍御使新罗》/李益《送归中丞使新罗册立吊祭》/张籍《送新罗使》/张乔《送僧雅觉归东海》/许浑《送友人罢举归东海》)	钱起等 作 Volker Klöpsch 译	翻译	31—38
2005	38	Fünfzehn Fabeln aus dem *Jiemo ju zaji*	《〈芥末居杂记〉寓言十五则》	黄永玉 作 Wolf Baus 译	翻译	64—80

[1] 中文原作《新罗》，出自《太平广记》卷第四百八十一。

续表

年份	卷期（总）	德语篇名	中文译名	作者/译者	栏目	页码
2005	38	Volker Klöpsch, Eva Müller (Hrsg.): *Lexikon der chinesischen Literatur*	《评吕福克、梅薏华编：〈中国文学辞典〉》	Thilo Diefenbach	评论	124—125
2005	38	Song Yingxing (1587–1666), *Erschließung der himmlischen Schätze*, aus dem Altchinesischen übertragen von Konrad Herrmann	《评宋应星（1587—1666年）：〈天工开物〉，康拉德·赫尔曼译自古文》	Dagmar Schäfer	评论	125—127
2005	39	»Glücklich der Mensch, der Träume hat«. Nachruf auf Ba Jin	《"有梦的人是幸福的"——祭巴金》	Eva Müller	讣告	9—13
2005	39	Zehn Lachgrimassen. Keine Regieanweisung für Schauspieler	《笑容十法——并非指导演员》	兆倍 作 Walter Eckleben 译	翻译	14—20
2005	39	*Bibi* und *Birnblüte*. Zwei Erzählungen aus der Sammlung *Nachschriften von Nachtgesprächen*	《〈碧碧〉和〈梨花〉：出自〈夜谭随录〉的两则小说》	和邦额 作 Rainer Schwarz 译	翻译	21—34
2005	39	Das dreibeinige Pferd	《三脚马》	郑清文 作 Wolf Baus 译	翻译	68—95
2005	39	Monika Motsch: *Die chinesische Erzählung. Vom Altertum bis zur Neuzeit*	《评莫宜佳：〈中国中短篇叙事文学史：从古代到近代〉》	Martin Gimm	评论	105—107
2005	39	Liu Zongyuan: *Am Törichten Bach. Prosa und Gedichte*. Aus dem Chinesischen von Rafael Keller unter Mitarbeit von Jürgen Theobaldy	《评柳宗元：〈在愚溪边——散文与诗〉，拉法埃尔·凯勒与约尔根·迪奥巴迪合译》	Volker Klöpsch	评论	107—108
2006	40	Der Alte von der Ostmauer	《东城老父传》	陈鸿 作 Volker Klöpsch 译	翻译	13—21

续表

年份	卷期（总）	德语篇名	中文译名	作者/译者	栏目	页码
2006	40	Pfauenkäfig	《孔雀笼》[1]	冯丽 作 Reiner Müller 译	翻译	22—37
2006	40	Der weiße Affe	《白猿》[2]	Volker Klöpsch 译	翻译	61—66
2006	40	Ein Hundeleben	《狗的生活》[3]	巴金 作 Antje Bauer 等译	翻译	67—75
2006	40	Schneckenhaus	《蜗居》	宗璞 作 Eva Scharlau 译	翻译	80—91
2006	40	China zwischen Vergangenheit und Zukunft	《在过去与未来之间的中国》	Eva Müller, Irmtraud Fessen-Henjes	杂文	99—106
2006	40	Endlich angekommen – Der sino-amerikanische Shriftsteller Ha Jin, die Arbeit an der Erinnerung und die Sprache als geistige Heimat	《终于到达——美籍华裔作家哈金，追忆以及语言作为精神家园》	Christiane Hammer	杂文	106—116
2006	41	Des Lebens und des Todes leid	《生死疲劳》	莫言 作 Ulrich Kautz 译	翻译	23—31
2006	41	Scheißgetreide!	《狗日的粮食》	刘恒 作 Wolf Baus 译	翻译	32—49
2006	41	Gedichte und Prosa	诗与散文（《春夜》/《元日》/《葛溪驿》/《孤桐》/《泊船瓜洲》/《白日不照物》/《明妃曲》/《游褒禅山记》/《知人》/《太古》/《上人书》/《与马运判书》）	王安石 作 Volker Klöpsch 译	翻译	50—64

---

[1] 中文原作《一群孔雀》。
[2] 中文原作《欧阳纥》，出自《太平广记》卷第四百四十四。
[3] 中文原作《狗》。

续表

年份	卷期（总）	德语篇名	中文译名	作者/译者	栏目	页码
2006	41	Andrea Stocken: *Die Kunst der Wahrnehmung. Das Ästhetikkonzept des Li Yu (1610–1680) im* Xianqing ouji *im Zusammenhang von Leben und Werk*	《评安德烈亚·施托肯：感知艺术——李渔（1610—1680年）〈闲情偶寄〉中关于生活和创作的美学理念》	Volker Klöpsch	评论	123—125
2006	41	Chinas andere Seite: Yu Huas neuer Roman *Xiongdi* (»Brüder«)	《中国的另一面：余华新作〈兄弟〉》	Ulrich Kautz	杂文	126—128
2007	42	Wandernder Geist	《游神》	马原 作 Timo Eidemüller 译	翻译	54—73
2007	42	Die glänzenden Flinten	《明亮的土铳》	林白 作 Bettina von Reden 译	翻译	74—83
2007	42	Fünf Kurzgeschichten	短篇五则（《大门》/《阴宅》/《成长》/《白纸》/《炊烟》）	阿城 作 Hans Kühner, Andreas Guder 译	翻译	84—99
2007	43	Der Herbst-Zyklus *Qiuxing*	《秋兴八首》	杜甫 作 Raffael Keller 译	翻译	45—66
2007	43	Aufzeichnungen aus dem Reich der Finsternis und der Welt des Lichts	《幽明录》（《天台二女》/《东方朔》/《宜阳女子》/《张华》/《杨林》/《买粉儿》）	刘义庆 作 Volker Klöpsch 译	翻译	67—76
2007	43	Li Ang: *Sichtbare Geister*. Übers. Von Martina Hasse. Bad Honnef: Horlemann 2007, 320 S.	《评李昂作，郝慕天译：〈看得见的鬼〉，巴特洪内夫：霍勒曼，2007年，320页》	Jens Damm	评论	138—140
2008	44	Ä-häm/statt eines Vorworts	《咳嗽/代序》	商禽 作 Hans Peter Hoffmann 译	翻译	11—13

续表

年份	卷期（总）	德语篇名	中文译名	作者/译者	栏目	页码
2008	44	Die Stimme des Baumes	《树的声音》[1]	贾平凹 作 柏林洪堡大学汉学专业研讨课程"翻译理论与实践"译，Hans Kühner 修订	翻译	21—29
2008	44	Wo das Geld ist, ist vorne! Eine Realsatire zu Neologismen im Chinesischen	《"往钱看!"——中国旧词新义现象之现实讽刺》	Hans Peter Hoffmann	拾趣	92—96
2008	44	Tsau Hsüä-tjin: Der Traum der Roten Kammer oder die Geschichte vom Stein	《评曹雪芹：〈红楼梦〉或〈石头记〉》	Irmtraud Fessen-Henjes	评论	109—113
2008	45	Jueju-Vierzeiler (eine kleine Auswahl)	绝句（小选集）(《村夜》/《魏王堤》/《杨柳枝词八首（其三）》/《杨柳枝词八首（其七）》/《永丰坊园中垂柳》/《思妇眉》/《华阳观桃时招李六拾遗饮》/《浦中夜泊》/《寒闺怨》/《惜牡丹花》/《秋夕》/《夜雨》/《夜雪》/《暮江吟》/《春题华阳观》/《蓝桥驿见元九诗》/《郡中》/《叹发落》)	白居易 作 Hans Peter Hoffmann 译	翻译	18—22
2008	45	Finger	《手指》	丰子恺 作 Wolf Baus 译	翻译	23—30
2008	45	In Eile	《匆匆》	朱自清 作 Wolf Baus 译	翻译	31—32
2008	45	Wenn man nichts zu sagen hat	《论无话可说》	朱自清 作 Wolf Baus 译	翻译	32—35

---

[1] 中文原作《制造声音》。

续表

年份	卷期（总）	德语篇名	中文译名	作者/译者	栏目	页码
2008	45	Drei Geschichten aus dem Yijian zhi Die Töchter des Präfekten Bi Shen Weifu Herrn Guis Riesenpille	出自《夷坚志》的三个故事（《毕令女》/《沈纬甫》/《桂生大丹》）	洪迈 作 Rupprecht Mayer 译	翻译	82—89
2008	45	Berglieder	《山歌》	冯梦龙 收集 Volker Klöpsch 译	翻译	90—93
2009	46	Vergitterte Apartments	《栏杆式公寓》[1]	王小波 作 Wolf Baus 译	翻译	36—53
2009	46	Gedichte	诗（《北站》/《Röderhof》/《勃兰登堡速写》）	萧开愚 作 Rupprecht Mayer 译	翻译	54—60
2009	46	Nach der Armee	《退伍兵》	刘建 作 Eva Lüdi Kong 译	翻译	61—69
2009	46	Eine Frau aus der Großstadt	《都市一妇人》	沈从文 作 Barbara Buri 译	翻译	70—93
2009	46	Vier Sonette	十四行诗四首（《我们来到郊外》/《深夜又是深山》/《案头摆设着用具》/《我们天天走着一条小路》）	冯至 作 Hans Peter Hoffmann 译	翻译	94—96
2009	46	Sunzi. Die Kunst des Krieges	《评〈孙子兵法〉》	Thomas Kempa	评论	99
2009	47	Lachen und Klagen: Zwei Gedichte zum Zustand der Welt	《笑与怨：关于世界状况的两首诗》（《笑歌行》/《悲歌行》）	李白 作 Volker Klöpsch 译	翻译	9—17

---

[1] 中文原作《黑铁公寓》。

续表

年份	卷期（总）	德语篇名	中文译名	作者/译者	栏目	页码
2009	47	Die Geschichte von dem einen Schuh. Ein Volksmärchen aus Tibet	《一只鞋的故事——一则西藏民间故事》	Jessica Mayer, Rupprecht Mayer 译	翻译	56—61
2009	47	Ein Bönpo-Priester erzählt	《一个本教活佛的故事》	茨仁唯色 作 Alice Grünfelder 译	翻译	62—66
2009	47	Drei Schicksale	《三种命运》[1]	李斗 作 Rainer Schwarz 译	翻译	67—78
2009	47	Vier Kurzgeschichten	短篇四则（《厕所》/《补靼》/《考古》/《打赌》）	阿城 作 Carsten Storm, Hans Kühner 译	翻译	79—90
2009	47	Miscellanea	《杂说》	李贽 作 Phillip Grimberg 译	翻译	91—94
2010	48	Zum Gedenken an einen Freund–Nachruf auf Zhang Zao	《纪念友人张枣》	Hans Peter Hoffmann	讣告	9—10
2010	48	Gespräch mit Swetajewa	《跟茨维塔伊娃的对话》	张枣 作 Hans Peter Hoffmann 译	翻译	11—17
2010	48	Padma–Lotos: Der Traumgarten	《莲花：第一场 梦中花园》	安妮宝贝 作 Anne Drope 译	翻译	18—46
2010	48	Blutrote Blüten	《鲜血梅花》	余华 作 Volker Klöpsch, Jan Bayer 等 译	翻译	70—86

[1] 出自《扬州画舫录》。

续表

年份	卷期（总）	德语篇名	中文译名	作者/译者	栏目	页码
2010	48	Shanghai, Linie Nr. 49	《上海，49路》[1]	赵川 作 Eva Lüdi Kong 译	翻译	115—133
2010	48	Helga Sönnichsen, *Ich weiß noch, wie sie kam. Gedichte aus dem chinesischen Mittelalter*	《评赫尔加·索尼森：〈我仍知道，她是怎么来的——中国"中世纪"诗歌选〉》	Volker Klöpsch	评论	136—138
2010	49	Die Freuden des Lesens. Vorwort	《读书乐并引》	李贽 作 Phillip Grimberg 译	翻译	9—12
2010	49	Zhou, der pietätvolle Sohn	《书周孝子事》	钱泳 作 Rainer Schwarz 译	翻译	13—26
2010	49	Shanghai, Linie Nr. 49 (Teil Ⅱ)	《上海，49路》[2]（二）	赵川 作 Eva Lüdi Kong 译	翻译	67—85
2010	49	Drei Essays	随笔三篇（《不必规矩》/《泥土的形状》/《辞宴书》）	贾平凹 作 Monika Gänßbauer 译	翻译	86—92
2010	49	Ein Interview mit dem Autor Yan Lianke	《阎连科访谈录》	Oliver Meissner	杂文	93—99
2011	50	Der Fremde	《异乡人》	滕刚 作 Wolf Baus 译	翻译	35—55
2011	50	Zwölf Gedichte	十二首诗（《临高台》/《夜夜曲》/《新安江至清浅深见底贻京邑同好》/《直学省愁卧》/《宿东园》/《别范安成》/《伤谢朓》/《石塘濑听猿》/《游沈道士馆》/《早发定山》/《冬节后至丞相第诣世子车中作》/《奉和竟陵王经刘瓛墓诗》）	沈约 作 Volker Klöpsch 译	翻译	56—65

---

[1] 中文原作《49路》。
[2] 中文原作《49路》。

续表

年份	卷期（总）	德语篇名	中文译名	作者/译者	栏目	页码
2011	50	Notizen aus der Grashütte der Betrachtung des Unscheinbaren (Auszug)	《阅微草堂笔记》（节选）	纪昀 作 Rupprecht Mayer 译	翻译	66—77
2011	50	Schwarze Flügel (Auszug)	《黑色的翅膀》（节选）	夏曼·蓝波安 作 Hans Peter Hoffmann 译	翻译	90—98
2011	50	Pinocha, der Ringkiebitz (Auszug)	《风鸟皮诺查》（节选）	刘克襄 作 Hans Peter Hoffmann 译	翻译	99—107
2011	50	Lena Henningsen (Hrsg.): *Leben andernorts. Geschichten aus dem chinesischen Alltag*	《评俪娜·亨宁森编：〈生活在别处：中国日常生活故事〉》	Ilka Schneider	评论	120—121
2011	51	Gelegenheitsgedicht	《偶成》	陈虚谷 作 Volker Klöpsch 译	记忆与译文	94—96
2011	51	Nach dem Regen	《雨后》	沈从文 作 Wolf Baus 译	记忆与译文	97—105
2011	51	Der Augenblick des ewigen Schlafs	《永眠时刻》[1]	甘耀明 作 Hans Peter Hoffmann 译	致一位译者的译文	129—152
2011	51	Acht Geschichten aus dem *Soushen ji* (»Aufzeichnung über die Suche nach Geistern«)	出自《搜神记》的八个故事（《荧惑星预言》/《周擎啧梦》/《贾雍失头》/《落头民》/《贾偶》/《蒋济亡儿》/《鹄奔亭女鬼》/《驸马都尉》）	干宝 作 Hans Kühner 等 译	致一位译者的译文	153—162
2012	52	Die Verwandten in Hongkong	《香港亲戚》	萧飒 作 Katharina Markgraf 译	翻译	26—59

[1] 包含《面线婆的电影院》《癫金仔》《压力锅煮轻功》三个篇目，出自短篇小说集《丧礼上的故事》。

续表

年份	卷期（总）	德语篇名	中文译名	作者/译者	栏目	页码
2012	52	Fernsehen (Auszug aus dem Roman »Blumen und«	《电视》（小说《鲜花和》节选）	陈村 作 Rupprecht Mayer 译	翻译	60—72
2012	52	Zwei Kurzgeschichten	短篇两则（《钓鱼》/《焚》）	张系国 作 Wolf Baus 译	翻译	73—81
2012	52	Drei Kurzgeschichten	短篇三则（《山谷》[1]/《押面》/《西装》）	阿城 作 Torsten Schulze 译	翻译	85—92
2012	52	Monika Gänßbauer (Hrsg.): Kinder der Bergschlucht. Chinesische Gegenwartsessays	《评甘默霓编：〈山谷中的孩子——中国当代随笔选〉》	Susanne Hornfeck	评论	134—135
2012	53	Drei Kurzgeschichten	短篇三则（《老汉》/《山丹丹》/《山药蛋》）	曹乃谦 作 Ilka Schneider, Vanessa Groß, Kristina Ilina 译	翻译	30—48
2012	53	Der Pavillon des Prinzen Teng	《滕王阁序》	王勃 作 Volker Klöpsch 译	翻译	69—75
2012	53	Zwischen Engagement und Resignation. Auszüge aus dem Yulizi und dem Fupouji	《在进取与退缩之间——〈郁离子〉与〈覆瓿集〉节选》[2]	刘基 作 Thilo Diefenbach 译	翻译	76—95
2012	53	Drei Essays	散文三篇（《女人》/《男人》/《早起》）	梁实秋 作 Wolf Baus 译	翻译	96—107
2012	53	Müßiggänger	《闲人》	贾平凹 作 Felix Meyer zu Venne 译	翻译	108—114

[1] 该中文译名出自《东亚文学杂志》，中文原作《山沟》。
[2] 包含以下作品：《规执政》《良桐》《虞卿谏赏盗》《官舟》《云梦田》《弥子瑕》《术使》《不韦不智》《冯妇之死》《噬狗》《乌蜂》《捕鼠》《造物无心》《羋叔课最》《九头鸟》《天道》《楚巫》《石羊先生自叹》《赏爵》《行币有道》《题医者王养蒙诗卷后》《卖柑者言》。

续表

年份	卷期（总）	德语篇名	中文译名	作者/译者	栏目	页码
2012	53	Die Esel und die Pizza	《驴与 Pizza》	阿城 作 Hans Kühner 译	翻译	115—119
2012	53	Viel Streit um einen Stummen: Zur Verleihung des Nobelpreises für Literatur 2012 an den chinesischen Erzähler Mo Yan	《关于一个无声者的大量争议——论中国小说家莫言获 2012 年诺贝尔文学奖》	Hans Kühner	杂文	120—127
2013	54	Drei Geschichten aus *Der Baum auf dem Dach* Berggespenster Bestrafen Das Bild	出自《屋顶长的一棵树》的三个故事 [1]（《山鬼》/《惩罚》/《画》）	曹寇 作 Thomas Kempa 译	翻译	40—46
2013	54	Eine Auswahl von Gedichten aus *Notizen vor der Mauer*	《面壁手记》诗歌选	羊令野 作 Hans Peter Hoffmann, Lloyd Haft 译	翻译	47—53
2013	54	Spätherbst	《晚秋》[2]	白先勇 作 Wolf Baus 译	翻译	54—64
2013	54	Monika Gänßbauer (Hg.): *In Richtung Meer – neue chinesische Essays*	《评甘默霓编：〈向海的方向——新的中国杂文〉》	Ilka Schneider	评论	97—98
2013	55	Wie ein Blatt im Wind	《像一片风中的叶》[3]	萧飒 作 Katharina Markgraf 译	翻译	56—67

---

[1] 出自短篇小说集《屋顶长的一棵树》中《非小小说十则》一文。
[2] 中文原作《小阳春》。
[3] 中文原作《小叶》。

续表

年份	卷期（总）	德语篇名	中文译名	作者/译者	栏目	页码
2013	55	Ultrakurzgeschichten	极短篇（《非法正义》/《内急》/《好人难当》/《蟑螂》/《凝视》/《睁着眼睛说瞎话》/《民国制造》/《离家出走》/《屁股》/《50%的水饺摊》）	侯文咏 作 Thilo Diefenbach 译	翻译	68—87
2013	55	Die Trauerwoche	《哀悼七日》[1]	刘梓洁 作 Hans Peter Hoffmann 译	翻译	88—96
2013	55	»Nah ist/Und schwer zu fassen der Gott«–einige Bemerkungen zu Liu Haomings Übersetzungen der späten Gedichte Hölderlins	《"近了/且难以容纳，是那神"——简评刘皓明的荷尔德林后期诗歌翻译》	Peter Hoffmann	杂文	97—125
2014	56	Traktat vom mühseligen Leben	《劳生论》	卢思道 作 Thilo Diefenbach 译	翻译	9—23
2014	56	Die sieben Wilden und das letzte Frühlingsfest	《七个野人与最后一个迎春节》	沈从文 作 柏林洪堡大学汉学研讨课的一个翻译小组 译 Raoul D. Findeisen, Hans Kühner 编审	翻译	58—69
2014	56	Traum vom Genie	《天才梦》[2]	张爱玲 作 Wolf Baus 译	翻译	70—73

---

[1] 中文原作《父后七日》。
[2] 《东亚文学杂志》第 56 期提供的中文译名为《天才之梦》。

续表

年份	卷期（总）	德语篇名	中文译名	作者/译者	栏目	页码
2014	56	Mo Yan: *Wie das Blatt sich wendet. Eine Erzählung aus meinem Leben*	《评莫言:〈潮起潮落——我的人生故事〉》[1]	Thilo Diefenbach	评论	153—157
2014	56	Yang Jiang: *Wir Drei. Roman*	《评杨绛:〈我们仨〉,小说》	Thilo Diefenbach	评论	157—159
2014	57	Vier satirische Prosatexte	讽喻散文四篇(《送穷文》/《进学解》/《鳄鱼文》/《毛颖传》)	韩愈 作 Volker Klöpsch 译	翻译	11—25
2014	57	Dinge, die nichts mit mir zu tun haben und andere Gedichte	《与我无关的东西》及其他诗(《麦当劳》/《流亡》/《死诗人会社》/《与我无关的东西》/《恐怖分子》/《雪巴茶知道》/《我不喜欢你们》)	鸿鸿 作 Rupprecht Mayer 译	翻译	26—38
2014	57	Fan Jin: *Wei Lixian zhi ming – dui yige bianji wenhua fuma de kaocha* The name of Richard Wilhelm – Survey on a borderline cultural code	《评范劲:〈卫礼贤之名——对一个边际文化符码的考察〉》	Hartmut Walravens	评论	111—114
2015	58	Drei Essays Flüchtige Tage Söhne und Töchter Brautwahl In Eile Congcong	散文三篇(《匆匆》/《儿女》/《择偶记》)	朱自清 作 Ingo Schäfer, Wolf Baus 译	翻译	75—91
2015	58	Die Straße	《街》	叶盈孜 作 Thilo Diefenbach 译	翻译	92—102

---

[1] 中文原作《变》。

续表

年份	卷期（总）	德语篇名	中文译名	作者/译者	栏目	页码
2015	59	Vier Essays Wenzhou-Spuren Der Baima-See Auf dem Weg zu den Klöstern Tanzhe und Jietan Nanjing	散文四篇（《温州的踪迹》/《白马湖》/《潭柘寺·戒坛寺》/《南京》）	朱自清 作 Ingo Schäfer 译	翻译	38—63
2015	59	Taiping guangji: Kapitel 234–Speisen	《〈太平广记〉：卷第二百三十四——食》	Thomas Kempa 译	翻译	73—88
2015	59	1230 Punkte	《一千二百三十点》	张晓风 作 Thilo Diefenbach 译	翻译	89—103
2015	59	Gedichte	诗（《游戏》/《事件》/《五月》/《足音》/《十字诗》）	詹冰 作 Thilo Diefenbach 译	翻译	104—111
2015	59	Lesebericht–Yu Hua: Der Siebte Tag	《读书报告——余华〈第七天〉》	Ulrich Kautz	评论	134—139
2016	60	Eine Ehe zu dritt	《三个人的婚姻》[1]	石成金 作 Rainer Schwarz 译	翻译	9—20
2016	60	Vier unschuldig Gestorbene	《四命冤》	石成金 作 Rainer Schwarz 译	翻译	21—31
2016	60	Der Turm der zeitigen Erkenntnis	《今觉楼》	石成金 作 Rainer Schwarz 译	翻译	32—39
2016	60	Das ganze All spricht jetzt mit mir	《整个宇宙在和我说话》	艾伟 作 Wolf Baus 译	翻译	40—53
2016	60	Gedichte	诗（《夜》/《绝食》/《狗》/《番薯》/《给独裁者》/《有一个人》/《深谷》/《给云》）	郑炯明 作 Thilo Diefenbach 译	翻译	120—136

[1] 中文原作《双鸾配》。

续表

年份	卷期（总）	德语篇名	中文译名	作者/译者	栏目	页码
2016	61	Ich habe keinen eigenen Namen	《我没有自己的名字》	余华 作 Steffen Eichhorn, Ingo Schäfer 译	翻译	57—71
2016	61	Abendgebet (Auszüge)	《晚祷》（节选）（《秋痕》/《归梦》/《晚祷》（二）/《星空》/《陌生的游客》）	梁宗岱 作 Hans Peter Hoffmann, Julia Neubauer, Karsten Ohliger[1] 译	翻译	72—78
2016	61	Zwei Plaudereien	闲话两则[2]	陈源 作 Wolf Baus 译	翻译	79—85
2016	61	Alt-Pekinger Miniaturen	《旧时京城缩影》[3]（《杖杀优伶》/《孝亲》/《杀高恒》/《和王预凶》/《恒王置产》/《德济斋建园亭》/《伊将军》/《钱文敏》/《张太监》/《陆双全》/《法和尚》/《伊桑阿》/《权贵之淫虐》/《费襄庄之杀活佛》/《本朝富民之多》/《陶珏卿》/《瘟疫》）	爱新觉罗·昭梿 作 Rainer Schwarz 译	翻译	86—96
2016	61	Zwei volkstümliche Erzählungen über Einwanderer in Taiwan	两则关于台湾移民的民间故事（《孝子钉》/《周成过台湾》）	Thilo Diefenbach 译	翻译	97—113
2016	61	Kapitel 1 aus einer bisher unbekannten Übersetzung des Roman Die Geschichte der Drei Reiche (Sanguo yanyi)	《小说〈三国演义〉第一章——出自一版迄今鲜为人知的翻译》	罗贯中 作 Anna Rottauscher 译 Hartmut Walravens 编	翻译	114—130

[1]《东亚文学杂志》第 61 期中该译者的姓名有两种拼写方式，分别为 Karsten Ohliger、Carsten Ohliger。
[2] 包含《"管闲事"》《东西文化及其冲突》两个篇目，出自《西滢闲话》。
[3] 出自《啸亭杂录》。

续表

年份	卷期（总）	德语篇名	中文译名	作者/译者	栏目	页码
2017	62	Schnee	《雪赋》	谢惠连 作 Thilo Diefenbach 译	翻译	80—90
2017	62	Am Scheideweg	《歧路》	郭沫若 作 Ingo Schäfer 译	翻译	91—104
2017	62	Ausgelöscht und wiedergeboren – Gedanken und Gedenken eines taiwanischen Dichters zum 70. Jahrestag des 28. Februar 1947	《幻灭与重生——一个台湾诗人对1947年二·二八事件七十周年纪念日的沉思与追忆》	李敏勇 作 Thilo Diefenbach 译	翻译	105—110
2017	62	*Xiyouji* nach dem 20. Jahrhundert: Eine Rezension zu *Die Reise in den Westen*, übersetzt von Eva Lüdi Kong, Stuttgart: Reclam Verlag 2016	《评20世纪后的〈西游记〉：评林小发译：〈西游记〉，斯图加特：雷克拉姆出版社，2016年》	Anna Stecher	评论	124—129
2017	62	Walravens, Hartmut: *Chinesische Romane in deutscher Sprache im 18. und 19. Jahrhundert. Zur frühen Kenntnis chinesischer Literatur in Deutschland*	《评魏汉茂：〈18和19世纪中国长篇小说德译——德国的早期中国文学观〉》	顾正祥	评论	129—134
2017	63	Die Welt ist flach – an manchen Orten ganz besonders	《地球是平的，只不过有些地方特别平》	鸿鸿 作 Thilo Diefenbach 译	翻译	9
2017	63	Der Neujahrssegen (Auszug)	《新年祝福》[1]（节选）	鲁迅 作 Hans Peter Hoffmann、Brigitte Höhenrieder、格尔默尔斯海姆中国文学工作组 译	翻译	10—14

---

[1] 中文原作《祝福》。

续 表

年份	卷期（总）	德语篇名	中文译名	作者/译者	栏目	页码
2017	63	Gedichte aus *Hermesstaub* (1930–1935)	出自《音尘》的诗（1930—1935年）（《断章》/《墙头草》/《远行》/《几个人》/《一块破船片》/《候鸟问题》/《春城》/《寂寞》/《无题》（五））	卞之琳 作 Hans Peter Hoffmann、Brigitte Höhenrieder、格尔默尔斯海姆中国文学工作组 译	翻译	15—21
2017	63	Vom Freudenhaus zum Welttheater–Ausgewählte Lieddichtung der Nördlichen Song	《从妓院到世界剧院——北宋词曲选集》（柳永《昼夜乐·洞房记得初相遇》《菊花新·欲掩香帏论缱绻》/晏殊《浣溪沙·一向年光有限身》《山亭柳·家住西秦》/晏几道《临江仙·梦后楼台高锁》《生查子·坠雨已辞云》《蝶恋花·醉别西楼醒不记》/秦观《鹊桥仙·纤云弄巧》/周邦彦《蝶恋花·月皎惊乌栖不定》/朱敦儒《减字木兰花·无人请我》《念奴娇·老来可喜》/赵佶《燕山亭·北行见杏花》）	柳永、晏殊、晏几道、秦观、周邦彦、朱敦儒、赵佶 作 Volker Klöpsch 译	翻译	100—114
2018	64	Eine Frau	《一个女人》	沈从文 作 Thomas Mittermaier 译，Raoul David Findeisen, Hans Kühner 编	翻译	9—24
2018	64	Cixin Liu und seine *Drei Sonnen*	《刘慈欣和他的〈三个太阳〉[1]》	Manfred W. Frühauf	评论	84—86

---

[1] 中文原作《三体》。

续表

年份	卷期(总)	德语篇名	中文译名	作者/译者	栏目	页码
2018	65	Schwarzwassergraben	《黑水沟》	姚嘉文 作 Thilo Diefenbach 译	翻译	38—61
2018	65	Drei Essays	杂文三篇(《请别误读,谢谢了!》/《五个剧本五本账》/《观众们,别上当!》)	沙叶新 作 Anna Stecher 译	翻译	71—83
2018	65	*Chuci. Ins moderne Chinesische übersetzt von Chen Qizhi und Li Yi. Aus dem Chinesischen übertragen von Chen Mingxiang und Peter Herrmann.* Peking: Verlag für fremdsprachige Literatur, 2014	《评〈楚辞:陈器之、李奕今译;陈鸣祥、彼得·郝尔曼德译〉,北京:外文出版社,2014年》	Thilo Diefenbach	评论	129—134
2019	66	Notizen aus der Grashütte der Betrachtung des Unscheinbaren (Zweite Folge)	《阅微草堂笔记》(二)	纪昀 作 Rupprecht Mayer 译	翻译	9—20
2019	66	Todesdurst	《渴死者》	施明正 作 Thilo Diefenbach 译	翻译	21—33
2019	66	Wang Ting-kuo: *Der Kirschbaum meines Feindes*. Roman. Deutsch von Johannes Fiederling	《评王定国:〈敌人的樱花〉,小说,唐悠翰译》	Thilo Diefenbach	评论	134—138
2019	67	Kinderlieder aus Peking	北平童谣 [1]	Wolf Baus 译	翻译	68—90

[1] 出自陈子实编《北平童谣选辑》、Kinchen Johnson 编 *Folksongs and Children Songs From Beiping*。

续 表

年份	卷期（总）	德语篇名	中文译名	作者/译者	栏目	页码
2019	67	Klassische Gedichte aus Taiwan über Taifune, Orkane und Ähnliches	关于台风、飓风等的台湾作家的古典诗（徐孚远《仲秋下旬守风至，秋尽不得行》/卢若腾《石尤风》/孙元衡《乙酉暑中书所历》/郑用锡《咏飓风》/林世经《风水害有感，八首》（其一、其六、其七、其八）/林豪《咸雨叹》/伊藤贞次郎《暴风雨行》/林培张《飓风》/洪弃生《纪灾行》/王人俊《题台湾暴风雨写真》/谢汝铨《戊寅仲春八日午后一时，顷忽起暴风，力猛势疾，损屋害稼，赋诗记之》）	徐孚远等 作 Thilo Diefenbach 译	翻译	91—107
2019	67	Weder Li Bai noch Du Fu. Zu zwei verunglückten Gedichtbesprechungen in der Frankfurter Anthologie	《"既非李白，亦非杜甫"——评〈法兰克福诗选〉中的两则失败诗评》	Thilo Diefenbach	评论	125—128
2020	68	Neoklassizistische Cyberlyrik im ChinaNetz – Übersetzung und Hypothese. Gedichte von Nie Gannu, Jiang Ying, Bo Hunzi und Lizilizilizi	《中国网络中的新古典主义网络诗歌——翻译和假设，聂绀弩、江婴、伯昏子和李子梨子栗子的诗》	聂绀弩等 作 Frank Kraushaar 评译	翻译	79—93
2020	68	Woher? Wohin?	《哪里来哪里去》[1]	方方 作 Ulrich Kautz 译	翻译	117—135
2020	68	Eliot Weinberger: *Neunzehn Arten Wang Wei zu betrachten. Aus dem Englischen von Beatrice Faßbender, mit einem Nachwort von Octavio Paz.* Berlin: Berenberg, 2019	《评艾略特·温伯格：〈观看王维的十九种方式〉，比阿特丽斯·法斯本德译自英文，奥克塔维奥·帕斯作后记，柏林：贝伦贝格，2019 年》	Volker Klöpsch	评论	138—142

[1]《东亚文学杂志》第 68 期提供的中文译名为《何来？何去？》。

续 表

年份	卷期（总）	德语篇名	中文译名	作者/译者	栏目	页码
2020	69	Dichten lernen–Sieben Gedichte im Geiste des Zen	《学诗——禅诗七首》（吴可《学诗诗》三首／都穆《学诗诗》三首／贾岛《戏赠友人》）	吴可等 作 Volker Klöpsch 译	翻译	9—16
2020	69	Gedichte	诗（《鼓手之歌》／《密林》／《信鸽》／《咀嚼》／《给蚊子取个荣誉的名称吧》／《蜘蛛花纹》／《和顺的少年》／《归乡》／《逆境》／《指甲》）	陈千武 作 Thilo Diefenbach 译	翻译	17—32
2020	69	Sieben neue Gedichte	新诗七首（《千祈，千祈》／《清明》／《那只兔子》／《那不勒斯应无恙》／《四月，苹果之三》／《缩塌，苹果之一》／《一只鸟的鸣叫》）	林白 作 Kathrin Bode 译	翻译	33—45
2020	69	Zwei Legenden der Tsou	邹族神话传说二则（《折箭之约》／《复仇的山猪》）	Thilo Diefenbach 译	翻译	46—50
2020	69	Die Heilsalbe	《膏药》	林缨 作 Thilo Diefenbach 译	翻译	51—55
2020	69	Drei Männer und eine Frau	《三个男子和一个女人》	沈从文 作 Rupprecht Mayer 译	翻译	56—77
2020	69	Eileen Chang: Die Klassenkameradinnen	《评张爱玲：〈女同学〉》[1]	Anna Stecher	评论	159—162
2021	70	Meereskinder	《海童》（《邮轮》／《回家》／《平衡》／《红斑》／《航程》／《明星》／《海阱》）	廖鸿基 作 Thilo Diefenbach 译	翻译	9—26
2021	70	Brief an jemanden, der einmal mein Mann war	《给前夫的一封信》	萧飒 作 Katharina Markgraf 译	翻译	27—43

---

[1] 中文原作《同学少年都不贱》。

续表

年份	卷期（总）	德语篇名	中文译名	作者/译者	栏目	页码
2021	70	»Orte, die der Mensch berührt hat.« Eine Auswahl vornehmlich früher Gedichte	《"人生到处"——苏轼早期诗歌选》（《和子由渑池怀旧》/《岁晚三首》/《春宵》/《书鄢陵王主簿所画折枝二首（其一）》/《汲江煎茶》/《荔枝叹》）	苏轼 作 Volker Klöpsch 译	翻译	99—112
2021	70	Thomas Höllmann: *Abscheu. Politische Gedichte aus dem alten China*	《评贺东劢:〈憎恶——中国古代政治诗〉》	Volker Klöpsch	评论	113—120
2021	70	Yang Mu: *Lange und kurze Balladen. Gedichte chinesisch-deutsch* (übersetzt und herausgegeben von Susanne Hornfeck, Wang Jue)	《评杨牧:〈长短歌行〉,中德对照,洪素珊、汪珏编译》	Frank Kraushaar	评论	121—124
2021	71	Aufruf zum Frieden	《劝和论》	郑用锡 作 Thilo Diefenbach 译	翻译	11—16
2021	71	Elf Berichte aus dem *Yijianzhi*	出自《夷坚志》的十一则报告（《舒州刻工》/《土偶胎》/《张客奇遇》/《沧浪亭》/《崔祖武》/《新建狱》/《詹小哥》/《汪澄凭语》/《余杭宗女》/《杜默谒项王》/《赵不他》）	洪迈 作 Rupprecht Mayer 译	翻译	17—29
2021	71	Fünfzehn Vierzeiler der Tang	唐绝句十五首	李白、刘禹锡等 作 Volker Klöpsch 译	翻译	55—63
2021	71	Vier Episoden aus *Stadt im Wandel des Verflossenen*	出自《逝水流城》的四个片段	谢晓虹 作 Joern Peter Grundmann 译	翻译	64—79
2021	71	Die Einbahnstraße der Elefanten	《大象的单行线》	孙未 作 Anna Stecher 译	翻译	80—93

续表

年份	卷期（总）	德语篇名	中文译名	作者/译者	栏目	页码
2021	71	Erfahrungen mit ausländischer Literatur – Ein Gespräch zwischen Helmut Martin und Yeh Shih-t'ao	《外国文学方面的经验——马汉茂与叶石涛对话录》	Thilo Diefenbach 译	文档	97—119
2021	71	Juliane Adler und Martin Winter (Hrsg.): *Brett voller Nägel: NPC Anthologie. Neue Poesie aus China*, Band 1: A–J	《评朱利安·阿德勒、维马丁编:〈布满钉子的木板——新世纪诗典〉,第一卷:A–J》	Rebecca Ehrenwirth	评论	146—147
2022	72	Unterwegs in den Bergen	《山道中》	沈从文 作 慕尼黑大学汉学研究所的学生 译 Raoul D. Findeisen, Hans Kühner 编审	翻译	14—27
2022	72	Zwei Gedichte der Tang-Zeit über Zensur	关于审查的唐诗二首（罗隐《焚书坑》/章碣《焚书坑》）	罗隐、章碣 作 Thilo Diefenbach 译	翻译	28—29
2022	72	Der Prozess von Yuan	《袁州的审判》[1]	洪迈 作 Rupprecht Mayer 译	翻译	30—35
2022	72	Vom Gott des Geldes	《钱神论》	鲁褒 作 Volker Klöpsch 译	翻译	36—41
2022	72	Über die Rezeptur des Geldes	《论钱的药方》[2]	张说 作 Volker Klöpsch 译	翻译	42—43
2022	72	Gedichte	诗	饮江 作 Chang Xiaojie 译	翻译	94—106

[1] 中文原作《袁州狱》,出自《夷坚志》。
[2] 中文原作《钱本草》。

续 表

年份	卷期（总）	德语篇名	中文译名	作者/译者	栏目	页码
2022	73	Simganglih. Das Epos der Awa	《司岗里：佤族创世史诗》	Nina Richter, Ulrich Neininger 译	翻译	11—34
2022	73	Herr Tung und Sirhan	《东先生与蜥蚧》	唐睿 作 Kathrin Bode 译	翻译	99—111
2022	73	Im Angesicht des Todes. Letzte Verse chinesischer Dichter	《在死亡面前——中国诗人绝唱选》	Volker Klöpsch 译	翻译	112—128
2022	73	Frank Kraushaar: Fern von Geschichte und verheißungsvollen Tagen–Neoklassizistische Cyberlyrik im ChinaNetz und die Schreibweise des Lizilizilizi [2000–2020]	《评弗兰克·克劳沙尔：〈远离历史与希望满怀的岁月——中国新古典主义网络诗歌与李子梨子栗子的创作方式（2000—2020年）〉》	Hans Peter Hoffmann	评论	129—136
2023	74	Wangjiazhuang auf der Erde	《地球上的王家庄》	毕飞宇 作 Eloïse Régine Agnès Chennaux, Joana-Lorina Hilgert 译	翻译	69—78
2023	74	Die Gebärmutter–Kapitel 1 (Romanauszug)	《子宫》[1]——第一章（小说节选）	盛可以 作 Frank Meinshausen 译	翻译	79—92
2023	74	Drei kurze Essays: Ein Jahr zum Heulen (1946); Erinnerungen an Wu Hsin-jung (1977); Grabt das Verschüttete wieder aus! (1981)	杂文三篇（《为此一年哭》/《追思吴新荣先生》/《把那些被埋没的挖出来》）	杨逵 作 Thilo Diefenbach 译	翻译	93—99
2023	74	Supplement zum Roman »Die Reisen des Lao Can«	《〈老残游记〉补篇》	刘鹗 作 Hans Kühner 译	翻译	100—115

[1] 该中文译名出自《东亚文学杂志》，小说原名《子宫》，现名《息壤》。

续 表

年份	卷期（总）	德语篇名	中文译名	作者/译者	栏目	页码
2023	74	Maghiel van Crevel u. Lucas Klein (Hrsg.): *Chinese Poetry and Translation. Rights and Wrongs*	《评柯雷、卢卡斯·克莱因编：〈正与误——中国诗歌及其翻译〉》	Volker Klöpsch	评论	123—134
2023	75	Die alte Cheung aus Nummer 13B	《住在13B单位的张婆婆》	卢卓伦 作 Kathrin Bode 译	翻译	11—20
2023	75	Turbulenzen. Auszug aus dem gleichnamigen Roman	《乱流》（节选自同名小说）	冯百驹 作 Joern Peter Grundmann 译	翻译	35—40
2023	75	Die Klage der Frau von Qin	《秦妇吟》	韦庄 作 Fan Lingzi, Nicole Gieser 等 译	翻译	63—102
2023	75	*Das Kapital* für Dortmund übersetzen: Anna Stecher im Gespräch mit dem chinesischen Dramatiker Nick Yu, 23. Februar 2023	《为多特蒙德译〈资本论〉——安娜·施特歇尔与中国剧作家喻荣军对话录，2023年2月23日》		工作坊	103—121
2023	75	Richard Wilhelm (Übers.): *Gedichte aus der Tang-Zeit*. Faksimile-Ausgabe. Dorothea Wippermann (Hrsg.): *Gedichte aus der Tang-Zeit*	《评卫礼贤译：〈唐诗选〉临摹本，韦荷雅编：〈唐诗选〉》	Volker Klöpsch	评论	127—134

翻译：黄文君、李斌 等

校对：方心怡、黄文君、李可心

制表：方心怡

1989—2022 年

德国汉学期刊文献辑录与研究

袖珍汉学

minima sinica

德国《袖珍汉学》对中国现当代文学的翻译与研究 *

德国著名汉学家顾彬（Wolfgang Kubin）1989年创办《袖珍汉学》（*minima sinica*），秉承德国汉学重镇"波恩学派"的理念，尊崇中国文化的独特性，"从思想和创作上，揭示中国从封建到现代、从过去到当下、从东方到西方经历的转变"[1]，将中国对西方的影响作为视野和方法，"呈现中国对西方的影响史，反思两者的远近关系"[2]，向德国读者推介中国文学、美学理论、宗教文化和哲学思想，刊发中国文学翻译与研究近400篇，成为海外汉学"研究中国文学和文化的重要阵地"[3]。

《袖珍汉学》秉持开放创新的办刊宗旨，反对"以所谓专家评审意见操控期刊"[4]，强调"文章越'疯狂'越好，既不参照其他期刊的标准，也不按照所谓权威的标准写作！"[5]主张取法德国汉学家卫礼贤（Richard Wilhelm）创办的《中国学刊》（*Sinica*）与哲学家西奥多·阿多诺

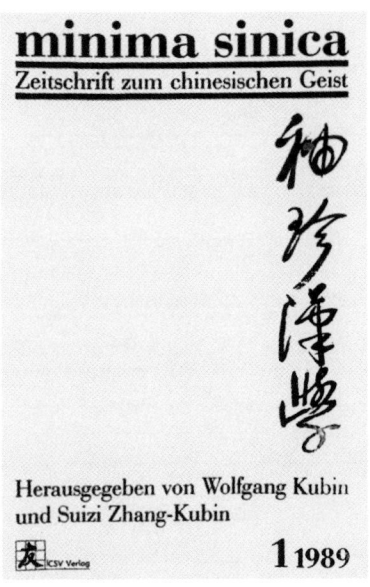

《袖珍汉学》（*minima sinica*）1989年第1期封面

---

* 本文系国家社会科学基金一般项目"中国当代名家名作德语译介数据库建设与传播影响研究"（项目编号：20BZW179）阶段性成果；原文刊载《当代文坛》2024年第4期，第167—172页，本文略作改动。

[1] Wolfgang Kubin, Suizi Zhang-Kubin (Hrsg.): *minima sinica*. Frankfurt am Main: CSV Verlag, Nr. 1, 1989, Rückseite.
[2] Wolfgang Kubin, Suizi Zhang-Kubin (Hrsg.): *minima sinica*. Frankfurt am Main: CSV Verlag, Nr. 1, 1989, Rückseite.
[3] 谢淼：《德国汉学视野下中国当代文学的译介与研究》，南京：南京大学出版社，2016年，第19页。
[4] Wolfgang Kubin: Eines Publizisten glückliche Lehrjahre: Zum „Abschied" von der minima sinica, in: *minima sinica*, Nr. 2, 2018, S. 4.
[5] Wolfgang Kubin: Eines Publizisten glückliche Lehrjahre: Zum „Abschied" von der minima sinica, in: *minima sinica*, Nr. 2, 2018, S. 5.

（Theodor Adorno）的《最低限度的道德》（*Minima Moralia*）之精髓——见微知著，臻于至善。"袖珍"（Minima），意为"上衣口袋里的汉学"[1]，"关注'与中国有关的小事'"，以"乍看之下微小的成果"，"研究中国思想史、文化史与汉学史的各个方面，翻译中国古代或现当代文学作品"[2]；"正是这些（小的）碎片，为'大的整体'填补了一块重要的拼图"[3]。自由、开阔、包容、求真的学术品格，使《袖珍汉学》自成体系，成为"既无所惧，亦不随流"[4]的"汉学研究和传播的重要平台"[5]。

《袖珍汉学》积极译介中国现当代文学作品，截至2022年，译作共计266篇，译介数量趋势如图1所示：

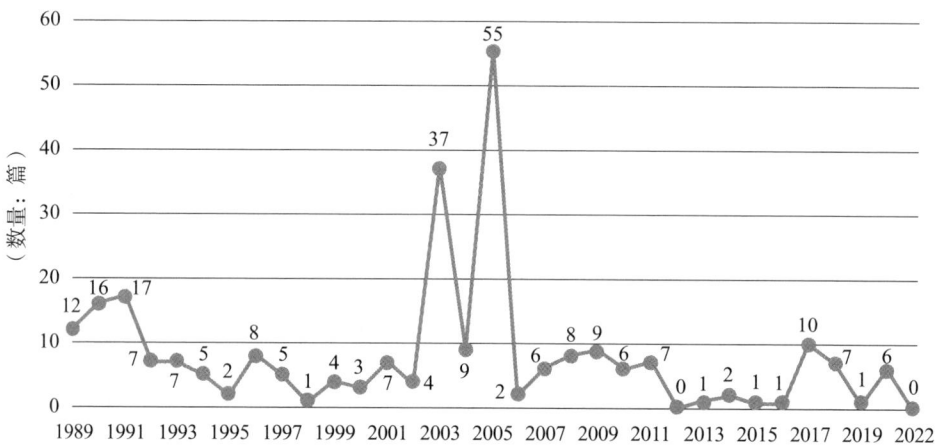

图1 《袖珍汉学》翻译中国现当代文学作品篇目数量变化趋势

---

[1] Wolfgang Kubin: Eines Publizisten glückliche Lehrjahre: Zum „Abschied" von der minima sinica, in: *minima sinica*, Nr. 2, 2018, S. 1.

[2] Dorothee Schaab-Hanke, Li Xuetao: Geleitwort der Herausgeber, in: *minima sinica*, 2019, S. VII.

[3] Wolfgang Kubin, Li Xuetao (Hrsg.): *minima sinica*. Gossenberg: OSTASIEN Verlag, 2019, Rückseite.

[4] 冯小冰：《中国当代小说在德语国家的译介研究（1978—2017）》，北京：社会科学文献出版社，2020年，第38页。

[5] 金蕊：《德国汉学的变迁与汉学家群体的更替——以中国古代文学研究为中心》，博士学位论文，武汉大学，2016年，第103页。

纵观《袖珍汉学》30余年译介历程，译介的两次高峰分别出现于2003年（37篇）和2005年（55篇），译介作品多为诗歌；共译介70位中国现当代作家，译介篇目3篇及以上的作家共22位，如图2所示：

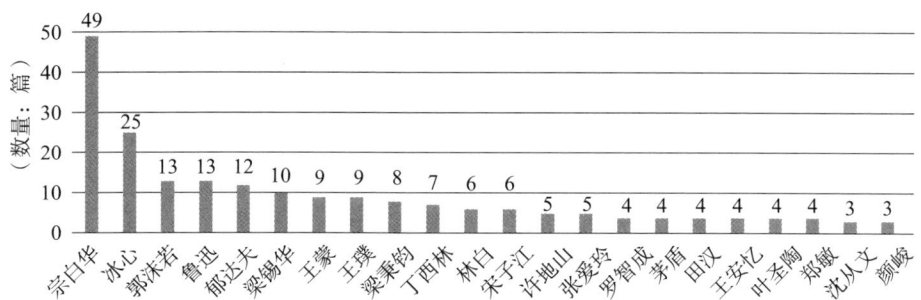

图2 《袖珍汉学》译介中国现当代作家篇目数量统计

据上图定量分析，可以概括为以下三个方面：首先，《袖珍汉学》重视译介中国现代经典作家作品。鲁迅、郭沫若、宗白华、冰心、郁达夫等德译作品数量均在10篇以上，茅盾、叶圣陶、田汉、沈从文、张爱玲、许地山、丁西林等亦是译介重点。在"20世纪90年代以后，中国现代文学经典几乎无一例外地淡出德国译介出版视野"[1]的大背景下，《袖珍汉学》专注名家经典的审美品格改善了新世纪德译中国文学持续萎靡下滑的态势[2]，确立了中国文学在德语读者中的格调和品位。老舍的写作"让读者意识到社会环境的力量以及20世纪30年代中国严酷的现实"[3]；茅盾"创作了1919年以来中国最重要的文学作品《虹》"[4]；

---

[1] 孙国亮、李斌：《中国现当代文学在德国的译介研究概述》，载《文艺争鸣》2017年第10期，第106页。

[2] 事实上，21世纪以来，德语文学翻译越来越受市场的宰制，但卫慧的《上海宝贝》七年内在德国五次再版（2001、2002、2004、2005、2007年）。而《袖珍汉学》持续翻译中国现代文学经典作家作品，如于2003年翻译刊发鲁迅《听说梦》等散文多达13篇，译介茅盾的小说《幻灭》、郭沫若的书信《致宗白华》，2004年刊发郭沫若四首诗歌《澡堂狂吟》《死的诱惑》《雾月》与《三潭印月》，2009年刊载老舍的小说《小木头人》等，显得尤为重要。

[3] Maria Rohrer: Lao Shes Frauenfiguren in Vier Generationen unter einem Dach (Sishi tongtang), in: *minima sinica*, Nr. 1, 2008, S. 52.

[4] Marián Gálik: Persephone, Pandora und Fräulein Mei: Mythopoetische Vision im klassischen griechischen Mythos und im modernen chinesischen Roman, in: *minima sinica*, Nr. 2, 1993, S. 63.

鲁迅是"20世纪最重要的思想家和作家"[1],他"在写作风格、艺术形式与人生哲学上无人能及"[2]。主编顾彬将鲁迅作品在德译介出版的低迷归因于"中国保守的文学评论家对鲁迅的刻板解读"[3],导致"无论在中国还是海外,鲁迅只是对文学史家来说是重要的,而对大众读者来说无足轻重;由于政治原因,鲁迅被束缚在过去。这就是为什么我认为有必要唤醒已故的鲁迅,以便更好地了解今日的中国"[4]。"唤醒"读者重读经典,意在解读今日中国,杂志的良苦用心可见一斑。

其次,《袖珍汉学》突破地域拘囿,给予中国港台文学充分关注,译介港台作家梁秉钧、梁锡华、王璞、宋子江、三毛、罗智成等作品38篇。《袖珍汉学》洞察香港文学面临的窘境:"中国当代文学史很少提及香港"[5],"至今,香港文学很少成为西方汉学的研究对象",其中一个原因可能是"香港没有被视为理解中国文化或中国文学的特殊地域"[6]。有鉴于此,该杂志1990年第1期、1991年第2期、1999年第1期三次特设香港文学专栏,大力推介香港的杂文、诗歌和散文。

最后,《袖珍汉学》青睐中国现当代诗歌,共翻译122首之多。"中国一流文学无疑是诗歌"[7],而德国是"中国诗歌的第二故乡"[8],"在德国读者和出版商眼中,中国诗歌提供了一种全新的文学样式,包括语言、思想及精神"[9]。

---

[1] Wolfgang Kubin: Ban the Poet Lu Xun! Or, New Epochs of Indignation. Reflections on the Problem of Law and Memory, in: *minima sinica*, Nr. 2, 2007, S. 15.

[2] Wolfgang Kubin: Ban the Poet Lu Xun! Or, New Epochs of Indignation. Reflections on the Problem of Law and Memory, in: *minima sinica*, Nr. 2, 2007, S. 17.

[3] Wolfgang Kubin: Ban the Poet Lu Xun! Or, New Epochs of Indignation. Reflections on the Problem of Law and Memory, in: *minima sinica*, Nr. 2, 2007, S. 18.

[4] Wolfgang Kubin: Ban the Poet Lu Xun! Or, New Epochs of Indignation. Reflections on the Problem of Law and Memory, in: *minima sinica*, Nr. 2, 2007, S. 18.

[5] Wolfgang Kubin: Deutschland als neue Heimat chinesischer Gegenwartsdichter, in: *minima sinica*, Nr. 1, 2010, S. 115.

[6] Wolfgang Kubin: Das aschene Herz oder der Sieg des Lebens. Der Hongkonger Essayist Gaylord Leung, in: *minima sinica*, Nr. 1, 1995, S. 103.

[7] 蒋蓝:《汉学家顾彬:中国文学 诗歌最强》,载《成都日报》2010年9月27日。

[8] 聂子瑞:《德国汉学家顾彬称"中国诗人世界一流"》,载《中国日报》2007年12月12日。

[9] 季进、余夏云:《我并不尖锐,只是更坦率——顾彬教授访谈录》,载《书城》2011年第7期,第38页。

冰心"简单的语言潜藏着力量与美感"[1]；海子"最好的诗作因其纯粹的特质，将经久不衰"[2]；雨巷诗人戴望舒被顾彬赞誉为"诗人的诗人"[3]；西川的诗堪称"一种不能推销的语言""真理的语言"[4]。"中国诗歌属于世界文学，应该在世界文学范畴内加以阐释"[5]。北岛诗集《失败之书》与梁秉钧诗集《玉和木头》被德国亚非拉文学作品推广协会（Litprom）列为2009年月度最佳外文图书。

值得一提的是，《袖珍汉学》长期屹立于中国文学德语译介的潮头，成为"推介中国文学的主力军"[6]，主要仰仗于杂志凝聚了熟谙中国文化的高水平译者团队：主编顾彬出版了《中国诗歌史》《二十世纪中国文学史》等著作，是鲁迅、北岛、张枣、翟永明、巴金、丁玲等众多中国作家的译者；师从顾彬的知名翻译家马海默（Marc Hermann）翻译张爱玲、毕飞宇、刘慈欣、冰心、马原、郁达夫等著名作家作品近90篇；著名汉学家汉斯·格奥尔格·梅勒（Hans-Georg Möller）出版专著《〈道德经〉的哲学》《真实的伪装：庄子哲学研究》等十余部，译介郭沫若的散文《小品六章》；还有马原、梁锡华作品的德语译者贝蒂娜·福格尔（Bettina Vogel），翻译茅盾、鲁迅、老舍作品的凯茜（Silvia Kettelhut）等，在一定程度上克服了"中国文学在德难觅，翻译成最大瓶颈"的困境[7]。

2012年以来，《袖珍汉学》由中国文学翻译逐渐转向中国文学、哲学与美学研究，原因有三点：第一，杂志出版遭遇严重资金危机。顾彬坦承："2000年以来，以成本价售出的杂志数量不断减少，直到2010年，我无法再（保本）

---

[1] Wolfgang Kubin: Endlich am Rande. Zur Situation der Lyrik in China, in: *minima sinica*, Nr. 2, 2011, S. 117.
[2] Maghiel van Crevel: Thanatography and the Poetic Voice-Ways of Reading Haizi, in: *minima sinica*, Nr. 1, 2006, S. 137.
[3] Wolfgang Kubin: Modern Chinese Poetry and the Role of Foreign Languages, in: *minima sinica*, Nr. 1, 2010, S. 124.
[4] Wolfgang Kubin: Deutschland als neue Heimat chinesischer Gegenwartsdichter, in: *minima sinica*, Nr. 1, 2010, S. 116.
[5] Wolfgang Kubin: Deutschland als neue Heimat chinesischer Gegenwartsdichter, in: *minima sinica*, Nr. 1, 2010, S. 114-115.
[6] 冯小冰：《中国当代小说在德语国家的译介研究（1978—2017）》，北京：社会科学文献出版社，2020年，第68页。
[7] 饶博：《中国文学在德难觅，翻译成为最大瓶颈》，载《参考消息》2015年3月16日。

卖出一期杂志。"[1]第二,出版方变动与出版理念改弦易辙。2015年,《袖珍汉学》的出版方由全球出版社变更为东亚出版社,后者以"推出具有学术价值的书籍"[2]为出版理念,致力于构建学术交流平台,"鼓励波恩和北京的青年学者在杂志上发表研究成果,成为杂志主编的重要目标"[3]。第三,主编让贤与杂志更名。2019年,顾彬正式卸任主编,由东亚出版社的创办人沙敦如(Dorothee Schaab-Hanke)接任,她于2020年宣布《袖珍汉学》改名为《中国精神杂志》(*Zeitschrift zum chinesischen Geist*)[4],内容不再囿于汉学研究,而转向中国研究,如中国形象研究、中国政策研究等。事实上,德国汉学已"变得'经世致用'和'媚俗务实',更多的汉学家转换角色,成为政府资政、资商的智囊。他们不再通过文学曲折隐晦地'发现'中国,而是直接经由互联网大数据直观介入中国,试图以理性的数据和案例取代感性的文学形象来'深描'中国"[5],"单一的德国汉学传统已不复存在"[6]。

截至2022年,《袖珍汉学》共刊发中国文学评论文章101篇,主要聚焦比较文学、翻译学、女性文学等。

首先,《袖珍汉学》以影响研究、平行研究探析中西方文学的互动性与差异性。影响研究以西方文学对中国现当代文学的影响为主,德国汉学家冯铁(Raoul David Findeisen)指出:"几乎所有中国现代文学的奠基者早期都或多或少地关注尼采"[7],"鲁迅与茅盾在超人身上主要发现了一种伦理思想,而对郭沫若和郁达夫而言,尼采的美学思想更为突出。"[8]顾彬则更赞同汉学家马立

---

[1] Wolfgang Kubin: Eines Publizisten glückliche Lehrjahre: Zum „Abschied" von der minima sinica, in: *minima sinica*, Nr. 2, 2018, S. 2.
[2] https://www.ostasien-verlag.de/index.html, abgerufen am 06.08.2023.
[3] Dorothee Schaab-Hanke, Li Xuetao: Geleitwort der Herausgeber, in: *minima sinica*, 2019, S. VIII.
[4] Vgl. Dorothee Schaab-Hanke: Vorbemerkung der Herausgeberin, in: *minima sinica*, 2020, S. V.
[5] 孙国亮、李斌:《中国现当代文学在德国的译介研究概述》,载《文艺争鸣》2017年第10期,第106页。
[6] 小白:《单一的德国汉学传统已不复存在》,载《社会科学报》2011年7月21日。
[7] Raoul David Findeisen: Die Last der Kultur. Vier Fallstudien zur chinesischen Nietzsche-Rezeption (Erster Teil), in: *minima sinica*, Nr. 2, 1989, S. 1.
[8] Raoul David Findeisen: Die Last der Kultur. Vier Fallstudien zur chinesischen Nietzsche-Rezeption (Erster Teil), in: *minima sinica*, Nr. 2, 1989, S. 1.

安·高利克（Marián Gálik）的观点，认为"中国从未理解过尼采，而只是将其工具化"[1]。论及尼采在中国能够产生深远影响的原因，部分德国学者将其归因为尼采独特的个人主义理念及其与中国传统近似的西方理想建构，但"这样的接受模式无疑过于单一，首先忽略了具体的政治背景社会背景，尤其是1911—1919年的历史背景，这一情况不仅受到中国文化影响，也与西方各个领域密切相关……这一极端的接受模式并不适合作为分析西方思想与中国思想相互影响的案例"[2]。

从平行研究来看，神话研究是《袖珍汉学》研究中国现当代文学的一个视角。马立安·高利克称"神话视野和神话诗学"是他观照"中国现当代文学最感兴趣的话题"[3]，通过比较王蒙《十字架下》与《启示录》中的耶稣形象，指出王蒙笔下的基督"不断思考人与人之间的关系"[4]，"回应了当今时代的需求"，"丝毫没有谈到任何形式的世界末日和新秩序的建立"，"成为我们这个时代基本经验的启示录"[5]。他在《珀尔塞福涅、潘多拉与梅女士：古典希腊神话与中国现代小说中的神话形象》中创新性地将茅盾小说《虹》的女主人公梅行素与希腊神话的珀尔塞福涅和潘多拉相比较，"茅盾笔下意象的讽刺性和象征性表明，在脱衣换衣之后，梅女士不再是中国的珀尔塞福涅，而是中国的潘多拉，不是说她为中国带来了灾难，而是指她不能对现状产生任何积极影响"[6]。在高利克看来，神话研究兼具文学价值与现实意义，"神话对人类的内在意义远远超过了大多数人认可的我们的理性世界，神话是现实的模型，是理想，也

---

[1] Wolfgang Kubin: Du gehst zu Chinesen? Vergiß die Peitsche nicht! Was Nietzsche in China hätte sein können! in: *minima sinica*, Nr. 2, 2003, S. 2.

[2] Raoul David Findeisen: Die Last der Kultur. Vier Fallstudien zur chinesischen Nietzsche-Rezeption (Zweiter Teil), in: *minima sinica*, Nr. 1, 1990, S. 39.

[3] Marián Gálik: Mythopoetische Vision von Golgatha und Apokalypse bei Wang Meng, in: *minima sinica*, Nr. 2, 1991, S. 56.

[4] Marián Gálik: Mythopoetische Vision von Golgatha und Apokalypse bei Wang Meng, in: *minima sinica*, Nr. 2, 1991, S. 69.

[5] Marián Gálik: Mythopoetische Vision von Golgatha und Apokalypse bei Wang Meng, in: *minima sinica*, Nr. 2, 1991, S. 75.

[6] Marián Gálik: Persephone, Pandora und Fräulein Mei: Mythopoetische Vision im klassischen griechischen Mythos und im modernen chinesischen Roman, in: *minima sinica*, Nr. 2, 1993, S. 62.

是现实"[1]。

其次,《袖珍汉学》重视翻译学研究,并致力于探究何为好的翻译,以及恰切的翻译策略与翻译界限。余华小说的德语翻译高立希(Ulrich Kautz),"惯用插入文本注释的方法,巧妙补充目标语读者在源文本中缺失的背景信息,既便于读者理解,又不会明显损害作品的可读性"[2]。他坚持以目标语读者为导向的翻译理念,借助这一特色化翻译策略,"帮助作者与读者实现共通的文学体验"[3]。波恩大学汉学系教授、翻译家马海默则强调"(翻译与原文的)内涵对等可能比外延对等更重要"[4]。麦家、刘慈欣小说的德语翻译白嘉琳(Karin Betz)在《中国人难道会束手无策吗?翻译是一种文化边界的跨越》中,以刘慈欣的科幻小说与金庸的武侠小说为例,强调"即便当(译者)变得不可见,即以明确的风格,表达从源文本对话中体现的观点,使人尽可能遗忘这是译本,但(译者的)可见性仍是不可避免的"[5],因此,"为了使译文尽可能接近原文,译文可以偏离原文"[6]。顾彬在《翻译的语言:对汉学家兼文学家君特·德博的思考》中指出:"有四件事可以使专业译者成为不可或缺的职业:一、译者使世界文学成为可能;二、译者使国家之间可以相互沟通;三、译者为理解和可能的和平奠定基础;四、译者掌握他者的语言,大多数人无法掌握其表达方式"[7]。译者应该"让一个文本说话,用自己的方式,用自己的语言,

---

[1] Marián Gálik: Persephone, Pandora und Fräulein Mei: Mythopoetische Vision im klassischen griechischen Mythos und im modernen chinesischen Roman, in: *minima sinica*, Nr. 2, 1993, S. 48.

[2] Wang Jianbin: Ein Übersetzer und Sinologe an dem glücklicherweise kein Weg vorbeiführt: In Erinnerung an meinen ehrwürdigen Lehrer Ulrich Kautz, in: *minima sinica*, 2022, S. 49.

[3] Wang Jianbin: Ein Übersetzer und Sinologe an dem glücklicherweise kein Weg vorbeiführt: In Erinnerung an meinen ehrwürdigen Lehrer Ulrich Kautz, in: *minima sinica*, 2022, S. 48.

[4] Marc Hermann: Übersetzen ist keine Mathematik: Falsche Wortgleichungen im Sprachenpaar Chinesisch-Deutsch, in: *minima sinica*, 2022, S. 243.

[5] Karin Betz: Darf ein Chinese mit seinem Latein am Ende sein? Übersetzen als kulturelle Grenzüberschreitung, in: *minima sinica*, 2022, S. 120.

[6] Karin Betz: Darf ein Chinese mit seinem Latein am Ende sein? Übersetzen als kulturelle Grenzüberschreitung, in: *minima sinica*, 2022, S. 125.

[7] Wolfgang Kubin: Die Sprache der Übersetzung: Nachdenken über den Sinologen und Literaten Günther Debon, in: *minima sinica*, 2022, S. 39.

所产生的是一种可能性,是一种丰富诗学的可能,绝不是最终产品"[1]。由此可见,《袖珍汉学》作为一本将德译中国文学作为办刊要务的杂志,尤为重视探讨翻译的可能性与译者的主观能动性。

最后,《袖珍汉学》关注中国文学对女性形象的塑造及女性书写策略。一方面,从女性形象入手,剖析女性自身的情感与精神生活,折射真实的社会境遇。玛丽亚·罗雷尔(Maria Rohrer)将老舍《四世同堂》的女性角色分为三类,以此分析现代女性的社会遭际:"第一类是贤妻与寡妇,相同之处在于她们都是模范母亲;与第一类好女人相对的是第二类坏女人,包括逼不得已离异后再婚的女性、暴虐的妻子和专横女子;第三类是可怜的妾室和妓女及无辜的女孩。"[2] 然而,"无论是作为儿媳妇、妻子、妾还是寡妇,女性总是被困于受害者的角色,只有在极少数情况下才会获得解放;即便如此,她们也很少能得以善终,很多女性角色最终遭受暴力伤害,或因寡妇或妓女的身份被社会孤立。她们直接或间接地受到战争影响,无一在历史洪流中幸免"[3]。董保中(Constantine Tung)以《白毛女》《刘胡兰》等戏剧为例,探析1942—1976年中国戏剧的女性形象,"在这两部戏剧中,每位女主角都代表了不同的戏剧世界,代表了现实世界中革命的一个特定阶段。在《白毛女》中,喜儿的世界是一个由反动势力统治、充满压迫的世界,她一直生活在恐惧中,直至被八路军解救;而极具自信的刘胡兰是一个崭新的共产主义英雄的缩影,她领导着革命的世界……她以不屈不挠的英雄主义使敌人相形见绌,刘胡兰代表了革命的信心,标志革命进入新阶段"[4]。刘胡兰与喜儿无

---

[1] Wolfgang Kubin: Die Sprache der Übersetzung: Nachdenken über den Sinologen und Literaten Günther Debon, in: *minima sinica*, 2022, S. 40.

[2] Maria Rohrer: Lao Shes Frauenfigueren in Vier Generationen unter einem Dach (Sishi tongtang), in: *minima sinica*, Nr. 1, 2008, S. 37.

[3] Maria Rohrer: Lao Shes Frauenfigueren in Vier Generationen unter einem Dach (Sishi tongtang), in: *minima sinica*, Nr. 1, 2008, S. 46.

[4] Constantine Tung: Metamorphosis of the Hero in Chairman Mao's Theater (1942−1976) Part II, in: *minima sinica*, Nr. 2, 2012, S. 104.

疑是革命战争年代令人难忘的女性角色，董保中指出，"她们的性格塑造和极为煽情的情节在很大程度上源自女性固有的特点"[1]，"喜儿是如此纯洁和穷苦，刘胡兰又是如此勇敢和坚定，这些特点足以唤起大部分年轻士兵的血性，保护他们的姐妹并为之报仇"[2]。随着1950年《中华人民共和国婚姻法》的颁布，《赵小兰》《夫妻之间》等关注家庭、婚姻和妇女权利的戏剧被搬上舞台。"这些关于妇女解放、独立和平等的中国戏剧主角并不是反叛者，她们是优秀的人民，响应了党对家庭和谐和社会稳定的号召……富有戏剧性的是，这些年轻的女主人公既不能成为挑战者，也不能成为制度的捍卫者，她们是尽责的追随者"[3]。

另一方面，聚焦女性书写，探析中国女作家独特的写作境遇与自我认知。聂黎曦（Michael Nerlich）以戴厚英、张抗抗和王安忆三位女性作家为例，探析中国当代女性作家的自我认知与自我追寻："戴厚英、张抗抗和王安忆的自我反思标志着写作个体主体性的三个时期：戴厚英承认个人价值，并在文学领域实现了感觉和幻想的延展与自我的聚焦"[4]；张抗抗"从个人生活现实出发，从主体性中看到现实、真理与理想之间的中间地带。理想与人民愿望的吻合，赋予她的主体性更具体的中介意义：成为一名为人民发言的作家"[5]；王安忆时期，文学"集中关注内心的撕裂，通过自我审视促进内在积极力量的发展"[6]。顾彬则探微抉发黑夜与女性自我意识的关系，"翟永明将女性意识定义为黑夜

---

[1] Constantine Tung: Metamorphosis of the Hero in Chairman Mao's Theater (1942–1976) Part II, in: *minima sinica*, Nr. 2, 2012, S. 103.

[2] Constantine Tung: Metamorphosis of the Hero in Chairman Mao's Theater (1942–1976) Part II, in: *minima sinica*, Nr. 2, 2012, S. 103.

[3] Constantine Tung: Metamorphosis of the Hero in Chairman Mao's Theater (1942–1976) Part II, in: *minima sinica*, Nr. 2, 2012, S. 122.

[4] Michael Nerlich: Das Samenkorn der Sünde Essays zur Individualität des Autors: Dai Houying, Zhang Kangkang und Wang Anyi, in: *minima sinica*, Nr. 2, 1990, S. 32.

[5] Michael Nerlich: Das Samenkorn der Sünde Essays zur Individualität des Autors: Dai Houying, Zhang Kangkang und Wang Anyi, in: *minima sinica*, Nr. 2, 1990, S. 27.

[6] Michael Nerlich: Das Samenkorn der Sünde Essays zur Individualität des Autors: Dai Houying, Zhang Kangkang und Wang Anyi, in: *minima sinica*, Nr. 2, 1990, S. 32.

意识"[1],这"是一种内在的意识,个体(女性)的自我和宇宙相互交锋。正是这种意识使一个女作家怀有女性的思想、信仰和情感"[2];"由于女性和黑夜以一种秘密的语言相互交流,诗歌成为描述'黑夜'中看见令人生惧的光的唯一手段。黑夜是最深邃的神秘,它提供了面对现实的机会,让我们认识自我、社会与人类"[3]。女性书写成为女性实现自我价值与社会价值的重要途径,谌容的作品"面向整个社会……她拒绝女性特有的写作方式,她写得公开,写得透彻"[4];傅天琳的写作"没有计划,写的是她的心声,这也是舒婷称她为天才的原因"[5];遇罗锦"与其他人不同,她敢于说话,拒绝接受所谓的假话文学,提倡实话文学"[6];李昂"以不同方式看待女性主义,不是反对男性的斗争,而是建构女性的自我"[7]。

综而观之,《袖珍汉学》自创刊以来,坚守自由包容的办刊精神,秉持独立的审美标准与学术品格,致力于中国文学德语译介研究,为中国文学的世界传播搭建舞台,为理论阐释提供他者声音。事实上,海外汉学植根于跨文化的历史语境,偏颇片面自不待言,但正是对中国文学译介接受的多重空间性和历史性,使中国文学在世界范围内获得创造性的诠释,焕发出崭新的艺术生命力。

张帆、佘丽慧　文

---

[1] Wolfgang Kubin: Nocturnal Consciousness and Female (Self-)Destruction. Towards a Theory of Darkness in Modern China, in: *minima sinica*, Nr. 2, 2001, S. 111.

[2] Wolfgang Kubin: Nocturnal Consciousness and Female (Self-)Destruction. Towards a Theory of Darkness in Modern China, in: *minima sinica*, Nr. 2, 2001, S. 114.

[3] Wolfgang Kubin: Nocturnal Consciousness and Female (Self-)Destruction. Towards a Theory of Darkness in Modern China, in: *minima sinica*, Nr. 2, 2001, S. 115.

[4] Wolfgang Kubin: „Behave yourself"-Begegnungen mit Bing Xin, Chen Rong, Fu Tianlin, Li Ang, Yu Luojin und Zhang Xinxin, in: *minima sinica*, Nr. 1, 1990, S. 89-90.

[5] Wolfgang Kubin: „Behave yourself"-Begegnungen mit Bing Xin, Chen Rong, Fu Tianlin, Li Ang, Yu Luojin und Zhang Xinxin, in: *minima sinica*, Nr. 1, 1990, S. 92.

[6] Wolfgang Kubin: „Behave yourself"-Begegnungen mit Bing Xin, Chen Rong, Fu Tianlin, Li Ang, Yu Luojin und Zhang Xinxin, in: *minima sinica*, Nr. 1, 1990, S. 96.

[7] Wolfgang Kubin: „Behave yourself"-Begegnungen mit Bing Xin, Chen Rong, Fu Tianlin, Li Ang, Yu Luojin und Zhang Xinxin, in: *minima sinica*, Nr. 1, 1990, S. 95.

文学文献目录

卷期	德语篇名	中文译名	作者/译者	栏目	页码
1989/1	Das Fremde im Eigenen, das Eigene im Fremden. Exotische Ästhetik am Beispiel Paris/Shanghai	《异乡人在本国，本国人在异乡——以巴黎和上海为例的异域美学》	Heiner Frühauf	—	1—38
1989/1	China und die Entwicklung des Exotismus in der europäischen Musik – ein musikhistorischer Abriß	《中国与欧洲音乐异域风情的发展——音乐史纲》	Frank Stahl	—	39—53
1989/1	Das geschlechtslose Fahrrad. Begegnungen mit Zhang Kangkang	《无性别的自行车——遇见张抗抗》	Wolfgang Kubin	对话中的中国女作家	55—68
1989/1	Eine erfundene Geschichte	《虚构的故事》[1]	马原 作 Bettina Vogel 译	华语文学中的西藏	69—113
1989/1	Das Schweigen des Weisen	《智者的沉默》	扎西达娃 作 Patrice Gruber 译	华语文学中的西藏	115—120
1989/1	CAN XUE: „Ausbruch"	《残雪：〈突围表演〉》	残雪 作 Suizi Zhang-Kubin, Wolfgang Kubin 汇编	汉学菁华	121
1989/1	CHEN GUYING: „Die Lehre des Laozi ist älter als die Lehre des Konfuzius"	《陈鼓应：〈老学先于孔学〉》	陈鼓应 作 Suizi Zhang-Kubin, Wolfgang Kubin 汇编	汉学菁华	121—123

标注 * 的作品为未查明中文原作。
[1] 中文原作《虚构》。

续 表

卷期	德语篇名	中文译名	作者/译者	栏目	页码
1989/1	HONG FENG: „Am Rande der Arktis"	《洪峰:〈极地之侧〉》	洪峰 作 Suizi Zhang-Kubin, Wolfgang Kubin 汇编	汉学菁华	125—129
1989/1	LIAO YIMING: „Die Anekdote vom Schwein ohne Schwanz"	《廖一鸣:〈无尾猪轶事〉》	廖一鸣 作 Suizi Zhang-Kubin, Wolfgang Kubin 汇编	汉学菁华	131—133
1989/1	MO YAN: „Die Weise von Knoblauchsprößlingen"	《莫言:〈天堂蒜薹之歌〉》	莫言 作 Suizi Zhang-Kubin, Wolfgang Kubin 汇编	汉学菁华	133—135
1989/1	WANG ANYI: „Gedanken zu ‚Dreißig Kapitel aus einem unwiederbringlichen Leben'"	《王安忆:〈《流水三十章》随想〉》	王安忆 作 Suizi Zhang-Kubin, Wolfgang Kubin 汇编	汉学菁华	135—136
1989/1	WANG MENG: „Am Kreuz"	《王蒙:〈十字架上〉》	王蒙 作 Suizi Zhang-Kubin, Wolfgang Kubin 汇编	汉学菁华	136—139
1989/1	YU HUA: „Kommissar Ma hat einen Fehler gemacht"	《余华:〈马警官犯了一个错误〉》[1]	余华 作 Suizi Zhang-Kubin, Wolfgang Kubin 汇编	汉学菁华	139—142
1989/1	XU JILIN: „Lest Zhou Zuoren!"	《许纪霖:〈读一读周作人罢!〉》	许纪霖 作 Suizi Zhang-Kubin, Wolfgang Kubin 汇编	汉学菁华	143—146

---

[1] 中文原作《河边的错误》。

续表

卷期	德语篇名	中文译名	作者/译者	栏目	页码
1989/1	ZHANG DAINIAN und ZHU YITING: „Einleitung zur Geschichte traditioneller chinesischer Ethik"	《张岱年和朱贻庭：〈中国传统伦理思想史〉绪论》	张岱年、朱贻庭 作 Suizi Zhang-Kubin, Wolfgang Kubin 汇编	汉学菁华	146—148
1989/2	Die Last der Kultur. Vier Fallstudien zur chinesischen Nietzsche-Rezeption (Erster Teil)	《文化的负担——尼采在中国接受的四个案例研究》（一）	Raoul David Findeisen	—	1—42
1989/2	Untersuchungen zum Chinabild einiger ausgewählter europäischer Kompositionen	《部分欧洲音乐作品中的中国形象研究》	Frank Stahl	—	43—75
1989/2	Von starken Frauen und schwachen Männern. Begegnungen mit Zhang Jie	《女强男弱——遇见张洁》	Wolfgang Kubin	对话中的中国女作家	77—90
1989/2	Die Krankheit des Jahrhunderts	《世纪病》	陈染 作 Michaela Herrmann 译	中国小说中的时代精神	91—109
1989/2	Einfach Irre!	《来劲》	王蒙 作 Michaela Herrmann 译	中国小说中的时代精神	111—118
1989/2	Die Gedichte: „Mühsam ist der Weg nach Shu" und „Mühsam ist der Weg"	《诗歌：〈蜀道难〉和〈行路难〉》	李白 作 Wolfgang Kubin 译	路	119—122
1989/2	FENG JICAI: „Die Frau, die durch Papiersammeln ihren Mann retten wollte"	《冯骥才：〈拾纸救夫〉》	冯骥才 作 Suizi Zhang-Kubin, Wolfgang Kubin 汇编	汉学菁华	126—129
1989/2	LIU YIRAN: „Rock'n Roll Jugend"	《刘毅然：〈摇滚青年〉》	刘毅然 作 Suizi Zhang-Kubin, Wolfgang Kubin 汇编	汉学菁华	135—141

续 表

卷期	德语篇名	中文译名	作者/译者	栏目	页码
1989/2	NI MOYAN: „Wang Shiwei und seine Erzählkunst"	《倪墨炎:〈王实味和他的小说〉》	倪墨炎 作 Suizi Zhang-Kubin, Wolfgang Kubin 汇编	汉学菁华	149—151
1989/2	WANG MENG: „Die Sache mit dem Reisbrei"	《王蒙:〈关于"粥"的事〉》[1]	王蒙 作 Suizi Zhang-Kubin, Wolfgang Kubin 汇编	汉学菁华	151—156
1989/2	WANG XINGZHI: „Meine Ansichten zu Lao She"	《王行之:〈我论老舍〉》	王行之 作 Suizi Zhang-Kubin, Wolfgang Kubin 汇编	汉学菁华	156—159
1990/1	Die Last der Kultur. Vier Fallstudien zur chinesischen Nietzsche-Rezeption (Zweiter Teil)	《文化的负担——尼采在中国接受的四个案例研究》(二)	Raoul David Findeisen	—	1—40
1990/1	Zhou Zuoren (1885–1966) und die chinesische Tradition	《周作人（1885—1966年[2]）与中国传统》	Ernst Wolff	—	41—60
1990/1	Proklamation	《宣告》	北岛 作 Wolfgang Kubin 译	精神和权力	74
1990/1	Wilde Lilien	《野百合花》	王实味 作 Ute Lüghausen, Elke Zimmermann 译	精神和权力	75—85
1990/1	„Behave yourself"– Begegnungen mit Bing Xin, Chen Rong, Fu Tianlin, Li Ang, Yu Luojin und Zhang Xinxin	《"规矩点"——遇见冰心、谌容、傅天琳、李昂、遇罗锦、张辛欣》	Wolfgang Kubin	对话中的中国女作家	87—104

[1] 中文原作《坚硬的稀粥》。
[2] 周作人生卒年应为 1885—1967 年。

续表

卷期	德语篇名	中文译名	作者/译者	栏目	页码
1990/1	Prima Ma, Onkel Xie, Fräulein Mei und Nini (Auszüge)	《好姆妈、谢伯伯、小妹阿姨和妮妮》（节选）	王安忆 作 Karin Hasselblatt 译	女性文学	105—139
1990/1	FENG JICAI: „Geschichte eines Lachens", aus: „Zehn Jahre im Leben von einhundert Menschen." Tatsachenbericht	《冯骥才:〈笑的故事〉,摘自〈一百个人的十年〉,纪实文学》	冯骥才 作 Suizi Zhang-Kubin, Wolfgang Kubin 汇编	汉学菁华	141—143
1990/1	KE YUNLU: „Der Großmeister des Qigong." Ein Experiment	《柯云路:〈大气功师〉——一个实验》	柯云路 作 Suizi Zhang-Kubin, Wolfgang Kubin 汇编	汉学菁华	143—148
1990/1	WANG MENG: „Pilz, Zhen Baoyu und eine Suche nach dem ‚Ich'"	《王蒙:〈蘑菇,甄宝玉与"我"的探求〉》	王蒙 作 Suizi Zhang-Kubin, Wolfgang Kubin 汇编	汉学菁华	154—156
1990/1	YANG LI: „Eine Zugfahrt durch die Hölle. Bemerkungen zur Lyrik der dritten Generation 1980–1985"	《杨黎:〈穿越地狱的列车——论第三代人诗歌运动（1980—1985年）〉》	杨黎 作 Suizi Zhang-Kubin, Wolfgang Kubin 汇编	汉学菁华	156—159
1990/2	Die Generationen vom „Vierten Mai" und „Fünften April". Überlegungen aus soziologischer Sicht	《关于"五四"一代与"四五"一代的社会学思考札记》	刘小枫 作 Iwo Amelung 译	—	1—16
1990/2	Das Samenkorn der Sünde. Essays zur Individualität des Autors: Dai Houying, Zhang Kangkang und Wang Anyi	《罪恶的种子——论作家个性的随笔：戴厚英、张抗抗和王安忆》	Michael Nerlich	—	17—33
1990/2	Die Leiden eines Mannes	《一个人的烦恼》	严文井 作 Eike Zschacke 译	精神和权力	53—64

续表

卷期	德语篇名	中文译名	作者/译者	栏目	页码
1990/2	Poesie und Prosa	《诗与散文》	茅盾 作 Silvia Kettelhut, Michaela Pyls 译	民国时期 （1912—1949 年）的文学	65—78
1990/2	Passé	《过去》	郁达夫 作 Almuth Richter, Barbara Hoster 译	民国时期 （1912—1949 年）的文学	79—96
1990/2	Essays	杂文（《借书恨》/ 《说"不"》/《一点 爱意》/《飞啊飞》/ 《绿、黄、灰》/《终 身非大事》）	梁锡华 作 Jasmin Brincker 译	杂文	97—109
1990/2	Manifest des Nicht-Nichtseins	《非非主义宣言》	蓝马 作 Kathrin Hille 译	文献资料	111—115
1990/2	Theorie des Nicht-Nichtseins. Die Strukturen verändern: Erklärungen zur modernen Kunst	《非非主义理论——变构：当代艺术启示录》	周伦佑 作 Kathrin Hille 译	文献资料	117—131
1990/2	A NING: „Die Leichtigkeit des Seins und die Schwere eines Kruges"	《阿宁：〈生命之轻与瓦罐之重〉》	阿宁 作 Suizi Zhang-Kubin, Wolfgang Kubin 汇编	汉学菁华	133—140
1990/2	LIU HUI: „Zehn Jahre ‚Jinpinmei'-Forschung"	《刘辉：〈《金瓶梅》研究十年〉》	刘辉 作 Suizi Zhang-Kubin, Wolfgang Kubin 汇编	汉学菁华	142—145
1990/2	TANG YIJIE: „Noch einmal zur Frage des Wahren, Schönen und Guten in der traditionellen chinesischen Philosophie"	《汤一介：〈再论中国传统哲学的真善美问题〉》	汤一介 作 Suizi Zhang-Kubin, Wolfgang Kubin 汇编	汉学菁华	151—155
1990/2	WANG MENG: „Die Geschichte der Katze Ami"	《王蒙：〈阿咪的故事〉》	王蒙 作 Suizi Zhang-Kubin, Wolfgang Kubin 汇编	汉学菁华	155—158

续表

卷期	德语篇名	中文译名	作者/译者	栏目	页码
1991/1	Freude in China, Sünde in Christentum. Ein Vergleich	《中国乐感文化与基督教罪感文化比较研究》[1]	刘小枫 作 Michaela Goecke-Amelung, Raoul Findeisen 译	—	1—20
1991/1	Schicksal. Zum Fatalismus in den Erzählungen des Bai Xianyong	《命运——论白先勇小说中的宿命论》	Wolf Baus	—	21—46
1991/1	Melonen	《马铃瓜》	叶圣陶 作 Ute Laschewski 译	民国时期（1912—1949年）的文学	75—96
1991/1	Blut und Tränen	《血泪》	郁达夫 作 Heike Münnich, Ute Leukel 译	民国时期（1912—1949年）的文学	97—108
1991/1	Dachluke	《天窗》	残雪 作 Solveig Boergen 译	翻译	109—122
1991/1	Übersetzen und Selbsterkenntnis. Unmaßgebliche Bemerkungen zur chinesischen Literatur in deutscher Sprache	《翻译和自我意识——对德译中国文学的私见》	Wolfgang Kubin	翻译	123—131
1991/1	LAN MA: Abseits des Weges. Rückblick auf die Lyrikbewegung der Avantgarde	《蓝马：〈走向迷失——先锋诗歌运动的反省〉》	蓝马 作 Suizi Zhang-Kubin, Wolfgang Kubin 汇编	汉学菁华	141—143
1991/1	Wang Meng: Entdecken und Erklären	《王蒙：〈发现与解释〉》	王蒙 作 Suizi Zhang-Kubin, Wolfgang Kubin 汇编	汉学菁华	147—151

[1] 节选自刘小枫《拯救与逍遥》。

续 表

卷期	德语篇名	中文译名	作者/译者	栏目	页码
1991/1	Zhao Dezhi: Westliche Philosophie in China	《赵德志：西方哲学在中国》[1]	赵德志 作 Suizi Zhang-Kubin, Wolfgang Kubin 汇编	汉学菁华	151—154
1991/1	Anhang (Zwei Dokumente): GUANGCHANG: Geleitwort JINTIAN: Begleitwort zur Neuerscheinung	《附录：两份文件》（《广场：〈发刊词〉》；《今天：〈复刊词〉》）	Suizi Zhang-Kubin, Wolfgang Kubin 汇编 Huang Huimin, Peter Kolb 译	汉学菁华	154—157
1991/2	Chinesischer Weißdorn. Begegnungen in Peking	《冰糖葫芦——相遇在北京》	Wolfgang Kubin	—	29—53
1991/2	Mythologische Vision von Golgatha und *Apokalypse* bei Wang Meng	《王蒙作品中的各各他神话幻想和〈启示录〉》	Marián Gálik 作 Raoul David Findeisen 译	作家王蒙	55—82
1991/2	Wang Meng und sein Roman *Huodong bian renxing*	《王蒙与他的小说〈活动变人形〉》	Ulrich Kautz	作家王蒙	83—103
1991/2	Unterwegs. Gedichte von Leung Ping-kwan	《半途——梁秉钧的诗》《池》/《冰雕》/《除夕》/《〈用左手的女人〉》/《大马镇的颂诗》/《从现代美术博物馆出来》/《云游》）	梁秉钧 作 Wolfgang Kubin 译	文学	105—119
1991/2	Essays	杂文（《黑、白、灰》/《这世界》/《语生死》）	梁锡华 作 Bettina Vogel 译	文学	121—127
1991/2	GU WEILIE: Das Leidensbewußtsein in der klassischen chinesischen Literatur und sein kultureller Ursprung	《顾伟列：〈中国古典文学中的忧患意识及其文化渊源〉》	顾伟列 作 Suizi Zhang-Kubin, Wolfgang Kubin 汇编	汉学菁华	132—134

---

[1] 中文原作《"五四"前后西方哲学在我国的广泛传入及其影响》。

续表

卷期	德语篇名	中文译名	作者/译者	栏目	页码
1991/2	LIU XIAOFENG: Von der Schwere des Leibes	《刘小枫：〈沉重的内身〉》[1]	刘小枫 作 Suizi Zhang-Kubin, Wolfgang Kubin 汇编	汉学菁华	141—144
1991/2	MU GONG: Wang Shuo, ein Verächter intellektueller Kultur	《木弓：〈王朔——知识分子文化的鄙视者〉》	木弓 作 Suizi Zhang-Kubin, Wolfgang Kubin 汇编	汉学菁华	144—145
1991/2	WANG HUI: Geschichte als Kreislauf	《汪晖：〈循环的历史〉》[2]	汪晖 作 Suizi Zhang-Kubin, Wolfgang Kubin 汇编	汉学菁华	145—149
1991/2	XU GUANGYAO: Eine öffentliche Bekanntmachung	《徐光耀：〈布告〉》	徐光耀 作 Suizi Zhang-Kubin, Wolfgang Kubin 汇编	汉学菁华	149—153
1992/1	Vier westliche Philosophen in China: Dewey und Russell, Bergson und Nietzsche	《四名西方哲学家在中国：杜威与罗素、柏格森与尼采》	Raoul David Findeisen	—	1—36
1992/1	Du Liniang, das Käthchen von Heilbronn und die Lust des Träumens – ein Versuch	《试论杜丽娘、海尔布隆的小凯蒂和做梦的乐趣》	Marion Eggert	以古典文学为鉴的中国精神	37—56
1992/1	Herrschaft, Macht und Gewalt: Die Welt des *Shuihu zhuan*	《统治、权力与暴力：〈水浒传〉的世界》	Klaus Mühlhahn	以古典文学为鉴的中国精神	57—90
1992/1	Eine Frau	《一个女性》	茅盾 作 Silvia Kettelhut 译	民国时期（1912—1949年）的文学	91—122

[1]《袖珍汉学》1992年第1期更正为《沉重的肉身》(Korrigenda zu minima sinica, *minima sinica*, Nr. 2, 1991 S. 163)。
[2] 中文原作《循环的历史 读钱理群著〈周作人传〉》。

续表

卷期	德语篇名	中文译名	作者/译者	栏目	页码
1992/1	Fenghuang	《凤凰》	沈从文 作 Jutta Strebe 译	民国时期（1912—1949年）的文学	123—146
1992/1	PANG PU: Die Einheit von Freude und Leid. Zum Wesen des Humanismus in China	《庞扑：〈忧乐圆融——中国的人文精神〉》	庞扑 作 Suizi Zhang-Kubin, Wolfgang Kubin 汇编	汉学菁华	147—152
1992/1	SANG YE: Ein Sonnenuntergang wie Blut	《桑晔：〈残阳如血〉》	桑晔 作 Suizi Zhang-Kubin, Wolfgang Kubin 汇编	汉学菁华	152—157
1992/1	ZHAO BOTAO: Meine Geschichte	《赵伯涛：〈我的故事〉》	赵伯涛 作 Suizi Zhang-Kubin, Wolfgang Kubin 汇编	汉学菁华	161—162
1992/2	Das Bild des Menschen in der chinesischen Kultur	《中国文化中人的形象》[1]	孙隆基 作 Martin Krott 译	—	1—38
1992/2	Traditionskritik und zyklisches Denken. Zum Problem der „Neuzeit" in China. Das Beispiel Su Dongpo (1037–1101)	《苏东坡（1037—1101年）：传统批判与环状思维——关于中国的"近代"问题》	Wolfgang Kubin	以古典文学为鉴的中国精神	39—53
1992/2	Das „Huaben von Han Qinhu". Zum Problem des Begriffs und der Datierung von *huaben*	《〈韩擒虎话本〉——论"话本"的概念与年代测定》	Thomas Zimmer	以古典文学为鉴的中国精神	55—72
1992/2	Jasmintee	《茉莉香片》	张爱玲 作 Michaela Pyls 译	民国时期（1912—1949年）的文学	73—102

---

[1] 中文原作《中国文化的"深层结构"》。

续表

卷期	德语篇名	中文译名	作者/译者	栏目	页码
1992/2	Die Sklavenmutter	《为奴隶的母亲》	柔石 作 Martin Gimm 译	民国时期（1912—1949年）的文学	103—128
1992/2	Der Regenbogen	《虹》[1]	沈从文 作 Simone Lakämper 译	民国时期（1912—1949年）的文学	129—141
1992/2	JIN GUANTAO, LIU QINGFENG: Die ideologische Schranke der chinesischen Kultur	《金观涛、刘青峰：〈中国文化的意识形态牢笼〉》	金观涛、刘青峰 作 Suizi Zhang-Kubin, Wolfgang Kubin 汇编	汉学菁华	143—148
1992/2	SU TONG: Mein Leben als Kaiser. Roman	《苏童：〈我的帝王生涯——长篇小说〉》	苏童 作 Suizi Zhang-Kubin, Wolfgang Kubin 汇编	汉学菁华	152—157
1992/2	ZHENG JIEWEN: Abriß der Auffassung zur Lebensverlängerung im alten China	《郑杰文：〈中国古代养生观硕略〉》[2]	郑杰文 作 Suizi Zhang-Kubin, Wolfgang Kubin 汇编	汉学菁华	157—161
1993/1	Ein Sophismus des altchinesischen Philosophen Gongsun Long: Scherz, Ironie oder doch tiefere Bedeutung?	《中国古代哲学家公孙龙的诡辩：玩笑、讽刺还是更深的意义？》	Rolf Trauzettel	—	1—17
1993/1	Das ziellose Ich. Gespräch mit Gu Cheng	《漫无目的的我——对话顾城》	Suizi Zhang-Kubin	诗人顾城	18—26
1993/1	Der Einzug der Geister	《鬼进城》	顾城 作 Wolfgang Kubin 译	诗人顾城	27—32
1993/1	Berliner Begegnungen mit dem Dichter Gu Cheng	《在柏林遇见诗人顾城》	Marián Gálik	诗人顾城	33—65

[1] 中文原作《看虹录》。
[2] 该中文译名出自《袖珍汉学》，中文原作《中国古代养生观说略》。

续 表

卷期	德语篇名	中文译名	作者/译者	栏目	页码
1993/1	Das Schicksal dreier Hennen	《三只母鸡的命运》[1]	谢烨 作 Shi Yan 译	诗人顾城	66—69
1993/1	Zwei Briefe	书信两封	郁达夫 作 Heiner Frühauf 译	民国时期（1912—1949年）的文学	70—84
1993/1	Selbst und Selbstdarstellung in der Tang-Zeit	《唐代的自我与自我描述》	Wolfgang Bauer	唐代（618—907年）的精神——第一部分	85—109
1993/1	Der Taoismus in der Tang-Zeit	《唐代道教》	Barbara Hendrischke	唐代（618—907年）的精神——第一部分	110—143
1993/1	SUN LONGJI: Lu Xun als Vertreter des „fin de siècle"	《孙隆基：〈"世纪末"的鲁迅〉》	孙隆基 作 Suizi Zhang-Kubin, Wolfgang Kubin 汇编	汉学菁华	144—149
1993/1	ZHAI YONGMING: Ein Brief an Han Dong	《翟永明：〈给韩东的一封信〉》	翟永明 作 Suizi Zhang-Kubin, Wolfgang Kubin 汇编	汉学菁华	154—157
1993/2	»Kulturelle Christen« in der Volksrepublik China: Beobachtungen zu einer gegenwärtigen Bewegung	《关于当时中国"文化"基督教的神学评注》	刘小枫 作 Brigitte Koller, Niklaus Peter 译	神学和哲学家刘小枫	1—11
1993/2	Ästhetizismus und Moderne: Europa und China	《唯美主义与现代性：欧洲与中国》	刘小枫	神学和哲学家刘小枫	12—31
1993/2	Die Hand Gottes: Ein Gespräch mit Liu Xiaofeng	《上帝之手：对话刘小枫》	Suizi Zhang-Kubin	神学和哲学家刘小枫	32—46

[1] 中文原作《暮色丛林》。

续表

卷期	德语篇名	中文译名	作者/译者	栏目	页码
1993/2	Persephone, Pandora und Fräulein Mei: Mythopoetische Vision im klassischen griechischen Mythos und im modernen chinesischen Roman	《珀尔塞福涅、潘多拉与梅小姐：古希腊神话与中国现代小说中的神话诗意幻想》	Marián Gálik	小说家茅盾（1896—1981年）	47—63
1993/2	Begegnungen mit Mao Dun: Eine Erinnerung und ein Forschungsbericht	《遇见茅盾：回忆与研究报告》	Marián Gálik 作 Annabel Goey 译	小说家茅盾（1896—1981年）	64—90
1993/2	Wenn die Lantana blühn	《马缨花开的时候》	郁达夫 作 Ylva Monschein, Frank Stahl 译	民国时期（1912—1949年）的文学	91—97
1993/2	Der Buddhismus der Tang-Zeit	《唐代的佛教》	Helwig Schmidt-Glintzer	唐代（618—907年）的精神——第二部分	98—116
1993/2	LI JIEFEI, Zehn Jahre wie Schall und Rauch. Persönliche Liste der Trends in der Erzählkunst	《李洁非：〈十年烟云过眼——小说潮流亲历录〉》	李洁非 作 Suizi Zhang-Kubin, Wolfgang Kubin 汇编	汉学菁华	142—149
1993/2	MENG PEIYUAN, Geist und Welt. Die Philosophie des Zhu Xi noch einmal bedacht	《蒙培元：〈心灵与境界——朱熹哲学再探讨〉》	蒙培元 作 Suizi Zhang-Kubin, Wolfgang Kubin 汇编	汉学菁华	150—152
1993/2	WANG ANYI, Was bedeutet das Wort »Erzählkunst« in unserer Rede?	《王安忆：〈我们所说的小说是什么〉》	王安忆 作 Suizi Zhang-Kubin, Wolfgang Kubin 汇编	汉学菁华	153—154
1993/2	XIE MIAN, Der mißverstandene »Leerlauf«	《谢冕：〈误解的"空白"〉》	谢冕 作 Suizi Zhang-Kubin, Wolfgang Kubin 汇编	汉学菁华	154—155

续 表

卷期	德语篇名	中文译名	作者/译者	栏目	页码
1993/2	ZHANG ZHIYANG, Leid, Weisheit, Glaube	《张志扬:〈痛苦、智慧、信仰〉》	张志扬 作 Suizi Zhang-Kubin, Wolfgang Kubin 汇编	汉学菁华	155—159
1994/1	Denkwege chinesischer Philosophen: Grundzüge der konfuzianischen Erkenntnisweisen	《中国哲学家的思维方式:儒家认知方式的基本特征》	Rolf Trauzettel	—	1—26
1994/1	Über die Depressivität	《论忧郁》	Reinhard Olivier	忧郁和社会:中国和西方 I	70—97
1994/1	Heimwehkrank	《怀乡病者》	郁达夫 作 Ylva Monschein, Frank Stahl 译	民国时期(1912—1949年)的文学	98—103
1994/1	Splitter. Erinnerungen an Gu Cheng und Xie Ye	《片段——忆顾城和谢烨》	Wolfgang Kubin	讣告	119—146
1994/1	LIU CHANGLIN: Über die Theorie der Wechselbeziehung	《刘长林:〈"通"论三题〉》	刘长林作 Suizi Zhang-Kubin, Wolfgang Kubin 汇编	汉学菁华	147—154
1994/1	QIAO YIGANG: Chen Hengzhe und ihr Werk. Zur ersten Schriftstellerin in der modernen chinesischen Literatur	《乔以钢:〈陈衡哲及其创作——论中国现代文坛第一位女作家〉》	乔以钢作 Suizi Zhang-Kubin, Wolfgang Kubin 汇编	汉学菁华	154—155
1994/1	Diskussion zu: ROLF TRAUZETTEL: Ein Sophismus des altchinesischen Philosophen Gongsun Long	《讨论:陶德文:〈中国古代哲学家公孙龙的诡辩〉》	Harald Holz	论坛	158—161
1994/2	Die Domestizierung der Gespenster	《鬼神的驯化》	Rainer von Franz	—	1—14

续表

卷期	德语篇名	中文译名	作者/译者	栏目	页码
1994/2	Der Junge Mann als Melancholiker. Ein Versuch zu Yu Dafu (1886–1945)	《忧郁的年轻人——试论郁达夫（1886—1945年）[1]》	Wolfgang Kubin	忧郁和社会：中国和西方Ⅱ	15—33
1994/2	Yu Dafu in Singapur: Flucht und Tod	《郁达夫在新加坡：逃亡与死亡》	Birgit Beutler	忧郁和社会：中国和西方Ⅱ	34—40
1994/2	Der silbergraue Tod	《银灰色的死》	郁达夫 作 Oliver Corff, Frank Stahl 译	民国时期（1912—1949年）的文学	41—54
1994/2	Drei Juden und ein Chinese. Franz Kafka, Franz Rosenzweig, Walter Benjamin und Konfuzius	《三个犹太人和一个中国人——弗朗茨·卡夫卡、弗朗茨·罗森茨维格、沃尔特·本杰明和孔子》	Hans-Georg-Möller	异域风情Ⅰ	55—61
1994/2	»Spärlich ist die Zahl der Meister.« Zur Buddha-Rezeption in Deutschland im ersten Drittel des 20. Jahrhunderts	《"大师的数量是稀少的"——论20世纪前三分之一德国的佛教思想接受》	Wolfgang Geiger	异域风情Ⅰ	62—107
1994/2	Hinter hohen Mauern. Hu Feng und die »Kulturrevolution«	《在高墙后——胡风和"文革"》[2]	梅志 作 Jutta Diefenbach, Christian Schwermann 译	精神和权力	118—148
1995/1	Sinologie und Exotismus. Ein Essay	《汉学与异域风情——杂文一篇》	Frank Stahl	异域风情Ⅱ	32—61
1995/1	Nebelhaftes, Schattenhaftes	《恍兮惚兮》	友友 作 Oliver Krämer 译	异域视野Ⅱ	62—83

[1] 郁达夫生卒年应为1896—1945年。
[2] 中文原作《我和胡风在"文革"中》。

续表

卷期	德语篇名	中文译名	作者/译者	栏目	页码
1995/1	Am Morgen	《晨》	叶圣陶 作 Birgit Ramsey 译	民国时期（1912—1949年）的文学	84—99
1995/1	Das aschene Herz oder Der Sieg des Lebens. Der Hongkonger Essayist Gaylord Leung	《灰烬之心或生命的胜利——香港杂文家梁锡华》	Wolfgang Kubin	精神和权力	100—114
1995/1	Bambus im Kopf. Ein Gespräch mit Ye Lang	《胸中之竹——对话叶朗》	Suizi Zhang-Kubin	传统的精神	115—124
1995/1	Der Baum im Bergwald. Philosophische Essays des Neokonfuzianers Wang Ling	《山林中的树——新儒学学者王令的哲学杂文》	Annette Specht	传统的精神	125—152
1995/1	XIE YONG: Die Witwe und die Halbwaise. Ein Phänomen der chinesischen Kultur	《谢泳：〈中国文化中的寡母抚孤现象〉》	谢泳 作 Suizi Zhang-Kubin, Wolfgang Kubin 汇编	汉学菁华	158—162
1995/2	Nicht-dualistische Kommunikation: Ist der Chan-Buddhismus eine lieblose Religion?	《非二元交流：禅宗是无爱的宗教吗？》	Sebastian Gault	—	1—17
1995/2	Wir klagen kurz, trennt uns der Tod,/Wir leiden lang, trennt uns das Leben. »Die Trennung der Liebenden«. Eine chinesische Sicht	《死别已吞声，生别常恻恻：中国视角下"爱人的离别"》	Wolfgang Kubin	—	18—32
1995/2	Der Kreis, die Linie und das Licht. Einige Fußnoten zu(m) »Vergessen«. Dem Andenken von Xie Ye und Gu Cheng	《圆、线和光——对〈忘却〉的一些脚注：纪念谢烨和顾城》	Peter Hoffmann	当代的精神	33—53

续表

卷期	德语篇名	中文译名	作者/译者	栏目	页码
1995/2	Das Ende der Exotik? Geschichtlich-zeitgenössische Überlegungen eines Komparatisten	《异域风情的终结？比较主义者的历史–当代思考》	Marián Gálik	异域风情	54—71
1995/2	Hundert Menschen in einem Jahrzehnt. Feng Jicai und das Trauma der Kulturrevolution	《〈一百个人的十年〉——冯骥才与"文革"创伤》	Ylva Monschein	精神和权力	97—110
1995/2	Ein äußerst kluger Mensch	《绝顶聪明的人》	冯骥才 作 Monika Gänßbauer 译	精神和权力	111—118
1995/2	Ganzheitlich, kontemplativ. Zur »Beobachtung« im chinesischen Denken. Ein Gespräch mit Cheng Chung-Ying	《整体的，沉思的——中国思想中的"观"——对话成中英》	Suizi Zhang-Kubin	访谈	119—127
1995/2	Ein Tang-Gentleman wie er in der Inschrift steht	《铭文中的一位唐代士人》	Rainer von Franz	唐代（618—907年）的精神——第三部分	128—148
1995/2	QI SHUYU, »Kulturpoetik in der Marktwirtschaft – Der Wechsel des Diskurses und der Sinn von Namengebung«	《祁述裕：〈市场经济中的文化诗学：话语的转换与命名的意义〉》	祁述裕 作 Suizi Zhang-Kubin, Wolfgang Kubin 汇编	汉学菁华	149—153
1995/2	GE ZHAOGUANG, »Die Totenwelt«	《葛兆光：〈死后世界〉》	葛兆光 作 Suizi Zhang-Kubin, Wolfgang Kubin 汇编	汉学菁华	153—155

续 表

卷期	德语篇名	中文译名	作者/译者	栏目	页码
1995/2	LIU XIAOFENG, »Chinesischer Anarchismus und modernes utopisches Denken«	《刘小枫：〈中国无政府主义与乌托邦思维〉》[1]	刘小枫 作 Suizi Zhang-Kubin, Wolfgang Kubin 汇编	汉学菁华	156—159
1996/1	Reflexionen über Wahrhaftigkeit und Lüge im chinesischen Denken	《对中国思想中真诚与谎言的反思》	Sebastian Gault	—	1—22
1996/1	Der Schreckensmann. Deutsche Melancholie und chinesische Unrast. Ye Shengtaos Roman *Ni Huanzhi* (1928)	《恐怖的人——德国的忧郁和中国的不安——叶圣陶长篇小说〈倪焕之〉(1928年)》	Wolfgang Kubin	忧郁和社会：中国和西方	61—73
1996/1	Wu Shutian. Eine Schriftstellerin sechsten Ranges	《吴曙天——"六流作家"》	Raoul David Findeisen	民国时期（1912—1949年）的文学	74—82
1996/1	Sechs Miniaturen	《小品六章》《路畔的蔷薇》/《夕暮》/《水墨画》/《山茶花》/《墓》/《白发》	郭沫若 作 Hans-Georg Möller 译	民国时期（1912—1949年）的文学	83—87
1996/1	Alles im Zerfall? Kunst und Leben in Jia Pingwas *Fei du*, »Verfallende Hauptstadt«	《一切都在崩塌？贾平凹〈废都〉中的艺术与生活》	Ylva Monschein	当代的精神	88—110
1996/1	Die verrottete Hauptstadt	《废都》	贾平凹 作 Hans Link 译	当代的精神	111—117

---

[1] 该中文译名出自《袖珍汉学》，中文原作《中国无政府主义与现代乌托邦思维》。

续表

卷期	德语篇名	中文译名	作者/译者	栏目	页码
1996/1	»Steinmann, Steinmann Nummer zwei, du bist mein Mann, ich bleib dir treu.« Motive des Traums und des Phantastischen in ausgewählten Romanen der Ming- und Qing-Dynastie	《"石人石人，排行第二，汝为丈夫，吾心无异"——部分明清小说中的梦幻和奇幻题材》	Thomas Zimmer	小说的艺术	118—148
1996/1	Alter Friedhof, Bonn	《老墓地，波恩》[1]	叶维廉	异域视野	149—150
1996/1	WANG GAN: Die Szene am Ende des Jahrhunderts. Die psychische Beschreibung der Kultur in den 90er Jahren	《王干:〈世纪末的风景——90年代文化心理描述〉》	王干 作 Suizi Zhang-Kubin, Wolfgang Kubin 汇编	汉学菁华	155—160
1996/1	ZHANG XINYING: Formen des Widerstands in der chinesischen Gegenwartskultur. Von Bei Dao über Cui Jian zu Wang Shuo	《张新颖:〈中国当代文化反抗的流变:从北岛到崔健到王朔〉》	张新颖 作 Suizi Zhang-Kubin, Wolfgang Kubin 汇编	汉学菁华	160—162
1996/2	»Du Doppelgänger, du bleicher Geselle«. Eine komparatistische Untersuchung der symbolischen Bedeutung des literarischen Doppelgänger-Motivs	《"你，随形的影人，你，苍白的侣伴!"——文学双影人主题象征意义的比较研究》	Rolf Trauzettel	—	1—28
1996/2	Ontologie und Kosmologie in der Lehre des Wang Tingxiang (1474–1544)	《王廷相(1474—1544年)学说中的本体论与宇宙论》	Wolfgang Ommerborn	—	29—56

---

[1] 原作为英文。

续 表

卷期	德语篇名	中文译名	作者/译者	栏目	页码
1996/2	Die Wissenschaft vom Baden. Ein Winterthema	《沐浴学——一个冬天的话题》[1]	王蒙 作 Anja Schmitz, Christian Schwermann 译	当代的精神	101—132
1996/2	Das unbeständige Leben. Gespräch mit Wang Meng	《不断变化的生活——对话王蒙》	Suizi Zhang-Kubin	当代的精神	133—156
1996/2	OUYANG ZHESHENG, »Hu Shis unterschiedliche Sicht des Vierten Mai«	《欧阳哲生：〈胡适在不同时期对"五四"的评价〉》	欧阳哲生 作 Suizi Zhang-Kubin, Wolfgang Kubin 汇编	汉学菁华	157—159
1996/2	SUN YU, »Einsam nach dem Tod«	《孙郁：〈身后的寂寞〉》	孙郁 作 Suizi Zhang-Kubin, Wolfgang Kubin 汇编	汉学菁华	159—161
1996/2	ZHAO LIN, »Moralisches Bewußtsein und die Entwicklung der Mythen in China«	《赵林：〈伦理意识与中国神话传说的演变〉》	赵林 作 Suizi Zhang-Kubin, Wolfgang Kubin 汇编	汉学菁华	161—163
1997/1	Schlechter Wein. Zhu Guangqian und das Problem der Trivialliteratur	《坏酒——朱光潜与通俗文学问题》	Thomas Zimmer	美学	41—54
1997/1	Grenzlose Nacht	《茫茫夜》	郁达夫 作 Klaus Hauptfleisch, Frank Stahl 译	民国时期的文学	71—100
1997/1	Geigenspiel in der kalten Morgendämmerung	《寒晓的琴歌》	叶圣陶 作 Sabine Löschmann 译	民国时期的文学	101—103

[1] 中文原作《冬天的话题》。

续表

卷期	德语篇名	中文译名	作者/译者	栏目	页码
1997/1	Heraus aus dem Abgrund des Nihilismus. Zur Differenz zwischen traditioneller chinesischer Philosophie und westlicher Postmoderne	《走出虚无主义的幽谷——中国传统哲学与西方后现代主义辨异》	郑家栋 作 Hans-Georg Möller 与 Jochen Lehmkuhl, Günter Schmitz, Wu Chiling, Zhang Shuang 合译	哲学	117—143
1997/1	Die Welt von Sein und Nichtsein. Ein Gespräch mit Chen Lai	《有与无的世界——对话陈来》	Suizi Zhang-Kubin	哲学	144—153
1997/1	LIN SONGYU: Solotanz, ergreifend und matt. Die in den 60er Jahren geborenen Schriftsteller	《林宋瑜：〈个人舞步的动人与疲软——窥探"60年代出生"的写作者〉》	林宋瑜 作 Suizi Zhang-Kubin, Wolfgang Kubin 汇编	汉学菁华	154—155
1997/1	WEN ZONGJUN: Zwei Formen antikulturellen Ausdrucks in der Dichtkunst der dritten Generation	《温宗军：〈第三代诗歌反文化的两种表现形式〉》	温宗军 作 Suizi Zhang-Kubin, Wolfgang Kubin 汇编	汉学菁华	157—160
1997/2	Die Grenze zwischen Wort und Bild. Die Rezeption Lao Zis unter deutschen Künstlern und Kunsttheoretikern des 20. Jahrhunderts	《文字和图像的界限——20世纪德国艺术家和艺术理论家对老子的接受》	Heinrich Geiger	道教	17—37
1997/2	Fazang (643–712) – Der goldene Löwe. Zur Philosophie der Huayan-Schule	《法藏（643—712年）——〈金狮子章〉：论华严宗哲学》	Rolf Elberfeld	宗教	38—60
1997/2	Kumārajīva	《鸠摩罗什》	施蛰存 作 Ralf John 译	宗教	61—103
1997/2	Der Tanz der Geldscheine	《纸币的跳跃》	郁达夫 作 Almuth Richter, Frank Stahl 译	民国时期（1912—1949年）的文学	104—108

续 表

卷期	德语篇名	中文译名	作者/译者	栏目	页码
1997/2	Das Warten hat eine kalte Hand. Melancholie einer Kindheit	《等待的手是冰冷的——童年的忧郁》	黄伟平	异域视野·从异国眺望	123—150
1997/2	WU XUAN: Die dritte Kritik und ihre Methode	《吴炫:〈第三种批评及其方法〉》	吴炫 作 Suizi Zhang-Kubin, Wolfgang Kubin 汇编	汉学菁华	155—158
1997/2	YU QIUYU: Kleine Theorie der städtischen Gegenwartskultur	《余秋雨:〈当代都市文化略论〉》	余秋雨 作 Suizi Zhang-Kubin, Wolfgang Kubin 汇编	汉学菁华	158—161
1998/1	Spielzeug des Zeitgeistes–Kritische Bestandsaufnahme der Daoismus-Rezeption im Westen	《时代精神的玩物——对道家思想在西方接受的批判性述评》	Karl-Heinz Pohl	道教	1—23
1998/1	Sagen ohne zu sagen. Lao Zi und Heraklit–eine vergleichende Studie	《道可道,非常道:老子和赫拉克利特的对比研究》	Günter Wohlfart	道教	24—39
1998/1	Probleme, Ziele und Relevanz einer Theorie universaler Logik. Unter besonderer Berücksichtigung sinologischer Interessen	《普遍逻辑理论的问题、目标和相关性——聚焦汉学的意趣》	Gregor Paul	论坛:哲学	40—69
1998/1	Zum Problem der Universalität der Logik. Mit besonderer Berücksichtigung der altchinesischen Philosophie	《关于逻辑的普遍性问题——聚焦中国古代哲学》	Hans-Georg Möller	论坛:哲学	70—81
1998/1	Ein voller Becher Weins zur rechten Zeit. Anmerkungen zu Tang-zeitlichen Weingedichten	《酒杯酌满及时痛饮——唐代酒诗注》	Reinhard Emmerich	唐代的精神	125—152

续表

卷期	德语篇名	中文译名	作者/译者	栏目	页码
1998/1	WANG YICHUAN: Von lyrischer Aufklärung zu pluralistischem Verständnis – Ästhetische Gesinnung im China der 90er Jahre	《王一川:〈从诗意启蒙到异趣沟通——90年代中国审美精神〉》	王一川 作 Suizi Zhang-Kubin, Wolfgang Kubin 汇编	汉学菁华	159—162
1998/2	Derridas Grammatologie und die chinesische Schriftsprache. Ein Versuch, mit Hilfe der Sprachkritik Hindernisse und Vorteile für Chinas Weg in die Moderne zu beschreiben	《德里达的语法学和书面汉语——一次用语言批评来描述中国现代化道路的障碍和优势的尝试》	毛怡红	—	1—17
1998/2	Das Herzwort der Pluralität. Über zeitgenössische chinesische Kunst und Philosophie angesichts der Postmoderne	《"心词"多元——后现代主义下的中国当代艺术与哲学》	Heinrich Geiger	（后）现代的艺术	18—44
1998/2	He Zhen und die Zeitschrift *Tianyibao*. Oder: Ein Versuch über Frauenforschung im Kontext der modernen chinesischen Ideengeschichte	《何震和杂志〈天义报〉——或：中国近代思想史语境下的女性研究尝试》	Susanne Weigelin-Schwiedrzik	女性	45—65
1998/2	Jiang Kui (1155–1221) und seine Beziehung zur Literatenmusik	《姜夔（1155—1221年）以及他与文人音乐的关系》	蒋一民	传统中的艺术	93—118
1998/2	Der lange Strom	《长河》	沈从文 作 Corinna Sagurna 译	民国时期（1912—1949年）的文学	119—137
1998/2	Teetrinken in Arzbach	《在阿尔茨巴赫喝茶》	Jia Zhiping	异域视野	146—155

卷期	德语篇名	中文译名	作者/译者	栏目	页码
1998/2	Ge Zhaoguang, »»Eine Gottheit überreicht die Heilige Schrift« und ›Keine Schrift einsetzen‹ – Sprachliche Tradition im Buddhismus und in der daoistischen Religion sowie ihr Einfluß auf die klassische chinesische Lyrik«	《葛兆光:〈"神授天书"与"不立文字"——佛教与道教的语言传统及其对中国古典诗歌的影响〉》	葛兆光 作 Suizi Zhang-Kubin, Wolfgang Kubin 汇编	汉学菁华	156—159
1998/2	Hu Xiaoming, »Chen Yinke und Qian Zhongshu – Ein versteckter Meinungsstreit zur Poetik«	《胡晓明:〈陈寅恪与钱锺书:一个隐含的诗学范式之争〉》	胡晓明 作 Suizi Zhang-Kubin, Wolfgang Kubin 汇编	汉学菁华	163—165
1999/1	Resonanz als Grundmotiv ostasiatischer Ethik	《"应"作为东亚伦理的基本主题》	Rolf Elberfeld	比较中的伦理学	25—38
1999/1	Neue Betrachtungen über das Meer und die Berge	《山海新经》	梁锡华 作 Bettina Vogel 译	—	93—104
1999/1	Der Angeber	《吹牛者》[1]	叶圣陶 作 Katrin Bode 译	民国时期(1912—1949年)的文学	105—115
1999/1	Das Bad in der Wüste	《沙漠观浴记》	三毛 作 Stella Neumann 译	异域视野	120—130
1999/2	Schwaches Zentrum, schwache Peripherie? Einführende Bemerkungen zur chinesischen kritischen Tradition und ihrer Erforschung	《弱中心,弱边缘?中国的批判传统及其研究导论》	Michael Quirin	—	3—43

---

[1] 中文原作《游泳》。

续表

卷期	德语篇名	中文译名	作者/译者	栏目	页码
1999/2	Dao. Zur Übersetzung der Anfangspassage im Ersten Kapitel des *Daodejing*	《道——〈道德经〉第一章内开篇的翻译》	Günter Wohlfart	道教	44—74
1999/2	»Erinnerungsgemeinschaften«. Das *Chubanshiliao* als Identität-stiftende Materialsammlung, Erster Teil	《"记忆共同体"——〈出版史料〉作为身份构建的资料合集》（一）	Erich Pilz	民国时期（1912—1949年）的文学	75—94
1999/2	Schöpfer! Zerstörer! Zum Selbstverständnis chinesischer Dichter	《创造与摧毁：中国诗人的自我形象》	Wolfgang Kubin	民国时期（1912—1949年）的文学	95—109
1999/2	Didaktische Miszellen zum *morbus haoismus sinensis F.*	《关于中国"'号主义'症"的教学杂记》	Raoul David Findeisen	民国时期（1912—1949年）的文学	110—130
1999/2	Die Nacht, in der die Motte begraben wurde	《灯蛾埋葬之夜》	郁达夫 作 Irmgard Wiesel 译	民国时期（1912—1949年）的文学	131—137
1999/2	Tao Dongfeng, »Vom Ruf nach Modernisierung zur Reflexion über die Moderne«	《陶东风：〈从呼唤现代化到反思现代性〉》	陶东风 作 Suizi Zhang-Kubin, Wolfgang Kubin 汇编	汉学菁华	164—165
1999/2	Yang Kuanghan, »Chinesische Literatur in den neunziger Jahren«	《杨匡汉：〈90年代中国文学景观〉》	杨匡汉 作 Suizi Zhang-Kubin, Wolfgang Kubin 汇编	汉学菁华	168
2000/1	Revolution, Traditionalismus, Wahrhaftigkeit. Eine Typologie der Reflexionen auf die traditionelle Kultur im China des 20. Jahrhunderts	《革命，传统与守真——20世纪中国对传统文化反思的类型学》[1]	王锦民 作 Hans-Georg Möller 译	—	1—14

---

[1] 中文原作《革命，传统与守真——20世纪中国对传统文化研究的三种类型》。

续 表

卷期	德语篇名	中文译名	作者/译者	栏目	页码
2000/1	Auf der Suche nach der antikchinesischen Gesellschaft. Überlegungen zu 人 ren und 民 min	《探寻古代中国社会——对"人"与"民"的思考》	Robert H. Gassmann	古代的概念	15—40
2000/1	Der Kunlun im alten China. Versuch einer Positionsbestimmung zwischen Geographie und Mythologie – Erster Teil	《中国古代的昆仑——次在地理学与神话间定位的尝试》（一）	Manfred W. Frühauf	古代的概念	41—67
2000/1	»Erinnerungsgemeinschaften«. Das *Chubanshiliao* als Identität-stiftende Materialsammlung – Zweiter Teil	《"记忆共同体"——〈出版史料〉作为身份构建的资料合集》（二）	Erich Pilz	民国时期（1912—1949年）的文学	68—98
2000/1	Im kalten Herbstwind	《在寒风里》	郁达夫 作 Ulrike Dernbach 译	民国时期（1912—1949年）的文学	99—118
2000/1	Die Zeit und der Raum des Lebens. Ein Gespräch mit Wang Jinmin	《生命的时间和空间——对话王锦民》	Suizi Zhang-Kubin	访谈	139—149
2000/1	Wang Jiaxin, »Vom Nieselregen ausgehen«	《王家新:〈从蒙蒙细雨开始〉》[1]	王家新 作 Suizi Zhang-Kubin, Wolfgang Kubin 汇编	汉学菁华	150—152
2000/1	Wang Yuechuan, »Entwicklung und Dilemma der chinesischen Avantgarde in den 90er Jahren«	《王岳川:〈90年代中国先锋艺术的扩展与困境〉》[2]	王岳川 作 Suizi Zhang-Kubin, Wolfgang Kubin 汇编	汉学菁华	153—157

[1] 该中文译名出自《袖珍汉学》，中文原作《从一场蒙蒙细雨开始》。
[2] 该中文译名出自《袖珍汉学》，中文原作《90年代中国先锋艺术的拓展与困境》。

续表

卷期	德语篇名	中文译名	作者/译者	栏目	页码
2000/2	West-Östliches. Exempel zum Problem chinesisch-abendländischer Komparatistik	《西东——中西比较学问题实例》	Rolf Trauzettel	比较哲学	1—37
2000/2	Der Kunlun im alten China. Versuch einer Positionsbestimmung zwischen Geographie und Mythologie – Zweiter Teil	《中国古代的昆仑——一次在地理学与神话学间定位的尝试》（二）	Manfred W. Frühauf	古代的概念	55—94
2000/2	Der Heilige bei Zhuang Zi	《庄子眼中的圣人》	Finn Riedel	古代的概念	95—112
2000/2	Ma Bole	《马伯乐》	萧红 作 Roderich Ptak 译	民国时期（1912—1949年）的文学	113—135
2000/2	Geschichte im Zeichen der Gegenwart. Cao Yus Theaterstück *Galle und Schwert*	《现代标志中的历史——曹禺的戏剧〈胆剑篇〉》	Frank Gerke	民国时期（1912—1949年）的文学	136—158
2000/2	HE ZHONGMING, »Zurück zur *story*: Taktik oder Rückzug«	《贺仲明：〈回归故事：策略还是退却〉》	贺仲明 作 Suizi Zhang-Kubin, Wolfgang Kubin 汇编	汉学菁华	159—160
2000/2	LIU DENGHAN, »Literatur in Macau aus kulturellem Blick«	《刘登翰：〈文化视野中的澳门文学〉》	刘登翰 作 Suizi Zhang-Kubin, Wolfgang Kubin 汇编	汉学菁华	160—163
2000/2	TANG YIJIE, »Nochmals zur Etablierung einer chinesischen Hermeneutik«	《汤一介：〈再论创建中国解释学问题〉》	汤一介 作 Suizi Zhang-Kubin, Wolfgang Kubin 汇编	汉学菁华	163—164
2001/1	West-Östliches Ⅱ. Noch ein Exempel zum Problem chinesisch-abendländischer Komparatistik	《西东Ⅱ——中西比较学问题的另一个实例》	Rolf Trauzettel	比较哲学	16—25

续 表

卷期	德语篇名	中文译名	作者/译者	栏目	页码
2001/1	Wang Bi und Guo Xiang. Eine philosophische Gegenüberstellung	《王弼与郭象——一个哲学比较》[1]	陈荣灼 作 Hans-Georg Möller 译	比较哲学	26—56
2001/1	Die Shanghaier	《上海人》	余秋雨 作 Cheng Shaoyun 译	暮色中的上海	57—83
2001/1	Amüsantes aus dem Wohnalltag	《公寓生活记趣》	张爱玲 作 Cheng Shaoyun 译	暮色中的上海	84—91
2001/1	Überlebende	《遗民》	王安忆 作 Monika Gänßbauer 译	暮色中的上海	92—99
2001/1	Dai Wangshu in Spanien	《戴望舒在西班牙》	Erol Güz	民国时期（1912—1949年）的文学	100—138
2001/1	LIU XIAOFENG, »Die Augen dieses Mädchens helfen mir, den Weg zu finden«	《刘小枫：〈这女孩儿的眼睛为我看路〉》[2]	刘小枫 作 Suizi Zhang-Kubin, Wolfgang Kubin 汇编	汉学菁华	153—156
2001/1	PANG PU, »Zhongyong und ›eins teilt sich in drei‹«	《庞朴：〈中庸与三分〉》	庞朴 作 Suizi Zhang-Kubin, Wolfgang Kubin 汇编	汉学菁华	156—159
2001/1	ZHAI YONGMING, »Ein Paradies für Jeff Koons?«	《翟永明：〈天堂为昆斯所造？〉》	翟永明 作 Suizi Zhang-Kubin, Wolfgang Kubin 汇编	汉学菁华	159—162
2001/2	Scham und Verwischung körperlicher Grenzen im frühen Konfuzianismus	《早期儒家的"羞耻"与身体界限的模糊》	Jane Geaney 作 Marc Hermann, Marc André Matten, Christian Schwermann 译	哲学	21—37

[1] 中文原作《王弼与郭象玄学思想之异同》。
[2] 该中文译名出自《袖珍汉学》，中文原作"这女孩儿的眼睛为我看路"——纪念罗念生先生逝世十周年》。

续表

卷期	德语篇名	中文译名	作者/译者	栏目	页码
2001/2	Dai Zhens Theorie vom Wesen (*xing*) des Menschen	《戴震的人性论》	Wolfgang Ommerborn	哲学	38—52
2001/2	Eine Nacht im Café	《咖啡店之一夜》	田汉 作 中国现代文学工作小组 译	民国时期文学中的夜	53—82
2001/2	Selbstmord	《自杀》	茅盾 作 Irmy Schweiger 译	民国时期文学中的夜	83—102
2001/2	Nocturnal Consciousness and Female (Self-) Destruction. Towards a Theory of Darkness in Modern China	《黑夜意识和女性的（自我）毁灭——评现代中国的黑暗理论》	Wolfgang Kubin	民国时期文学中的夜	103—117
2001/2	Schlanke Flamme oder schmale Leier. Hugo von Hofmannsthal und China	《细长火焰或窄七弦琴——胡戈·冯·霍夫曼斯塔尔与中国》	Wolfgang Kubin	中国与欧洲	118—130
2001/2	Hybride Blüten des Hongkong-Mythos. Deutschsprachige Romane über Hongkong	《香港神话中的杂交花——关于香港的德语小说》	Alice Grünfelder	中国与欧洲	131—147
2001/2	GAO XUDONG, »Überlegungen zur Literatur der Kulturrevolution«	《高旭东：〈对"文革"文学的文化反思〉》	高旭东 作 Suizi Zhang-Kubin, Wolfgang Kubin 汇编	汉学菁华	148—151
2001/2	SHENG NING, »›Identifizierung‹ oder Erfindung? Der chinesische Traum, konstruiert, dekonstruiert. Eine erneute Analyse«	《盛宁：〈"认同"还是虚构？——结构、解构的中国梦再剖析〉》	盛宁 作 Suizi Zhang-Kubin, Wolfgang Kubin 汇编	汉学菁华	151—156
2002/1	Natur und Moral. Reflexionen zur Freude des Menschen	《自然与道德——对人的喜悦的反思》	Wolfgang Kubin	自然与道德	27—34

续 表

卷期	德语篇名	中文译名	作者/译者	栏目	页码
2002/1	Das *qilin* – die vielen Gesichter eines chinesischen Fabeltieres	《麒麟——中国神兽的多种面孔》	Henriette Pleiger	自然与道德	35—57
2002/1	Der Philosoph Feng Qi (1915–1995): Wissen und Weisheit	《哲学家冯契（1915—1995年）：知识与智慧》[1]	杨国荣 作 Hans-Georg Möller 等 译	哲学	65—92
2002/1	Versinken	《沉沦》	郁达夫 作 Marc Hermann 译	民国时期（1912—1949年）的文学	93—135
2002/1	Gestohlene Tage	《被偷走的日子》[2]（《聋子》/《过错了日子》/《哭泣的天空》/《海》）	友友 作 Martina Thiel 译	异域视野：短篇散文	136—147
2002/1	TANG YIJIE, »Das Tao entsteht im Empfinden. Eine philosophische Hermeneutik«	《汤一介：〈"道始于情"的哲学诠释〉》[3]	汤一介 作 Suizi Zhang-Kubin, Wolfgang Kubin 汇编	汉学菁华	152—154
2002/1	XIE MIAN, »Chinas erster symbolistischer Dichter. Li Jinfa und sein poetisches Vermächtnis«	《谢冕：〈中国现代象征诗人第一人——论李金发兼及他的诗歌影响〉》[4]	谢冕 作 Suizi Zhang-Kubin, Wolfgang Kubin 汇编	汉学菁华	154—156
2002/2	Pazifismus im antiken China	《中国古代的和平主义》	Ulrich Unger	哲学	67—83
2002/2	Shanghai 1930	《1930年上海》[5]	丁玲	民国时期（1912—1949年）的文学：女性文学	136—142

---

[1] 中文原作《知识与智慧》。
[2] 中文原作《过错了日子》。
[3] 该中文译名出自《袖珍汉学》，中文原作"道始于情"的哲学诠释——五论创建中国解释学问题》。
[4] 该中文译名出自《袖珍汉学》，中文原作《中国现代象征诗派第一人——论李金发兼及他的诗歌影响》。
[5] 节选自丁玲《1930年春上海》。

续表

卷期	德语篇名	中文译名	作者/译者	栏目	页码
2002/2	Der Übermensch	《超人》	冰心 作 Marc Hermann 译	民国时期（1912—1949年）的文学：女性文学	143—151
2002/2	CHENG ZHONGYING (CHENG CHUNG-YING), »Der Weg der chinesischen Philosophie im 21. Jahrhundert: Hermeneutik, Einheit und Innovation«	《成中英：〈21世纪中国哲学走向：诠释、整合与创新〉》	成中英 作 Suizi Zhang-Kubin, Wolfgang Kubin 汇编	汉学菁华	152—155
2002/2	GAO BO, »Die Evolution der modernen chinesischen Lyrik«	《高波：〈中国诗歌的嬗变〉》[1]	高波 作 Suizi Zhang-Kubin, Wolfgang Kubin 汇编	汉学菁华	155—158
2002/2	LIU JIANMEI, »Vielseitige Stadtgeschichten«	《刘建梅：〈城市的多边故事〉》	刘建梅 作 Suizi Zhang-Kubin, Wolfgang Kubin 汇编	汉学菁华	158—160
2003/1	Konfuzianische Selbstkultivierung (xiushen) und daoistische Lebenspflege (yangsheng) als Moral der Selbsterhaltung	《儒家修身和道家养生作为保生的道德》	Rolf Trauzettel	—	1—19
2003/1	Der Weise/der Heilige	《智者/圣人》	Ulrich Unger	古代的概念	20—45
2003/1	Brief an Zong Baihua	《给宗白华的信》[2]	郭沫若 作 Ingo Schäfer 译	美学	80—98
2003/1	Enttäuschung	《失望》[3]	茅盾 作 Nicola Dischert 译	民国时期（1912—1949年）的文学	99—126

[1] 该中文译名出自《袖珍汉学》，中文原作《中国诗歌的现代嬗变》。
[2] 中文原作《郭沫若致宗白华函》。
[3] 中文原作《幻灭》。

续 表

卷期	德语篇名	中文译名	作者/译者	栏目	页码
2003/1	Ich dachte, ich würde in meine Heimat zurückkehren	《我曾以为，我会回到我的家乡》[1]	陈丹燕 作 Beate Geist 译	异域视野	127—139
2003/1	Mai im Park. Gedichte	《五月在公园——诗歌》（包含以下译诗：李白《月下独酌》/李煜《菩萨蛮·花明月暗笼轻雾》/牛希济《生查子·春山烟欲收》/李清照《一剪梅·红藕香残玉簟秋》/李之仪《卜算子·我住长江头》）	Klaus Bayer	异域视野	140—148
2003/1	GUAN YUPING, »Die Auffassung von Zeit in der traditionellen chinesischen Kultur«	《关煜平：中国传统文化的时间观念》[2]	关煜平 作 Suizi Zhang-Kubin, Wolfgang Kubin 汇编	汉学菁华	151—154
2003/1	LIU ZAIFU, »Zur Erzählkunst von Zhang Ailing und zur *Geschichte des modernen chinesischen Romans* von C. T. Hsia«	《刘再复：〈评张爱玲的小说与夏志清的《中国现代小说史》〉》	刘再复 作 Suizi Zhang-Kubin, Wolfgang Kubin 汇编	汉学菁华	155—160
2003/2	Goldene Regel und Konfuzianismus	《道德金律与儒学》	Ulrich Unger	古代的概念	19—41
2003/2	Zur Jade im alten China und im *Mu tianzi zhuan*	《论中国古代和〈穆天子传〉中的玉》	Manfred Frühauf	古代的概念	42—63
2003/2	Ein Loblied auf die Nacht. Essays	《夜颂——杂文》（《听说梦》/《文学上的折扣》/《夜颂》/《推》/《华德焚书异同论》/《智识过剩》/《上海的儿童》/《夜秋纪游》[3]/《同意和解释》/《火》）	鲁迅 作 Marie-Luise Beppler-Lie 译	民国时期（1912—1949 年）的文学	64—87

---

[1] 中文原作《等待出航》。
[2] 该中文译名出自《袖珍汉学》，中文原作《中国传统文化中的时间观念》。
[3] 该中文译名出自《袖珍汉学》，中文原作《秋夜纪游》。

续表

卷期	德语篇名	中文译名	作者/译者	栏目	页码
2003/2	Beiläufige Gedanken. Aphorismen	《随感录——箴言》（《随感录三十五》/《随感录四十九》/《随感录五十九"圣武"》）	鲁迅 作 Silvia Kettelhut 译	民国时期（1912—1949年）的文学	88—95
2003/2	Die Geister im Klavier. Ein Einakter	《钢琴里的鬼魂——独幕剧》[1]	田汉 作 Marc Hermann, Silvia Roelcke, Imme Zacharias 译	民国时期（1912—1949年）的文学	96—110
2003/2	Sterne. Gedichte	《繁星——诗歌》	冰心 作 Marc Hermann 译	民国时期（1912—1949年）的文学	111—115
2003/2	Zerbrochene Träume	《破灭的梦想》[2]	陈丹燕 作 Beate Geist 译	异域视野	116—132
2003/2	YANG LIANFEN, »Lin Shu und der Beginn einer modernen chinesischen Literatur«	《杨联芬：〈林纾与中国文学现代性的发生〉》	杨联芬 作 Suizi Zhang-Kubin, Wolfgang Kubin 汇编	汉学菁华	142—147
2003/2	ZHANG WEIZHONG: »Die Zeit in der neueren chinesischen Erzählkunst«	《张卫中：〈新时期中国小说的时间艺术〉》	张卫中 作 Suizi Zhang-Kubin, Wolfgang Kubin 汇编	汉学菁华	147—149
2003/2	ZHAO SHIYU, »Legende, Geschichte und historisches Gedächtnis«	《赵世瑜：〈传说、历史、历史记忆〉》[3]	赵世瑜 作 Suizi Zhang-Kubin, Wolfgang Kubin 汇编	汉学菁华	149—152
2004/1	Nikolaus von Kues und die chinesische Philosophie. Parallelen und Unterschiede	《库萨的尼古拉与中国哲学——异同点》	Karl-Heinz Pohl	东西方的哲学	19—37

[1] 中文原作《薛亚萝之鬼》。
[2] 中文原作《梦中之乡》。
[3] 该中文译名出自《袖珍汉学》，中文原作《传说·历史·历史记忆——从20世纪的新史学到后现代史学》。

续 表

卷期	德语篇名	中文译名	作者/译者	栏目	页码
2004/1	The Importance of Suffering. Towards a Theory of Pain in China and the West	《受难的重要性——走向中西方关于痛苦的理论》	Wolfgang Kubin	东西方的哲学	38—58
2004/1	Mahnung an die Jugend	《敬告青年》	陈独秀 作 Burkhard Capitain 译	民国时期（1912—1949年）的文学	101—113
2004/1	Letzte Ruhe	《最后的安息》	冰心 作 Marc Hermann 译	民国时期（1912—1949年）的文学	114—127
2004/1	Gugu	《姑姑》	冰心 作 Marc Hermann 译	民国时期（1912—1949年）的文学	128—137
2004/1	Mein Gewand wiegt ein wenig schwerer. Vier Gedichte von Guo Moruo	《衣裳重了几分——郭沫若的四首诗》（《澡室狂吟》/《死的诱惑》/《霁月》/《三潭印月》）	郭沫若 作 Ingo Schäfer 译	民国时期（1912—1949年）的文学	138—141
2004/1	ZHANG XIPING, »Studien zur Sinologie«	《张西平：〈汉学研究〉》[1]	张西平 作 Suizi Zhang-Kubin, Wolfgang Kubin 汇编	汉学菁华	154—157
2004/1	ZHONGGUO SHEKEYUAN [...] KETIZU, »Versuch zur neuesten Literaturtheorie«	《中国社科院 [...] 课题组：〈文学理论学术前沿扫描〉》	中国社会科学院文学所"学科学术前沿报告"课题组 作 Suizi Zhang-Kubin, Wolfgang Kubin 汇编	汉学菁华	158—160

---

[1] 中文原作《张西平：〈汉学研究三题〉》。

续表

卷期	德语篇名	中文译名	作者/译者	栏目	页码
2004/2	Lacht der Heilige? Bemerkungen zum Humor bei Wang Meng	《圣人笑吗？评王蒙的幽默》	Wolfgang Kubin	—	1—14
2004/2	Politik aus der Sicht des altchinesischen Universismus	《古代中国宇宙主义视域下的政治》	Ulrich Unger	哲学与历史	15—42
2004/2	Vergangenheitsverwaltung. Eine Übersetzung von Liu Zhijis Darstellung der Geschichte der Geschichtsämter–Teil Ⅰ	《管理历史——译刘知几〈史通·史官建置〉》（一）	Michael Quirin 译	哲学与历史	43—68
2004/2	Uchiyama shoten. Eine japanische Buchhandlung im Shanghai der zwanziger und dreißiger Jahre als Treffpunkt und Fluchtstätte für chinesische Intellektuelle	《内山书店——二三十年代作为中国知识分子的聚会和避难场所的一家上海日本书店》	Uwe Hohmann	民国时期（1912—1949年）的文学	105—126
2004/2	Drei Jahre	《三年》	冰心 作 Marc Hermann 译	民国时期（1912—1949年）的文学	127—132
2004/2	Erinnerungen an Eichkamp	《怀爱西卡卜》	冯至 作 Ursula Stadler 译	异域视野	133—140
2004/2	FU SHUHUA, »Eine Neubetrachtung der Literatur der 17 Jahre«	《傅书华：〈重新审视"十七年"文学〉》	傅书华 作 Suizi Zhang-Kubin, Wolfgang Kubin 汇编	汉学菁华	149—153
2004/2	HE GUIMEI, »Peking und Gedächtnis in der Erzählkunst der neunziger Jahre«	《贺桂梅：〈九十年代小说中的北京记忆〉》	贺桂梅 作 Suizi Zhang-Kubin, Wolfgang Kubin 汇编	汉学菁华	154—158
2005/1	Vergangenheitsverwaltung. Eine Übersetzung von Liu Zhijis Darstellung der Geschichte der Geschichtsämter–Teil Ⅱ	《管理历史——译刘知几〈史通·史官建置〉》（二）	Michael Quirin 译	宗教与历史	33—48

续 表

卷期	德语篇名	中文译名	作者/译者	栏目	页码
2005/1	Treibende Wolken. Kleine Gedichte	《流云小诗》	宗白华 作 Marc Hermann 译	民国时期（1912—1949年）的文学	49—65
2005/1	Gedanken zur Musik	《谈音乐》	张爱玲 作 Kai Marchal 译	民国时期（1912—1949年）的文学	66—80
2005/1	Begierde, Sinnleere und Liebessehnsucht. Eine Reise durch die Gefühlswelt der chinesischen Gegenwartsliteratur	《欲望、空虚和对爱的渴望——中国当代文学情感世界之旅》	黄伟平	当代的精神	81—91
2005/1	Was den Männern übrig blieb	《男人还剩下什么》	毕飞宇 作 黄伟平 译	当代的精神	92—103
2005/1	»Die große Karte der Menschheit«. Orientalismus und Okzidentalismus. Zum (Miß-)Verständnis von China und dem Westen im Schatten der (Welt-)Kriege	《"人类的大地图"——东方主义和西方主义：论（世界）战争阴影下对中国和西方的（错误）理解》	Wolfgang Kubin	异域视野	104—126
2005/1	Entwürfe des Fremden. Exotistische Versuche im Frühwerk von Lao She und Ba Jin	《异乡人略图——老舍、巴金早期作品中的异域风情尝试》	Thomas Zimmer	异域视野	127—147
2005/1	TIAN TONGXU, »Die Volkskulturen und das klassische chinesische Theater«	《田同旭：〈民族文化融合与古代戏曲〉》	田同旭 作 Suizi Zhang-Kubin, Wolfgang Kubin 汇编	汉学菁华	148—151
2005/1	YAO XINZHONG, »Der Weise erfreut sich am Wasser. Die Auffassung von Weisheit in der frühen konfuzianischen Tradition«	《姚新中：〈智者乐水：早期儒家传统中的智慧观〉》	姚新中 作 Suizi Zhang-Kubin, Wolfgang Kubin 汇编	汉学菁华	151—157

续表

卷期	德语篇名	中文译名	作者/译者	栏目	页码
2005/1	YUAN SHENGYONG, »Wahrheit und Lüge: Literaten in Yan'an«	《袁盛勇:〈真诚与说谎:延安文人〉》[1]	袁盛勇 作 Suizi Zhang-Kubin, Wolfgang Kubin 汇编	汉学菁华	157—160
2005/2	Die Wirkungen der Musik	《音乐的影响》	Ulrich Unger	—	1—18
2005/2	Menzius' Theorie der Politik der Menschlichkeit (renzheng) und ihre Rezeption in der Han-Zeit	《孟子的仁政论及其在汉代的接受》	Wolfgang Ommerborn	哲学与宗教	19—51
2005/2	Der Lotosteich im Mondschein	《荷塘月色》	朱自清 作 Marc Hermann 译	民国时期（1912—1949年）的文学	91—95
2005/2	Unterdrückung. Ein Einakter	《压迫——独幕剧》	丁西林 作 Marc Hermann 译	民国时期（1912—1949年）的文学	96—115
2005/2	Kleine Sampan. Vorläufige Bemerkungen zum literarischen Werk der Chow Chung-cheng	《小舟——浅谈周仲铮的文学作品》	Wolfgang Kubin	异域视野	116—121
2005/2	Gary Snyder	《盖瑞·施耐德》	北岛 作 Wolfgang Kubin 译	异域视野	122—127
2005/2	Die Göttin des Lhasaflusses	《拉萨河女神》	马原 作 Marc Hermann 译	异域视野	128—146
2005/2	XIE YUFENG, »Wang Guowei und seine Geschichte des Theaters zur Song- und Yuan-Zeit«	《解玉峰:〈王国维《宋元戏曲史》〉》[2]	解玉峰 作 Suizi Zhang-Kubin, Wolfgang Kubin 汇编	汉学菁华	151—156

[1] 中文原作《真诚与说谎:延安文人心态的特殊变奏与有机化形成》。
[2] 中文原作《王国维〈宋元戏曲史〉之今读》。

续 表

卷期	德语篇名	中文译名	作者/译者	栏目	页码
2006/1	Der Ort der Erkenntnistheorie im konfuzianischen Denken	《认识论在儒家思想中的位置》	Ulrich Unger	—	1—19
2006/1	Von China nach Japan in zwei Theaterstücken	《在两部戏剧中从中国到日本》	Susanne Göße	美学	48—74
2006/1	Die Mutter meines Freundes	《我的朋友的母亲》	冰心 作 Monika Beißert, Marc Hermann 译	民国时期（1912—1949年）的文学	75—89
2006/1	Thanatography and the Poetic Voice. Ways of Reading Haizi	《死亡的描绘和诗意的声音——海子的解读方式》	Maghiel van Crevel	当代的精神	90—146
2006/1	WU FEI, »Selbstmord als chinesisches Problem. Lesenotizen Ⅲ zu ›Selbstmord verstehen‹«	《吴飞：〈自杀作为中国问题："理解自杀"札记之三〉》	吴飞 作 Suizi Zhang-Kubin, Wolfgang Kubin 汇编	汉学菁华	147—153
2006/2	Text und Kanon. Die Funktion der Schrift bei der kulturellen Identitätsbildung im frühen China	《文本和经——文字在早期中国文化身份构建中的作用》	王霄冰	—	3—24
2006/2	Zwischen Tradition und Moderne. Die »Ästhetik des Desolaten« von Zhang Ailing	《传统与现代之间——论张爱玲的苍凉美学》	方维规	民国时期（1912—1949年）的文学	67—124
2006/2	Die Wespe. Ein Einakter	《一只马蜂——独幕剧》	丁西林 作 Marc Hermann 译	民国时期（1912—1949年）的文学	125—146
2006/2	CHEN SIHE, »Das geistige Erbe der neuen Literatur – Zur Bedeutung von Ba Jin in der Geschichte der modernen Literatur«	《陈思和：〈新文学精神的接力与传承——试论巴金在现代文学史上的意义〉》	陈思和 作 Suizi Zhang-Kubin, Wolfgang Kubin 汇编	汉学菁华	147—149

续表

卷期	德语篇名	中文译名	作者/译者	栏目	页码
2006/2	LÜ WEIFEN, »Das Yuan-Drama und seine Beziehung zum nachklassischen Lied«	《吕薇芬:〈杂居的成熟以及与散曲的关系〉》[1]	吕薇芬 作 Suizi Zhang-Kubin, Wolfgang Kubin 汇编	汉学菁华	150—155
2006/2	ZHANG TAO, YE JUNYUAN, »Literarische Vereinigungen im traditionellen China aus dem Blick der Literaturgeschichte«	《张涛、叶君远:〈文学史视野下的中国古代文人团体〉》[2]	张涛、叶君远 作 Suizi Zhang-Kubin, Wolfgang Kubin 汇编	汉学菁华	156—160
2007/1	Nur eine Reprise? Zum Dauerthema Mei Lanfang und Bertolt Brecht	《只是一次重演?论永恒的话题"梅兰芳与布莱希特"》	Wolfgang Kubin	美学	15—21
2007/1	Bild und Rolle Shanghais in der Literatur des 20. Jahrhunderts. Teil Ⅰ: Späte Kaiserzeit und Republikzeit	《上海在20世纪文学中的形象与作用(一:帝国晚期和民国时期)》	Thomas Zimmer	民国时期（1912—1949年）的文学	31—87
2007/1	Trunken. Ein Einakter	《酒后——独幕剧》	丁西林 作 Marc Hermann 译	民国时期（1912—1949年）的文学	88—98
2007/1	Das Filmwesen im China der 30er und 40er Jahre im Sog japanischer Kriegspolitik	《日本战争政策后三四十年代的中国电影业》	Uwe Hohmann	民国时期（1912—1949年）的文学	99—140
2007/1	HU MINGWEI, »Die gemischten Spiele zur Nördlichen und Südlichen Song-Zeit weisen unterschiedliche Formen auf«	《胡明伟:〈北宋杂剧与南宋杂剧是不同的杂剧形式〉》	胡明伟 作 Suizi Zhang-Kubin, Wolfgang Kubin 汇编	汉学菁华	149—152

[1] 该中文译名出自《袖珍汉学》，中文原作《杂剧的成熟以及与散曲的关系》。
[2] 该中文译名出自《袖珍汉学》，中文原作《文学史视野下的中国古代文人社团》。

续表

卷期	德语篇名	中文译名	作者/译者	栏目	页码
2007/1	LI XINNING, »Zu einigen Problemen, die der Kulturkampf des 20. Jahrhunderts hinterlassen hat«	《李新宁：〈20世纪文化论争遗留的几个问题〉》	李新宁 作 Suizi Zhang-Kubin, Wolfgang Kubin 汇编	汉学菁华	153—156
2007/2	The Myriad Things. Random Thoughts on Nature in China and the West	《万物：关于中西自然之漫想》	Wolfgang Kubin	—	1—14
2007/2	Ban the Poet Lu Xun! Or, New Epochs of Indignation. Reflections on the Problem of Law and Memory	《封杀诗人鲁迅！或者，愤怒的新时代——对法律与记忆问题的思考》	Wolfgang Kubin	民国时期（1912—1949年）的文学	15—26
2007/2	Ich habe jetzt einen Traum, der mein Leben aufrechterhält. Zwei Briefe an Cheng Fangwu	《我现在有一个维系着生命的梦想——给成仿吾的两封信》	郭沫若 作 Ingo Schäfer 译	民国时期（1912—1949年）的文学	27—50
2007/2	Ein Tag	《一天》	丁玲 作 Diana Donath 译	民国时期（1912—1949年）的文学	51—63
2007/2	Bild und Rolle Shanghais in der Literatur des 20. Jahrhunderts. Teil Ⅱ: Volksrepublik	《上海在20世纪文学中的形象与作用（二：新中国）》	Thomas Zimmer	当代的精神	64—100
2007/2	Wiederkehr der Aphrodite	《阿佛洛狄忒的回归》[1]	潘颖 作 Michael Nerlich 译	当代的精神	101—119
2007/2	Als ginge ich über eine dünne Eisdecke. Briefe an Yang Hui. Teil Ⅰ	《如履薄冰——致杨晦的信》（一）	冯至 作 Zhang Huiwen 译	异域视野	128—140

---

[1] 中文原作《重逢》。

续表

卷期	德语篇名	中文译名	作者/译者	栏目	页码
2007/2	LIU SONGLAI, YUE ZHENYI, »Der kulturgeschichtliche Hintergrund für die Auffassung von ›höchster Liebe‹ im Theaterstück Der Päonienpavillon«	《刘松来、乐帧益：〈《牡丹亭》"至情"主体的历史文化渊源〉》[1]	刘松来、乐帧益 作 Suizi Zhang-Kubin, Wolfgang Kubin 汇编	汉学菁华	151—155
2007/2	WEI FENGJUAN, »Von der Unterwelt zur Hölle – Zum Wandel der Hadesvorstellung im frühen Mittelalter«	《韦凤娟：〈从"地府"到"地狱"——论魏晋南北朝鬼话中冥界观念的演变〉》	韦凤娟 作 Suizi Zhang-Kubin, Wolfgang Kubin 汇编	汉学菁华	155—160
2008/1	Lao Shes Frauenfiguren in Vier Generationen unter einem Dach (Sishi tongtang)	《老舍〈四世同堂〉中的女性形象》	Maria Rohrer	民国时期（1912—1949年）的文学	30—52
2008/1	Frühling	《春》[2]	李大钊 作 Ingo Schäfer 译	民国时期（1912—1949年）的文学	53—77
2008/1	Drei chinesische Yuan. Ein Einakter	《三块钱国币——独幕剧》	丁西林 作 Marc Hermann 译	民国时期（1912—1949年）的文学	78—91
2008/1	Ein kleiner Zwischenfall auf dem Land. Ein Einakter	《乡村的一场小意外——独幕剧》[3]	田汉 作 Marc Hermann, Anja Lohmann 译	民国时期（1912—1949年）的文学	92—103
2008/1	Die Plakatrolle	《海报卷筒》	高虹	异域视野	104—114
2008/1	Als ginge ich über eine dünne Eisdecke. Briefe an Yang Hui. Teil Ⅱ	《如履薄冰——致杨晦的信》（二）	冯至 作 Zhang Huiwen 译	异域视野	115—129

[1] 该中文译名出自《袖珍汉学》，中文原作《〈牡丹亭〉"至情"主题的历史文化渊源》。
[2] 中文原作《青春》。
[3] 中文原作《江村小景》。

卷期	德语篇名	中文译名	作者/译者	栏目	页码
2008/1	CHEN LAI, »Das Selbstverständnis der ›Konfuzianer‹. Xun Zi zur Bedeutung des Konfuzianismus«	《陈来：〈"儒"的自我理解——荀子说儒的意义〉》	陈来 作 Suizi Zhang-Kubin, Wolfgang Kubin 汇编	汉学菁华	130—134
2008/1	XIAO YING, »Wang Guoweis mißverstandene Theorie der poetischen Welt. – Zur geistigen Herkunft der Poetischen Rede in der Welt der Menschen«	《肖鹰：〈被误解的王国维"境界"说——论《人间词话》的思想根源〉》	肖鹰 作 Suizi Zhang-Kubin, Wolfgang Kubin 汇编	汉学菁华	139—143
2008/2	Mein geliebter Mann. Ein Einakter	《亲爱的丈夫——独幕剧》	丁西林 作 Marc Hermann 译	民国时期（1912—1949年）的文学	67—89
2008/2	»Yang Guifei Mounting a Horse«. A Reinterpretation of the Guifei-Xuanzong Narrative from the Southern Song Dynasty	《〈贵妃上马团扇〉——南宋贵妃玄宗叙事再解》	Hu Yue	艺术	90—98
2008/2	Traumgrenze. Gedichte von Luo Zhicheng	《梦中边陲——罗智成的诗》《郊游高原》/《旧皇宫对街》/《最初的户籍》/《在酒馆为自己的诗集写序》)	Wolfgang Kubin	当代的精神	99—104
2008/2	JIN CHONGJI: »Wie das chinesische Volk entstanden ist«	《金冲及：〈中华民族是怎样形成的〉》	金冲及 作 Suizi Zhang-Kubin, Wolfgang Kubin 汇编	汉学菁华	143—147
2008/2	WANG ZHONGGE: »Der Wandel der Ansichten zum chinesischen Theater und die Genese einer Theorie des Gesanges«	《王忠阁：〈中国戏剧观念的转变与曲唱理论的产生〉》	王忠阁 作 Suizi Zhang-Kubin, Wolfgang Kubin 汇编	汉学菁华	148—152

续表

卷期	德语篇名	中文译名	作者/译者	栏目	页码
2008/2	LIU JIMING, LI YUNLEI: »Literatur von unten oder ein neues ästhetisches Prinzip«	《刘继明、李云雷作〈底层文学，或一种新的美学原则〉》	刘继明、李云雷 作 Suizi Zhang-Kubin, Wolfgang Kubin 汇编	汉学菁华	153—160
2009/1	»Folge dir selbst nach!« Was Karl Jaspers für China bedeuten könnte	《"跟随自己！"卡尔·雅斯贝尔斯对中国来说可以意味着什么》	Wolfgang Kubin	宗教与历史	59—61
2009/1	Konfuzianischer Geist im historischen und dichterischen Kontext. Zur Bedeutung des *Hanshu* 漢書 (2. Jh.) für die Interpretation des Grenzgedichts »Als ich als kaiserlicher Gesandter das Grenzgebiet erreichte« (»Shizhi saishang« 使至塞上, 737?) von Wang Wei 王維 (701–761). Teil Ⅰ	《历史和诗意语境下的儒家精神——论〈汉书〉（公元二世纪）对阐释王维（701—761年）边陲诗〈使至塞上〉（737年?）的意义》（一）	Goat Koei Lang-Tan	词与舞	62—96
2009/1	Ein Mißgeschick	《不幸》[1]	沉樱 作 Marc Hermann 译	民国时期（1912—1949年）的文学	128—139
2009/1	Ein Gespräch unter Bergen. Kurzprosa von Xu Dishan	《山响——许地山的小品文》（《蛇》/《山响》/《生》/《梨花》）	许地山 作 Marc Hermann 译	民国时期（1912—1949年）的文学	140—144
2009/1	CHANG YU, »Zhu Xi zur Bedeutung des ›Traumes‹ im Neokonfuzianismus«	《常裕：〈朱熹论"梦"的理学意蕴〉》[2]	常裕 作 Suizi Zhang-Kubin, Wolfgang Kubin 汇编	汉学菁华	145—148

---

[1] 中文原作《意外》。
[2] 该中文译名出自《袖珍汉学》，中文原作《朱熹论"梦"的理学意蕴——兼论"孔子不梦周公"之辨》。

续表

卷期	德语篇名	中文译名	作者/译者	栏目	页码
2009/1	CHEN SIHE, »Chinesische Gegenwartsliteratur und die Erinnerung an die ›Kulturrevolution‹«	《陈思和：〈中国当代文学与"文革"记忆〉》	陈思和 作 Suizi Zhang-Kubin, Wolfgang Kubin 汇编	汉学菁华	149—157
2009/1	ZHANG TIANJIE, XIAO YONGMING: »Tan Sitongs *Lehre von der Menschlichkeit* und das christliche Gedankengut«	《张天杰、肖永明：〈谭嗣同《仁学》与基督教思想〉》	张天杰、肖永明 作 Suizi Zhang-Kubin, Wolfgang Kubin 汇编	汉学菁华	158—160
2009/2	Geozentrik und Selbstbehauptung. Zu den Konzeptionen von *zhong* 中	《地心说和自我主张——"中"的概念》	杨煦生	—	1—14
2009/2	Niemand, der mich kennt. Konfuzius und der Himmel	《莫我知也夫。略谈孔子和天的关系》	Wolfgang Kubin	孔子与宗教	15—23
2009/2	Testing The Modern Chinese Secularists' Mirage. Hermeneutic Blind Spots in Justifying Master Kong's Irreligiosity	《检验现代中国世俗论者的幻觉——为孔子非宗教性辩护的诠释学盲点》	Lauren Pfister	孔子与宗教	24—36
2009/2	Konfuzianischer Geist im historischen und dichterischen Kontext. Zur Bedeutung des *Hanshu* 漢書 (2. Jh.) für die Interpretation des Grenzgedichts »Als ich als kaiserlicher Gesandter das Grenzgebiet erreichte« (»Shizhi saishang« 使至塞上, 737?) von Wang Wei 王維 (701–761). Teil Ⅱ	《历史和诗意语境下的儒家精神——论〈汉书〉（公元二世纪）对阐释王维（701—761年）边陲诗〈使至塞上〉（737年？）的意义》（二）	Goat Koei Lang-Tan	唐代（618—907年）的精神	37—61

续表

卷期	德语篇名	中文译名	作者/译者	栏目	页码
2009/2	Confucian Elements in an Icon of Iconoclasm: »Diary of a Madman«	《偶像破坏主义的偶像中的儒家元素：〈狂人日记〉》	周杉	民国时期（1912—1949年）的文学	62—78
2009/2	Der Holzjunge	《小木头人》	老舍 作 Silvia Kettelhut 译	民国时期（1912—1949年）的文学	79—102
2009/2	Lebenswille. Ein Einakter	《生之意志——独幕剧》	田汉 作 Heike Stutzriem 译	民国时期（1912—1949年）的文学	103—111
2009/2	Hexenpfade	《魔道》	施蛰存 作 Marc Hermann 译	民国时期（1912—1949年）的文学	112—135
2009/2	WU LONGHUI, »Die Gespräche des Konfuzius und ihre historische Wahrheit«	《吴龙辉：〈《论语》的历史真相〉》	吴龙辉 作 Suizi Zhang-Kubin, Wolfgang Kubin 汇编	汉学菁华	146—150
2009/2	ZHANG RONGMING, »Der Dualismus im traditionellen Glauben Chinas«	《张荣明：〈中国传统信仰的二元对峙〉》	张荣明 作 Suizi Zhang-Kubin, Wolfgang Kubin 汇编	汉学菁华	150—156
2010/1	Zwei mythische Paradigmen bei der Konstituierung der Person. Im Hinblick auf Heiner Müllers Stück »Der Horatier«	《人的构成的两个神话范式——关于海纳·米勒的戏剧〈荷拉斯兄弟〉》	Rolf Trauzettel	—	1—28
2010/1	The Conundrum of Either/Or. Brecht's »Chinese« Commitment. Part I	《非此即彼的难题——布莱希特"中国的"贡献》（一）	Anne Xu-Cobb	异域视野	79—101
2010/1	unter dem apfelbaum. für Ouyang Jianghe; Tang Xiaodu; Xi Chuan	《苹果树下——给欧阳江河、唐晓渡、西川》	Doris Distelmaier-Haas	异域视野	102

续表

卷期	德语篇名	中文译名	作者/译者	栏目	页码
2010/1	Deutschland als neue Heimat chinesischer Gegenwartsdichter	《德国作为中国当代诗人的新故乡》	Wolfgang Kubin	当代的精神	113—116
2010/1	Modern Chinese Poetry and the Role of Foreign Languages	《中国当代诗歌与外语的作用》	Wolfgang Kubin	当代的精神	117—125
2010/1	Auf einem Auge blind. Eine Komödie in einem Akt	《瞎了一只眼——独幕喜剧》	丁西林 作 Marc Hermann 译	民国时期（1912—1949年）的文学	126—139
2010/1	TAO DONGFENG, »Fad, blöd, gewöhnlich. Zum Verständnis von Schlüsselwörtern der gegenwärtigen Geisteskultur«	《陶东风：无聊、傻乐、山寨——理解当下精神文化的关键词》	陶东风 作 Suizi Zhang-Kubin, Wolfgang Kubin 汇编	汉学菁华	143—148
2010/1	LI ZEHOU und LIU ZAIFU, »Gemeinsam die neue Kultur des 4. Mai betrachten«	《李泽厚、刘再复：〈共鉴五四新文化〉》	李泽厚、刘再复 作 Suizi Zhang-Kubin, Wolfgang Kubin 汇编	汉学菁华	148—154
2010/1	ZHANG YUNFEI und HUANG SHUNJI, »Ökologisches Denken in der traditionellen chinesischen Ethik«	《张云飞、黄顺基：〈中国传统伦理的生态文明意蕴〉》	张云飞、黄顺基 作 Suizi Zhang-Kubin, Wolfgang Kubin 汇编	汉学菁华	155—160
2010/2	»Schanghai war in jedem Fall besser als Dachau.« Zum Chinabild deutschsprachiger Juden in Schanghai	《"上海肯定比达豪好"——论德裔犹太人在上海的中国形象》	Wolfgang Kubin	宗教与异国	53—74
2010/2	Lu Xun and Chinese Reality. Forsaking the Immortal: Lu Xun's »Choice« of the In-between. Part Ⅰ	《鲁迅与中国现实——放弃永生：鲁迅对中间物的"选择"》（一）	Anne Xu-Cobb	民国时期（1912—1949年）的文学	75—98

续 表

卷期	德语篇名	中文译名	作者/译者	栏目	页码
2010/2	Pekinger Luft. Eine Komödie in einem Akt	《北京的空气——独幕喜剧》	丁西林 作 Marc Hermann 译	民国时期（1912—1949年）的文学	99—110
2010/2	Verabredung am Abend. Gedichte	《晚会——诗歌》(《永久的爱》/《树》/《金黄的稻束》/《晚会》)	郑敏 作 Marc Hermann 译	民国时期（1912—1949年）的文学	111—114
2010/2	The Conundrum of Either/Or. Brecht's »Chinese« Commitment. Part II	《非此即彼的难题——布莱希特"中国的"贡献》(二)	Anne Xu-Cobb	异域视野	115—142
2010/2	CHEN LAI, »Der neuzeitliche Diskurswechsel in der chinesischen Philosophie«	《陈来：〈中国哲学话语的近代转变〉》	陈来 作 Suizi Zhang-Kubin, Wolfgang Kubin 汇编	汉学菁华	149—153
2010/2	YUAN RU: »Das Gedicht ›Gedenken in stiller Nacht‹ von Li Bai. Seine Ausgaben und seine Poetik«	《袁茹：〈李白《静夜思》版本嬗变及其诗学思想阐释〉》	袁茹 作 Suizi Zhang-Kubin, Wolfgang Kubin 汇编	汉学菁华	154—157
2010/2	ZHENG QUAN: »Von Meng Zi und Zhuang Zi her die grundlegenden Unterschiede von Konfuzianismus und Taoismus betrachten«	《郑全：〈从孟、庄之差异看儒道分歧之根本〉》	郑全 作 Suizi Zhang-Kubin, Wolfgang Kubin 汇编	汉学菁华	158—160
2011/1	Chinas wichtigste religiöse Tradition: der Volksglaube	《中国最重要的宗教传统：民间信仰》	朱海滨 作 Wang Qiong, Eveline Warode 译	宗教与社会	25—51
2011/1	Lu Xun and Chinese Reality. Forsaking the Immortal: Lu Xun's »Choice« of the In-between. Part II	《鲁迅与中国现实——放弃永生：鲁迅对中间物的"选择"》(二)	Anne Xu-Cobb	民国时期（1912—1949年）的文学	74—109

续 表

卷期	德语篇名	中文译名	作者/译者	栏目	页码
2011/1	Über die Empfindungen des Fremd- und Alleinseins und der Einsamkeit in Gedichten von He Zhizhang und Wang Wei, Li Bai und Du Fu. Teil I	《论贺知章、王维、李白和杜甫的诗中的异、独和孤》（一）	Goat Koei Lang-Tan	唐代（618—907年）的文学	110—127
2011/1	BAI XIANPENG: »Die Regionen des Nordens und des Südens in ihrem Einfluß auf die Entwicklung der alten chinesischen Literatur«	《白显鹏:〈南北地域对中国古代文学发展的影响〉》	白显鹏 作 Suizi Zhang-Kubin, Wolfgang Kubin 汇编	汉学菁华	128—134
2011/1	KANG BAO: »Die Gefangenschaft der Seele, der Fehltritt des einzelnen. – Erstes Nachdenken über den Taoismus und die Struktur der Gesetzeskultur in China«	《康豹:〈精魂拘闭, 谁之过乎？——道教与中国法律文化的建构初探〉》	康豹 作 Suizi Zhang-Kubin, Wolfgang Kubin 汇编	汉学菁华	134—140
2011/1	LAI GONGOU: »Das moralische Individuum und das vertraglich gebundene Individuum: Konfuzianismus und Liberalismus aus komparatistischer Sicht«	《赖功欧:〈道德个体与契约个体——中西思想比较视阈中的"儒家与自由主义"〉》	赖功欧 作 Suizi Zhang-Kubin, Wolfgang Kubin 汇编	汉学菁华	140—143
2011/1	Yang Yang: »Gerechtigkeit« in der Literatur und die Entwicklung der Literatur im neuen Jahrhundert	《杨扬:〈文学"正义"与新世纪文学的流变〉》	杨扬 作 Suizi Zhang-Kubin, Wolfgang Kubin 汇编	汉学菁华	143—147

续表

卷期	德语篇名	中文译名	作者/译者	栏目	页码
2011/1	Erneutes Nachdenken über den *Traum der roten Kammer*. Offener Brief an Wolfgang Kubin	《〈红楼梦〉新探——致顾彬的公开信》	Rainer Schwarz	论坛	148—158
2011/1	Fortwährende Irrtümer. Martin Woesler über Cao Xueqin	《持续的错误——吴漠汀评曹雪芹》	Rainer Schwarz	论坛	159—162
2011/2	The Upper and Lower Parts of the Zhouyi. An Enumeration of Contrasts	《〈周易〉的上经和下经——一系列对比的列举》	Denis Mair	宗教与哲学	28—62
2011/2	Confucius and Death, or How to Interpret Ancient Chinese Philosophy	《孔子与死亡,或如何解读中国古代哲学》	Wolfgang Kubin	宗教与哲学	63—73
2011/2	Harmony and Society: Some Deliberations about Confucius and his Utopia	《和谐与社会:关于孔子及其乌托邦的一些思考》	Wolfgang Kubin	宗教与哲学	74—83
2011/2	Über die Empfindungen des Fremd- und Alleinseins und der Einsamkeit in Gedichten von He Zhizhang und Wang Wei, Li Bai und Du Fu. Teil Ⅱ	《论贺知章、王维、李白和杜甫的诗中的异、独和孤》(二)	Goat Koei Lang-Tan	唐代(618—907年)的文学	84—113
2011/2	Endlich am Rande. Zur Situation der Lyrik in China	《终于到了边缘——论中国诗歌的现状》	Wolfgang Kubin	当代的精神	114—122
2011/2	Is Literal Translation Possible? Or the Ethos of a Dedicated Translator	《可以直译吗?或者说专职译员的职业道德观》	Wolfgang Kubin	当代的精神	123—135
2011/2	Massage	《推拿》	毕飞宇 作 Marc Hermann 译	当代的精神	136—140

续 表

卷期	德语篇名	中文译名	作者/译者	栏目	页码
2011/2	Wenn ich ein Delphin wär. Drei Gedichte von Yan Jun	《假使我是一只海豚——颜峻诗三首》（《4月25日》/《8月10日》/《4月1日，晴，有风。午饭吃了烧饼和沙拉》）	颜峻 作 Marc Hermann 译	当代的精神	141—143
2011/2	LI XIANTANG: »Vom vollendeten Leib zum vollendeten Menschen. Zum religiösen Aspekt des Leibes im Konfuzianismus«	《李宪堂：〈由成身到成人：论儒家身体观的宗教性〉》	李宪堂 作 Suizi Zhang-Kubin, Wolfgang Kubin 汇编	汉学菁华	144—147
2011/2	WANG ANYI: »Die Andersartigkeit der Erzählkunst«	《王安忆：〈小说的异质性〉》	王安忆 作 Suizi Zhang-Kubin, Wolfgang Kubin 汇编	汉学菁华	148—151
2011/2	WU XUEGUO: »Zeit und Sein in der antiken chinesischen Philosophie«	《吴学国：〈中国古代哲学中的时间与存在〉》	吴学国 作 Suizi Zhang-Kubin, Wolfgang Kubin 汇编	汉学菁华	151—155
2011/2	YAN LIANKE: »›Magische‹ Schreibe in der chinesischen Gegenwartsliteratur«	《阎连科：〈当代文学中的"神实主义"写作〉》	阎连科 作 Suizi Zhang-Kubin, Wolfgang Kubin 汇编	汉学菁华	155—160
2012/1	A Swiss Polyglot's Discovery about the Chinese Search for Wisdom. Solomon Cæsar Malan's (1812–1894) Comparative Philosophical Contributions in his *Original Notes on the Book of Proverbs*	《一个瑞士多语者对中国人的智慧探索的发现——所罗门·西泽·马伦（1812—1894年）在〈箴言原注〉中的比较哲学贡献》	Lauren Pfister	—	1—52

续　表

卷期	德语篇名	中文译名	作者/译者	栏目	页码
2012/1	Ein frühes chinesisches Modell der Herrscherkritik. Die Biographie des Liú Xiàng 劉向 (79–8 v.u.Z.) in der Dynastiegeschichte der Westlichen Hàn. Teil Ⅰ	《批评统治者的早期中国模式——〈汉书·刘向（公元前79—前8年）传〉》（一）	班固 作 Christian Schwermann 译	古代的文本证据和文本	67—77
2012/1	Metamorphosis of the Hero in Chairman Mao's Theater (1942–1976). Part Ⅰ	《毛主席戏剧中主角的变形（1942—1976年）》（一）	董保中	毛泽东时代的戏剧和中国文学的危机	78—110
2012/1	Jin Yong or the Crisis of Contemporary Chinese Literature	《"金庸"与中国当代文学的危机》	Wolfgang Kubin	毛泽东时代的戏剧和中国文学的危机	111—125
2012/1	Lu Liangchai	《鲁亮侪》[1]	袁枚 作 Marc Hermann 译	传统的精神	126—134
2012/1	Ruhe, Reise, Reflexionen – Ausgewählte Gedichte Yuan Hongdaos	《净、游、思——袁宏道诗选》(《病起新霁见月》/《病起独坐》/《柳浪杂咏（其一）》/《立春日金牛道中》/《晓出柏乡》/《淮安舟中（其四）》/《雨中过苏（其一）》/《宿幻住晓起戏题》/《冬菊》/《摄山纪游（其一）》/《石雨洞》/《登阳山》/《登华山（其一）》/《北邙》/《即事》/《书所见》/《秋闱》)	袁宏道 作 Phillip Grimberg 译	传统的精神	135—144

---

[1] 中文原作《书鲁亮侪》。

卷期	德语篇名	中文译名	作者/译者	栏目	页码
2012/1	DENG LIANHE: »Ausgeflippte, Handwerksmeister und Überbegabte bei Zhuang Zi«	《邓联合:〈庄子中的畸人、巧匠及特异功能者〉》[1]	邓联合 作 Suizi Zhang-Kubin, Wolfgang Kubin 汇编	汉学菁华	145—149
2012/1	DING SIXIN: »Götter und Geister im Werk des Mo Zi und der Mohisten«	《丁四新:〈《墨子·墨语》墨家后学之鬼神观〉》[2]	丁四新 作 Suizi Zhang-Kubin, Wolfgang Kubin 汇编	汉学菁华	149—155
2012/1	FANG WEIGUI: »Übersetzen in China, eine Katastrophe«	《方维规:中国翻译重灾区》	方维规 作 Suizi Zhang-Kubin, Wolfgang Kubin 汇编	汉学菁华	155—159
2012/1	WANG TONGLÜ »Der Päonienpavillon und Macau«	《王同闰:〈"牡丹亭"中说澳门〉》	王同闰 作 Suizi Zhang-Kubin, Wolfgang Kubin 汇编	汉学菁华	159—160
2012/2	Das verhinderte Staunen – Betrachtung über Grenzlinien des klassisch-konfuzianischen Weltbildes	《被遏制的惊叹——经典儒家世界观界限研究》	Rolf Trauzettel	—	1—19
2012/2	Kritik an der Extravaganz (Ci she 刺奢). Annotierte Übersetzung des sechsten Kapitels im Xin xu 新序	《〈刺奢〉——〈新序〉第六章的注释性翻译》	Elisabeth Waldrich	古代文本	20—44
2012/2	Do not Respect anybody but Yourself? What Confucian Awe Could Mean Today	《只尊重你自己? 儒家的敬在今天意味着什么》	Wolfgang Kubin	宗教与哲学	61—73

---

[1] 中文原作《巫与〈庄子〉中的畸人、巧匠及特异功能者》。
[2] 该中文译名出自《袖珍汉学》,中文原作《论〈墨子·墨语〉墨家后学之鬼神观》。

续 表

卷期	德语篇名	中文译名	作者/译者	栏目	页码
2012/2	Der Gottesdiskurs der chinesischen Literatur in den 1990er Jahren. Ein kulturelles Modephänomen	《20世纪90年代中国文学中对上帝的讨论——一种文化流行现象》	范劲	宗教与哲学	74—95
2012/2	Metamorphosis of the Hero in Chairman Mao's Theater (1942–1976). Part II	《毛主席戏剧中主角的变形（1942—1976年）》（二）	董保中	毛泽东时代的戏剧	96—144
2012/2	CUI YIMING: »Untersuchungen zur Erkenntnis im *Zhongyong*«	《崔宜明：〈论中庸——一种知识论的考察〉》	崔宜明 作 Suizi Zhang-Kubin, Wolfgang Kubin 汇编	汉学菁华	145—149
2012/2	LIU GUANGSHENG: »Noch einmal zur Frage, wann *Die Große Lehre* als Buch entstanden ist. Gleichzeitig zur Frage von Zhu Xis Zweifel an der Authentizität von den zehn Kapiteln des Zeng Zi«	《刘光胜：〈《大学》成书问题新探——兼谈朱熹怀疑《曾子》十篇真实性的内在思想根源〉》	刘光胜 作 Suizi Zhang-Kubin, Wolfgang Kubin 汇编	汉学菁华	149—153
2012/2	Huang Fayou: »Die Literatur und das Alter. Von den Nach–60ern zu den Nach–90ern«	《黄发有：〈文学与年龄：从"60后"到"90后"〉》	黄发有 作 Suizi Zhang-Kubin, Wolfgang Kubin 汇编	汉学菁华	153—160
2013/1	»Die Waise von Zhao«. Europäische Verwandlungen eines chinesischen Motivs auf Theater- und Tapetenbühnen der Chinamode	《〈赵氏孤儿〉——中国样式的戏台和墙纸舞台上中国母题的欧洲变迁》	Friederike Wappenschmidt	异域视野	21—40
2013/1	Einfluss der chinesischen Kunst auf das lyrische Frühwerk Bertolt Brechts am Beispiel seiner *Hauspostille*	《以〈家庭祈祷书〉为例论中国艺术对贝尔托·布莱希特早期诗歌作品的影响》	李雪涛	异域视野	41—67

续表

卷期	德语篇名	中文译名	作者/译者	栏目	页码
2013/1	Far Understanding, Close Misreading. Towards the Problem of a Possible Encounter between »East« and »West«	《远理解，近误读——论"东方"和"西方"之间可能的冲突》	Wolfgang Kubin	汉学与解释	68—77
2013/1	Jugend	《年轻的时候》	张爱玲 作 Xiaoli Grosse-Ruyken, Marc Hermann 译	民国时期（1912—1949年）的文学	91—111
2013/1	Angewandte Übersetzungsstrategien bei Qian Zhongshus Roman *Weicheng*	《钱锺书小说〈围城〉的应用翻译策略》	Wang Jing	民国时期（1912—1949年）的文学	112—145
2013/1	HAO MEIJUAN: »Wo das Herz Ruhe findet, da ist meine Heimat. Su Dongpo und die Suche nach der geistigen Heimat«	《郝美娟：〈此心安处是吾乡——以"归"为中心论苏轼对精神家园的追求与建构〉》[1]	郝美娟 作 Suizi Zhang-Kubin, Wolfgang Kubin 汇编	汉学菁华	146—148
2013/1	ZHANG PEIFENG: »Untersuchungen zum Glauben der altchinesischen Literati an Maitreja«	《张培锋：〈中国古代文人的弥勒信仰研究〉》	张培锋 作 Suizi Zhang-Kubin, Wolfgang Kubin 汇编	汉学菁华	148—151
2013/1	ZHANG PENG: »Chinas akademischer Weg in den letzten einhundert Jahren. Gedanken zu Qian Mu und Feng Youlan«	《张蓬：〈近代以来中国学术发展的路径抉择及其反思——以钱穆与冯友兰为中心〉》	张蓬 作 Suizi Zhang-Kubin, Wolfgang Kubin 汇编	汉学菁华	151—154
2013/1	ZHANG ZHIGANG: »Was Religion ersetzt. Eine Reflexion zu vier Theorien«	《张志刚：〈四种取代宗教说〉》[2]	张志刚 作 Suizi Zhang-Kubin, Wolfgang Kubin 汇编	汉学菁华	154—160

[1] 该中文译名出自《袖珍汉学》，中文原作《此心安处是吾乡——以"归"为中心论苏轼对精神家园的追寻与建构》。
[2] 该中文译名出自《袖珍汉学》，中文原作《"四种取代宗教说"反思》。

续表

卷期	德语篇名	中文译名	作者/译者	栏目	页码
2013/2	Vom Utensil zum Dao – Über die Entwicklung des Zauberspiegels in altchinesischen Erzählungen	《由器而"道"——论中国古代小说中照妖镜的演化》[1]	王昕 作 Wang Qiong 译	—	1—28
2013/2	The Vocation for Concreteness in the Chinese Language Categorial Thought: the binome *benmo*	《汉语范畴思想中的对具体化的追求：二元"本末"》	Carlotta Sparvoli	古代哲学	29—50
2013/2	His Most Beloved »Meng Zi«: Peter Kien and the Question of Compassion in *Mengzi*	《他最心爱的〈孟子〉：彼得·基恩与〈孟子〉中的同情问题》	Wolfgang Kubin	古代哲学	51—65
2013/2	Yun, One of the Loveliest Women in Chinese Literature – Why Lin Yutang Translated *Six Chapters of a Floating Life*	《芸娘，中国文学中最可爱的女人之一——林语堂为什么要翻译〈浮生六记〉》	吕芳	民国时期（1912—1949年）的文学	66—98
2013/2	Kritik an der Extravaganz (*Ci she* 刺奢). Annotierte Übersetzung des sechsten Kapitels im *Xin xu* 新序 [2]	《〈刺奢〉——〈新序〉第六章的注释性翻译》	Elisabeth Waldrich	勘误	124—146
2013/2	CHEN JING: »Die Bedeutung von Freiheit. Ihr Unterschied in Gegenwart und Vergangenheit. Eine chinesische Perspektive«	《陈静：〈自由的含义：中文背景下的古今差别〉》	陈静 作 Suizi Zhang-Kubin, Wolfgang Kubin 汇编	汉学菁华	147—149

---

[1] 中文原作《由器而"道"——论古代小说中照妖镜的演化》。
[2] 原文载《袖珍汉学》2012年第2期，该文为更正版。

续 表

卷期	德语篇名	中文译名	作者/译者	栏目	页码
2013/2	LIU YOUMING: »Eine hermeneutische Annäherung an den Geist von ›Maß und Mitte‹ *(Zhongyong)* aus der Perspektive von Xun Zi«	《刘又铭:〈中庸思想:荀学进路的诠释〉》	刘又铭 作 Suizi Zhang-Kubin, Wolfgang Kubin 汇编	汉学菁华	150—153
2013/2	TANG ZHANGPING: »*Das Buch der Lieder* und ›Die Weise von der Verzweiflung‹. Ihr Erbe aus dem Blick der Grabfunde«	《汤章平:〈从出土文献看《诗》《骚》之承传〉》	汤章平 作 Suizi Zhang-Kubin, Wolfgang Kubin 汇编	汉学菁华	157—160
2014/1	Zum Lesen und Übersetzen klassischer Lyrik am Beispiel einiger Texte des Liu Yong (987–1053)	《以柳永（987—1053年）的部分文本为例阅读和翻译古典诗歌》	Frank Kraushaar	艺术的摇篮	40—77
2014/1	Invoking the Gods: Nietzsche and Lu Xun as Aesthetic Mediums	《援引神明:尼采和鲁迅作为美学媒介》	Eric Hodges	民国时期（1912—1949年）的文学	101—120
2014/1	Meine Werke	《自己的文章》	张爱玲 作 Marc Hermann 译	民国时期（1912—1949年）的文学	121—131
2014/1	Schöne Wolken. Romanauszug	《美丽的云彩——小说节选》	Wulf Noll	异域视野	139—150
2014/1	LIU YANG: »Bescheidene Überlegungen über private Dokumente zur Geschichte der chinesischen Gegenwartsliteratur«	《刘杨:〈当代文学私人性文献史料刍议〉》	刘杨 作 Suizi Zhang-Kubin, Wolfgang Kubin 汇编	汉学菁华	156—158

续 表

卷期	德语篇名	中文译名	作者/译者	栏目	页码
2014/1	SUN BANGJIN, CHEN ANJIN: »Das Geschenk. Eine konfuzianische Sicht«	《孙邦金、陈安金作：〈论儒家的礼物观〉》	孙邦金、陈安金 作 Suizi Zhang-Kubin, Wolfgang Kubin 汇编	汉学菁华	158—160
2014/2	»Über ausländische Sinologen«. Zur Kritik an meinen Kritikern	《〈关于外国汉学家〉——对我的批评者的评判》	Wolfgang Kubin	—	1—5
2014/2	Über ausländische Sinologen	《关于外国汉学家》	Chen Jinggao 作 柏林自由大学东亚研讨课翻译团队（编辑：David Schulze）译	—	6—13
2014/2	»Mischen und Verbinden«. Zur Konstruktion der beiden einführenden Kapitel von Tan Sitongs *Renxue* 仁學	《"参伍错综"——谭嗣同〈仁学〉两篇引言的结构》	Ingo Schäfer	学术	14—39
2014/2	Geisterschatten im Westflügel	《西厢魅影》	梁秉钧 作 Cathrine Lutz, Andrea Riemenschnitter 译	当代的精神	122—144
2014/2	Huang Kunyao: Die Poetik des Dai Wangshu und das reine Gedicht	《黄坤尧：〈戴望舒诗论与纯诗体系〉》	黄坤尧 作 Suizi Zhang-Kubin, Wolfgang Kubin 汇编	汉学菁华	145—150
2014/2	Liang Tao: Die Kritik des Xun Zi an der Theorie des Meng Zi, dass die Natur des Menschen gut sei	《梁涛：〈荀子对"孟子"性善论的批判〉》	梁涛 作 Suizi Zhang-Kubin, Wolfgang Kubin 汇编	汉学菁华	150—153

续　表

卷期	德语篇名	中文译名	作者/译者	栏目	页码
2014/2	Zheng Lihua: Das literarische Werk des Su Dongpo und die Literaten Ende der Ming-Zeit	《郑利华：〈苏轼诗文与晚明士人的精神归向及文学旨趣〉》	郑利华 作 Suizi Zhang-Kubin, Wolfgang Kubin 汇编	汉学菁华	153—157
2015/1	„Mehrgliedriger Parallelismus" (*paibi*) im *Yantie lun* (Debatten über Salz und Eisen)	《〈盐铁论〉中的排比》[1]	李文 作 Thomas Crone 译	汉学探索	15—32
2015/1	Book Publications by Richard Wilhelm	《卫礼贤的图书出版物》	Wolfgang Kubin	汉学探索	91—107
2015/1	In die Mitte des Himmels	《天空深处》	多多 作 Marc Hermann 译	当代的精神	127—166
2015/1	Drei Sorten Schnaps	《三种酒》[2]	Wolfgang Kubin 作 Dorothee Schaab-Hanke 译	当代的精神	167—176
2015/1	Fang Xudong: Wahrheit und Gehorsam. Zur Pietät, interkuturell gesehen	《方旭东：〈求真与从亲——关于"孝"的比较研究〉》[3]	方旭东 作 Suizi Zhang-Kubin, Wolfgang Kubin 汇编	汉学菁华	182—187
2016/1	Engaging a Pushing-Hands Approach To [Research on] Translation Histories	《采用"推手"方法——[研究]翻译史》	Lauren F. Pfister	翻译的精神	99—139
2016/2	The Narrative and Political Use of Animals in Xiao Hong's *The Field of Life and Death*	《萧红〈生死场〉中动物的叙事与政治运用》	Eric Hodges	民国时期的文学	89—115

[1] 出自《〈盐铁论〉对称结构考》第四章《〈盐铁论〉中的顶真和排比的结构特点》第二节《排比》。
[2] 中文原作《茅台、五粮液、二锅头，这三种酒》。
[3] 该中文译名出自《袖珍汉学》，中文原作《求真与从亲——关于"孝"的一个比较文化研究》。

续表

卷期	德语篇名	中文译名	作者/译者	栏目	页码
2016/2	Der Erdaltar und ich	《我与地坛》	史铁生 作 Torsten Schulze 译	当代的精神	117—140
2016/2	Chinas Genusskultur in Mo Yans Roman *Schnapsstadt*	《莫言小说〈酒国〉中的中国饮食文化》	海娆	当代的精神	141—168
2017/1	Philosophy and Literature	《哲学与文学》	姚风	哲学与宗教	77—82
2017/1	Remarks on Literature and Philosophy	《评文学与哲学》	Hans-Georg Moeller	哲学与宗教	83—85
2017/1	Das Wesen der Gesellschaft. Gedichte	《社会的性质——诗歌》〔《怀远——为新生命而作》/《社会的性质》/《七·祭（选）》/《晚点》/《进村》/《又一夜》/《破土》/《距离的阻碍（选）》/《意识流》/《农事诗》/《新民歌》）〕	王璞 作 Marc Hermann 译	当代的精神	147—154
2017/1	Siebzehn Gedichte	17 首诗	刘慧儒	当代的精神	155—158
2017/1	Ludwig Hartinger: *Die Schärfe des Halms: Aus dem dichterischen Tagebuch 2001 bis 2012*	《评路德维格·哈廷格尔:〈麦秆的锋利:出自 2001—2012 年的诗歌日记〉》	Wolfgang Kubin	评论	159—160
2017/1	*Literaturstraße: Chinesisch-deutsches Jahrbuch für Sprache, Literatur und Kultur*, Band 15 (2014)	《评〈文学之路——中德语言文学文化研究〉（第15卷）（2014年）》	Wolfgang Kubin	评论	160—161
2017/1	Jidi Majia: *Im Namen von Land und Leben: Ausgewählte Reden*	《评吉狄马加:〈为土地和生命而写作:吉狄马加演讲集〉》	Wolfgang Kubin	评论	161—163
2017/2	Sinologie und Verantwortung. Gedanken zum „Abschied" von Richard Trappl	《汉学与责任——对李夏德"告别"的思考》	Wolfgang Kubin	—	1—12

续 表

卷期	德语篇名	中文译名	作者/译者	栏目	页码
2017/2	Poetry as Express Mail. Towards the Situation of Poetry Today. An Essay	《诗歌作为快递：论当今诗歌的境遇——杂文一篇》	Wolfgang Kubin	文学与解释	119—123
2017/2	Nachgereichte Gedichte. Zu einem Lyrikband und zum Dichtungsbegriff von Wang Jiaxin	《〈晚来的献诗〉——论王家新的诗集和他的诗歌理念》	Wulf Noll	文学与解释	125—129
2017/2	Sumpf	《沼泽》	张悦然 作 Marc Hermann 译	文学与解释	131—158
2017/2	Hans-Wilm Schütte. *Literarische Streifzüge durch Peking*	《评许瀚为:〈北京城文学巡礼〉》	Wulf Noll	评论	159—161
2017/2	Leung Ping-kwan. *Wilde Gedanken bei bewölktem Himmel. Notizen aus Hongkong*	《评梁秉钧:〈阴天狂想：香港笔记〉[1]》	Wolfgang Kubin	评论	161—162
2017/2	Diana Shi & George O'Connell (Ed. & Tr.): *Crossing the Harbour: Ten Contemporary Hong Kong Poets*	《评史春波、乔治·欧康奈尔编译:〈渡：香港当代诗人十家〉》	Wolfgang Kubin	评论	162—164
2017/2	Monika Gänßbauer/ Terry Siu-han Yip (Hg.). *Die reisende Familie. Hongkonger Autorinnen erzählen*	《评甘默霓、叶少娴编:〈旅行的家庭——香港女作家叙述〉》	Wolfgang Kubin	评论	164—165
2018/1	Von der „Freude der Fische" (Zhuang Zi): Ein Plädoyer für interkulturelles Philosophieren mit Blick auf Wolfgang Kubin	《"鱼之乐"（庄子）：对跨文化哲学思考的呼吁——聚焦顾彬》	Wulf Noll	文学与解释	17—36

[1] 中文原作《灰鸽试飞：香港笔记》。

续表

卷期	德语篇名	中文译名	作者/译者	栏目	页码
2018/1	Nanhua oder das südliche Blütenland	《南华或南花国》	Wulf Noll	文学与解释	37—49
2018/1	Die Gattung xiaoshuo zwischen Fakten und Fiktionen: Einflüsse der Geschichtsschreibung auf die klassische chinesische Erzählliteratur	《事实与虚构之间的体裁"小说"：史书对中国古典叙事文学的影响》	曹娟	文人精神	55—78
2018/1	Übersetzung einer Gedichtauswahl aus „Gedichte ehemaliger Hofdamen der Song-Dynastie"	《〈宋旧宫人诗词〉选译》	Maria Rohrer	文人精神	79—82
2018/1	Wie „Die Geschichte vom Stein" unter die Räder kam: Versuch einer Rekonstruktion	《〈石头记〉是如何被毁的——尝试重构》	Bernd-Ingo Friedrich	文人精神	83—107
2018/1	Der steinerne Gast: Lu Xun und die Moderne. Ein Essay	《石头般的客人：鲁迅与现代性——杂文一篇》	Wolfgang Kubin	文人精神	109—122
2018/1	Sechs Gedichte. Chinesisch-Deutsch	六首诗——中德对照（《石榴》/《威士寄情》/《记得太多——给患有阿尔茨海默病的祖母》/《翁柱》/《致古筝》/《幻肢——悼念一位诗人》）	宋子江 作 Wolfgang Kubin 译	当代的精神	123—134
2018/1	1966. Zwei Mädchen wollen ins Kino	《1966. 两个姑娘进城看电影》	王小妮 作 Maja Linnemann 译	当代的精神	139—159
2018/1	Seichtes Wasser (Gedichte)	《浅水（诗歌）》	刘慧儒	当代的精神	161—165

续　表

卷期	德 语 篇 名	中 文 译 名	作者/译者	栏目	页码
2018/2	*Qin* Pieces Made by Gentlemen in Misery: Reconsidering the Meaning of *Cao* in Cai Yong's *Qincao*	《逢乱世之士所作的琴曲:"操"在蔡邕〈琴操〉中的含义》	Dorothee Schaab-Hanke	过去的精神	23—40
2018/2	Karl Friedrich Neumanns (1798–1870) chinesische Büchersammlung in Berlin	《内曼(1798—1870年)在柏林的中国图书收藏》	Hartmut Walravens	汉学历史	105—140
2018/2	Carl Arendts Sammlung von „Holzfisch"- und Theater-Büchlein	《卡尔·阿恩德的"木鱼书"和戏剧唱本收藏》	Hartmut Walravens	汉学历史	147—162
2018/2	Eine Mitteilung von Lionel Müller über seine mandschuristischen Arbeiten	《关于莱昂内尔·穆勒的满洲作品的报告》	Hartmut Walravens	汉学历史	163—166
2019	Karl Jaspers' *philosophischer Glaube* (Philosophical Belief) and Wang Yangming's *zixin* 自信 (Self-Believing)	《卡尔·雅斯贝尔斯的"哲学信仰"与王阳明的"自信"》	David Bartosch	档案:轴心时代和中国	45—64
2019	Chinesische Werke im Linden Museum, Stuttgart	《斯图加特林登博物馆的中国作品》	Hartmut Walravens	更多文章	145—148
2019	Vom „Erleben der Musik" in Zuo Sis (ca. 250–305) „Eremitengedicht", im Vergleich mit Goethes „Mignon-Ballade"	《左思(约250—305年)〈招隐诗〉中的"音乐体验"——与歌德的〈迷娘曲〉对比》	Goat Koei Lang-Tan	更多文章	223—257
2019	Feng Jicai: Wahrung der Kultur und *Sushi qiren* (Wundersame Geschichten wundersamer Menschen)	《冯骥才:文化保护与〈俗世奇人〉》	Kathrin Bode	更多文章	283—298

续 表

卷期	德语篇名	中文译名	作者/译者	栏目	页码
2019	Werkstattbericht zur Übersetzung von „Dinner zu sechst"	《翻译〈六人晚餐〉的工作坊报告》	Heiko Lübben	更多文章	299—320
2019	„Andrejs Abend"	《安德烈的晚上》	铁凝 作 Ylva Monschein 译	更多文章	321—336
2019	Gerd Kaminski. *Das Spiel von Wolken und Regen: Erotik im alten China*	《评格尔德·卡明斯基:〈云雨戏:中国古代情色〉》	Wolfgang Kubin	评论	337—339
2019	Li Shuhong [Hg. und Ill.]. *Der chinesische Zauberhut: Philosophische Fabeln aus dem alten China.* Deutsch/Chinesisch, übersetzt von Martin Krott	《评李述鸿编绘:〈魔袋:中国寓言故事新绘〉,中德双语,马丁·克罗特译》	Wolfgang Kubin	评论	339—340
2019	Manfred W. Frühauf. *Neunzehn Alte Gedichte aus der Han-Zeit*	《评曼弗雷德·弗吕奥夫:〈汉代古诗十九首〉》	Wolfgang Kubin	评论	340—341
2019	Heinrich Detering und Yuan Tan. *Goethe und die chinesischen Fräulein*	《评海因里希·德特林、潭渊:〈歌德与中国才女〉》	Wolfgang Kubin	评论	344—345
2019	Ha Jin. *The Banished Immortal: A Life of Li Bai*	《评哈金:〈谪仙:李白传〉》	Wolfgang Kubin	评论	345—347
2019	*Windgeflüster: Chinesische Gedichte über die Vergänglichkeit*, übertragen von Thomas O. Höllmann *Unzertrennlich, sorglos und verrückt: Chinesische Gedichte über die Freundschaft.* Chinesisch-Deutsch, ausgewählt und übertragen von Thomas O. Höllmann	《评〈风的私语:关于无常的中国诗歌〉,贺东劢译》《评〈形影不离、无忧无虑、疯狂:关于友谊的中国诗歌〉,中德对照,贺东劢选译》	Wolfgang Kubin	评论	347—349

续 表

卷期	德语篇名	中文译名	作者/译者	栏目	页码
2019	Zhang Zao. *Briefe aus der Zeit: Gedichte*. Chinesisch und deutsch, aus dem Chinesischen und mit einem Nachwort versehen von Wolfgang Kubin	《评张枣:〈春秋来信〉,中德对照,顾彬译并作后记》	Wulf Noll	评论	351—355
2019	Ouyang Jianghe. *Der Doppelphönix: Ein Langgedicht sowie andere längere Poeme*, Gedichte in chinesischer Schrift und deutscher Übersetzung, aus dem Chinesischen mit einer Nachbemerkung von Wolfgang Kubin	《评欧阳江河:〈凤凰:一首长诗以及其他长诗〉,中文原文及德语译文,顾彬译并作后记》	Wulf Noll	评论	355—359
2020	*Leben des Konfutse*: Wie ein alter chinesischer Bilderzyklus Bertolt Brecht zu einem Theaterstück inspirierte	《〈孔子的生活〉:中国古代的图画集如何启发了贝托尔特·布莱希特的戏剧创作》	Dorothee Schaab-Hanke	更多文章	193—232
2020	Bertolt Brechts *Me-ti/Buch der Wendungen* mit Blick auf Alfred Forkes *Mê Ti des Sozialethikers und seiner Schüler philosophische Werke* als Quelle	《贝托尔特·布莱希特的〈墨翟/变易之书〉,聚焦作为来源的阿尔弗雷德·佛尔克的〈社会伦理学家墨子及其门生的哲学著述〉》	Wulf Noll	更多文章	233—291
2020	Sechs Gedichte (Chinesisch-Deutsch)	六首诗(中德对照)(《自行车,之一》/《独眼兽,自行车之二》/《变形记,自行车之三》/《降落伞之一》/《降落伞之二》/《外婆》)	林白 作 Kathrin Bode 译	更多文章	313—325

续表

卷期	德语篇名	中文译名	作者/译者	栏目	页码
2020	Gudula Linck. *Poesie des Alterns: Chinesische Philosophie und Lebenskunst*	《评顾铎琳:〈古代诗学:中国的哲学和生活艺术〉》	Wolfgang Kubin	评论	373—374
2020	Barbara Kaulbach. *Die 24 Pietätsgeschichten der Religionskundlichen Sammlung Marburg und ihr kulturgeschichtlicher Hintergrund*	《评芭芭拉·考巴赫:〈马尔堡宗教学图书馆的二十四孝故事及其文化历史背景〉》	Wolfgang Kubin	评论	378—380
2020	Daniel Fastner (Üs.). *Schneesturm 1939, von Xiong Yuqun*	《评熊育群:〈己卯年雨雪〉,丹尼尔·法斯特纳译》	Wolfgang Kubin	评论	380—382
2020	Thomas O. Höllmann (Üs. und Hg.): *Abscheu: Politische Gedichte aus dem alten China*	《评贺东劢编译:〈憎恶:中国古代的政治诗篇〉》	Wolfgang Kubin	评论	385—386
2021—2022	Die Sprache der Übersetzung: Nachdenken über den Sinologen und Literaten Günther Debon (1921–2005)	《翻译的语言:对汉学家兼文学家君特·德博(1921—2005年)的思考》	Wolfgang Kubin	档案:翻译文学,翻译文化	23—40
2021—2022	Ein Übersetzer und Sinologe, an dem glücklicherweise kein Weg vorbeiführt: In Erinnerung an meinen ehrwürdigen Lehrer Ulrich Kautz	《一位我们有幸注定会遇见的翻译家和汉学家:纪念我可敬的老师高立希》[1]	王建斌 作 Milena Ritter 译	档案:翻译文学,翻译文化	41—52
2021—2022	*Ge bu ge*: Zum Konzept des Abstands in der chinesischen Poesie und Poetik	《"隔不隔":论中国诗歌和诗学中的距离概念》	Volker Klöpsch	档案:翻译文学,翻译文化	53—91

---

[1] 中文原作《高山仰止 一代鸿儒——缅怀德国翻译家、汉学家高立希教授》。

续 表

卷期	德语篇名	中文译名	作者/译者	栏目	页码
2021—2022	Darf ein Chinese mit seinem Latein am Ende sein? Übersetzen als kulturelle Grenzüberschreitung	《中国人难道会束手无策吗？翻译是一种文化边界的跨越》	Karin Betz	档案：翻译文学，翻译文化	111—131
2021—2022	Zur Bedeutung der Natur in frühen chinesischen Prosagedichten über Musikinstrumente	《论自然在中国早期关于乐器的散文诗中的意义》	Dorothee Schaab-Hanke	更多文章	245—269
2021—2022	Weltliteratur aus/in China	《来自/在中国的世界文学》	Wolfgang Kubin	更多文章	271—280
2021—2022	Paula M. Varsano. *Tracking the Banished Immortal: The Poetry of Li Bo and Its Critical Reception*	《评方葆珍：〈寻踪谪仙：李白诗歌及其批判性接受〉》	Wolfgang Kubin	评论	289—291
2021—2022	Xu Ruonan. *Zhong-Xi jingdian de huitong: Wei Lixian fanyi sixiang yanjiu*	《评徐若楠：〈中西经典的会通：卫礼贤翻译思想研究〉》	Dorothea Wippermann	评论	292—304
2021—2022	Zhu Zirong. *Philosophie der chinesischen Kunst*, aus dem Chinesischen übersetzt von Eva Lüdi Kong	《评朱志荣：〈中国艺术哲学〉，林小发译》	Thomas Zimmer	评论	305—308
2021—2022	Jane Yang. *Echoes: Collected Poems*	《评杨悦：〈回声：诗集〉》	Wulf Noll	评论	310—312

翻译：方心怡、佘丽慧、邹瑾卓 等

校对：方心怡、佘丽慧、向红普

制表：方心怡

1989—2023 年

德国汉学期刊文献辑录与研究

东方向

Orientierungen

德国《东方向》对中国现当代文学的译介与阐释[*]

一

《东方向》(Orientierungen)是德国汉学研究重镇——波恩汉学的"机关刊物"[1],由"欧洲三大汉学家之一"[2]顾彬(Wolfgang Kubin)于1989年创办,作为"波恩大学东方语言系的新通讯"推出,旨在为德语读者阐明亚洲国家"在文化、政治、经济等诸多领域采取的发展新路径"[3],其历经35个春秋,迄今共发行79期[4]。早期栏目内容较为驳杂,囊括文学、历史、政治、经济、法律、语言、宗教、电影、音乐等诸领域的翻译与研究。自1992年起,杂志调整了办刊目标和主旨方向,确立副标题为"亚洲文化期刊",内容聚焦于"亚洲现代、古代文学重要作品的译介、阐释及文化分析等"[5],主要包括文学翻译、文学评论、书评、翻译批评、翻译工作坊,亦有会议报道、讣告等,涉及中国、印尼、韩国、越南、日本及土耳其文学,其中数量最多的是与中国文学相关的篇目,共计400余篇。"东亚正发展成为新的世界中心"[6],而整个东亚从宗教到哲学、从道德到律令、从文学到绘画、从舞蹈到音乐无疑

---

[*] 本文系国家社会科学基金一般项目"中国当代名家名作德语译介数据库建设与传播影响研究"(项目编号:20BZW179)阶段性成果;原文刊载《当代文坛》2023年第4期,第161—167页,本文略作改动。

[1] https://www.ioa.uni-bonn.de/de/forschung/orientierungen, abgerufen am 15.10.2022.

[2] 王晓平:《百年中外文学学术交流史论(下)》,济南:山东教育出版社,2020年,第595页。

[3] Wolfgang Kubin (Hrsg.): *Orientierungen*. Frankfurt am Main: CVS Verlag, Nr. 1, 1989, Titelblatt.

[4] 《东方向》1989年创刊,1989—2014年为半年刊,每年发行两期;2015—2023年变为年刊,每年发行一期。此外,该刊分别于2005、2006、2007、2009、2010、2011、2012、2013、2014、2018、2019、2020、2021、2022年共发行了14期主题刊(Themenheft),其中包括《缄默的城市:中国的新大都市文学》(2006)、《中国文学史是否可能?》(2011)等;于1990、1992、1995、1998、2001年共发行了5期特刊(Sonderheft),以及为中国文学专辟特色"文献"栏目,编撰和翻译20世纪40年代延安时期与50年代"百花时代"的文学和文献等。

[5] https://www.ostasien-verlag.de/zeitschriften/orientierungen/or.html, abgerufen am 15.10.2022.

[6] Wolfgang Kubin (Hrsg.): *Orientierungen*. Frankfurt am Main: CVS Verlag, Nr. 1, 1989, Titelblatt.

都源于中华文明的根脉，因此，《东方向》在译文规模、重点推介和研究评论方面，无不彰显中国文学／文化在东亚地区的影响力与辐射作用，成为德国"研究中国文学与文化的重要阵地"[1]。这在 20 世纪 90 年代中期德译中国文学盛极而衰，惊现"断崖式滑坡"的危局下[2]，堪称德语译介持续萎靡的"逆行者"。

《东方向》自创刊伊始，即肩负起振兴"波恩汉学"的重任。首先，20 世纪 80 年代，德国掀起了"中国热"，"中德建交"的"十年间中国又成为德国人喜爱和感兴趣的国度"[3]，"台湾、香港等地区和其他历史上同处于中国文化圈的东亚国家的经济起飞……引发一般民众对具有异国情调的中国文化的

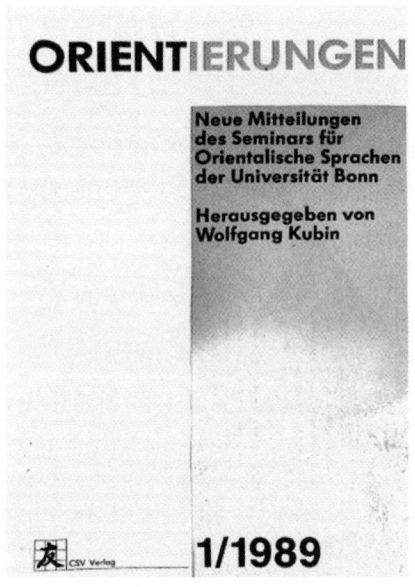 

《东方向》(Orientierungen) 1989 年第 1 期封面　　《东方向》(Orientierungen) 第 34 卷封面

---

[1] 谢淼：《德国汉学视野下中国当代文学的译介与研究》，南京：南京大学出版社，2016 年，第 19 页。
[2] 详见孙国亮、李斌：《中国现当代文学在德国的译介研究概述》，载《文艺争鸣》2017 年第 10 期，第 106 页。
[3] Kuo Heng-Yü: Einleitung: Interessen und Faszination, in: Kuo Heng-yü (Hrsg.): *Berlin und China. Dreihundert Jahre wechselvolle Beziehungen.* Berlin: Colloquium Verlag, 1987, S. 1.

'热'升温"[1];"除了'中国经济'这个主题,中国文学也在德国读者中激起了反响。尤其是所谓的'新时期'文学作品在不同的出版社以单行本或者合集的形式出版"[2]。年均50余部/篇的德语译介数量实属空前绝后[3],文学在这一过程中扮演着增进国家、民族和个人之间了解交流的重要角色。"由中国作家撰写的文学作品借由自身的感受、想法和视野反映了中国的社会生活,也为德国读者提供了另一种理解中国社会生活的可能"[4]。

其次,"波恩汉学系位于首都,享有绝佳的地理优势,在国家与政治层面逐步发挥重要作用"。特别是1985年6月,时任国务院总理赵紫阳访德期间专门到访波恩汉学系,并促成了推动该系汉学发展一揽子计划,波恩汉学一度成为中德学界交流的桥头堡。然而,随着柏林墙倒塌与两德统一,"联邦政府、各部委和大使馆纷纷从波恩迁往柏林,波恩汉学享有的'首都红利'被迫中断。此次转折使中国官方对波恩汉学的兴趣随即发生转移"[5]。这对波恩汉学的发展无疑是一次重创,为摆脱此次危机,波恩汉学采取了一系列举措,持续举办国际汉学研讨会,出版大量汉学著作,其中包括顾彬、卜松山(Karl-Heinz Pohl)、莫宜佳(Monika Motsch)、司马涛(Thomas Zimmer)、陶德文(Rolf Trauzettel)、毕鲁直(Lutz Bieg)、梅绮雯(Marion Eggert)等撰写的汉学界迄今为止卷帙最为浩繁的十卷本德语《中国文学史》;而1989年先后发行《东方向》与《袖珍汉学》两套汉学杂志成效持久显著,此举将柏林墙东西两边的汉学力量迅速吸纳并整合起来,不仅将波恩汉学再次推向学术中心,而且文学破冰作为两德统一的先声,无疑是意义深远的。

---

[1] 张国刚:《德国的汉学研究》,北京:中华书局,1994年,第112页。
[2] 雷丹:《对异者的接受还是对自我的观照?——对中国文学作品的德语翻译的历史性量化分析》,李双志译,载马汉茂等:《德国汉学:历史、发展、人物与视角》,李雪涛等译,郑州:大象出版社,2005年,第595页。
[3] 详见孙国亮、李斌:《中国现当代文学在德国的译介研究概述》,载《文艺争鸣》2017年第10期,第106页。
[4] Anne Engelhardt, Ng Hong-chiok: Vorwort, in: Anne Engelhardt, Ng Hong-chiok (Hrsg.): *Wege. Erzählungen aus dem chinesischen Alltag.* Bonn: Engelhardt-Ng Verlag, 1985, S. 4.
[5] Thomas Zimmer: Die Bonner Sinologie. Traditionen und Neuerungen eines Faches, in: *Orientierungen*, Nr. 2, 2011, S. 4.

最后,《东方向》将亚洲,尤其是作为区域发展龙头的东亚作为一种视域和范式予以重点关注。波恩大学校长米夏埃尔·霍赫(Michael Hoch)在致辞中强调研究亚洲意义重大,"世界三分之二的人口居住在亚洲大陆,众多亚洲国家摆脱贫穷成为活力四射的经济强国,南亚、东南亚、中亚和东亚国家几乎都与传统彻底割裂,进而处在剧烈的变革之中"[1]。"东方"虽是西方的"发现",但"东方正在颠覆这一由西方在19世纪一手塑造并一直想维持的中东、远东形象"[2]。事实证明,中国经济自1978年起保持了连续35年年均9.8%的国内生产总值(GDP)增长率,以中国为引擎的"亚洲或东方将引领全球发展,处于现代化进程中的亚洲文化底蕴深厚,内涵丰富,向西方进一步发出挑战,且比20世纪中期更加自信"。正是得益于《东方向》创刊伊始,对"多极化的世界格局正在形成"[3]的洞见,并将办刊主旨定位于传递和展示一个全新的中国和东方,其成为德国"汉学研究和传播的重要平台"[4]。

二

《东方向》专注翻译中国现当代文学作家作品,翻译数量达280篇[5],年均翻译8篇;译文体裁多样,侧重诗歌、小说,也包括散文、童话、戏剧与访谈;图1直观地展示了该杂志德译中国现当代作品的趋势。

---

[1] Prof. Dr. Dr. h. c. Michael Hoch: Grußwort des Rektors, in: *Die Bonner Orient- und Asienwissenschaften. Eine Geschichte in 22 Porträts*, Orientierungen Themenband 2018, S. V.

[2] Berthold Damshäuser, Wolfgang Kubin (Hrsg.): *Orientierungen*. Gossenberg: OSTASIEN Verlag, Nr. 2, 1993, Titelblatt.

[3] Berthold Damshäuser, Wolfgang Kubin (Hrsg.): *Orientierungen*. Gossenberg: OSTASIEN Verlag, Nr. 1, 2006, Titelblatt.

[4] 金蕊:《德国汉学的变迁与汉学家群体的更替——以中国古代文学研究为中心》,博士学位论文,武汉大学,2016年,第103页。

[5] 为精确统计译文数量,本文采用的计算方式是将每篇文章所囊括的翻译作品依次叠加,而非仅仅是杂志文章的总和。

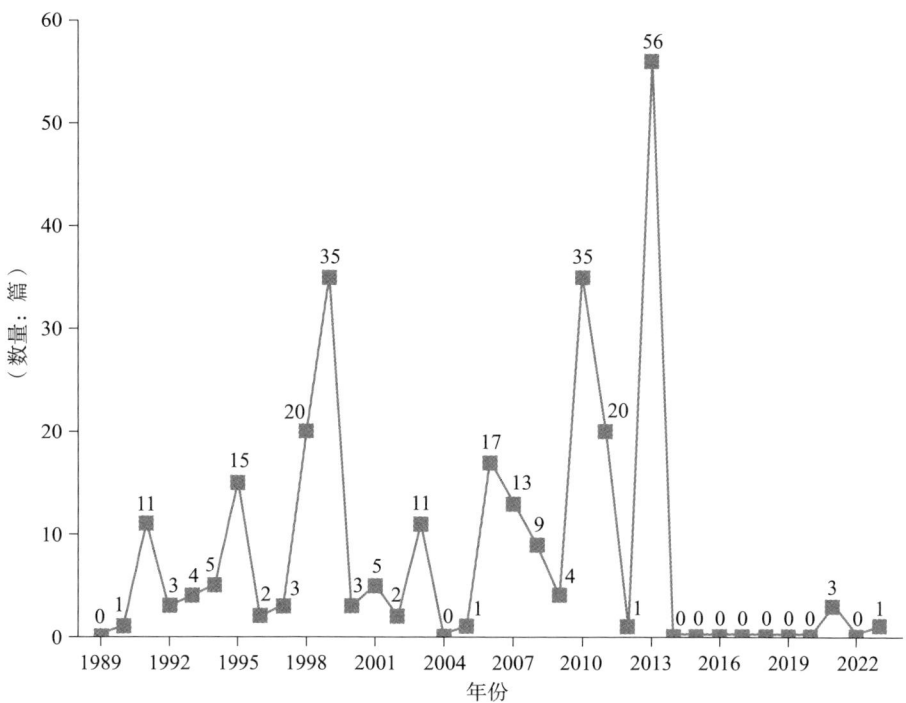

图 1 《东方向》译介中国现当代作家作品篇目数量趋势

如图所示，《东方向》对中国现当代文学的译介主要集中在 1990—2013 年间。而此间正是中国现当代文学在德译介的低迷期，20 世纪 80 年代由于重开国门而引发的"中国热"逐渐退潮，"其他的时代主题，比如对两德统一进程的反思、欧洲一体化的影响和全球化的快速发展在德国社会的讨论中占据了主导地位"，"中国除了作为经济市场和'人权总是受到损害的地方'的说法引人注意以外，至多也不过是以其异国情趣或者对往日时光的追忆来在德国读者中间引起些共鸣罢了"[1]。加之"全球化带来的后果已经显示了出来，图书市场

---

[1] 雷丹：《对异者的接受还是对自我的观照？——对中国文学作品的德语翻译的历史性量化分析》，李双志译，载马汉茂等：《德国汉学：历史、发展、人物与视角》，李雪涛等译，郑州：大象出版社，2005 年，第 599 页。

越来越向美国集中，越来越受制于美国"[1]。然而，《东方向》却秉持独立品格，对中国文学青睐有加，在90年代之后的20余年间逆势而行，坚守对中国文学译介的办刊初衷，更显弥足珍贵。

《东方向》共译介73位中国现当代作家，其中译介数量为一篇的作家共计46位[2]，两篇及以上的作家共有27位，具体如图2所示：

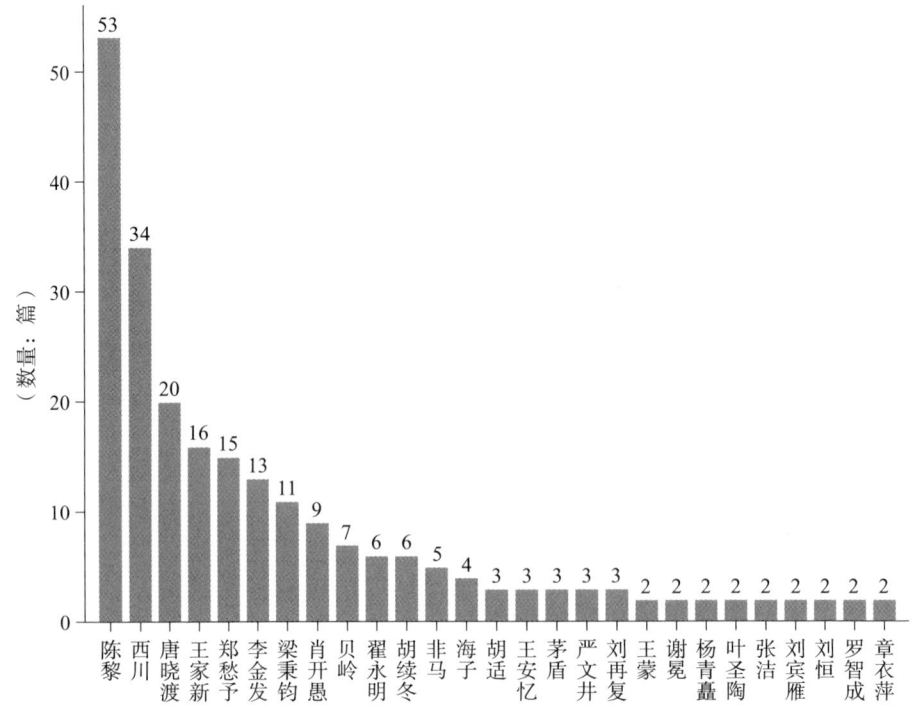

图2 《东方向》译介中国现当代文学作家作品篇目数量统计

---

[1] 雷丹：《对异者的接受还是对自我的观照？——对中国文学作品的德语翻译的历史性量化分析》，李双志译，载马汉茂等：《德国汉学：历史、发展、人物与视角》，李雪涛等译，郑州：大象出版社，2005年，第600页。

[2] 按照首字母顺序排列分别为：阿章、艾青、艾芜、毕飞宇、草明、邓友梅、丁玲、方之、丰村、格非、耿简、耿龙祥、管桦、韩少功、黄丽群、孔捷生、李国文、李准、刘绍棠、刘心武、陆文夫、马德升、麦惠仪（Ann Mak）、萌娘、莫言、南丁、秦牧、沙汀、史铁生、苏青、苏童、孙犁、王小波、王小妮、吴晗、吴锦发、西西、萧军、杨东平、殷慧芬、友友、余华、余秋雨、郁达夫、张爱玲、张炜。

所涉作家构成大致分为三类：既有茅盾、叶圣陶、胡适、郁达夫、张爱玲、丁玲、艾青、冯至等经典现代作家，也有王蒙、莫言、余华、王安忆、张洁、毕飞宇、格非、王小波、苏童等当代文坛的中坚力量，还有海子、陈黎、贝岭、西川、王家新、韩东、梁秉钧、萧开愚、张枣、欧阳江河、翟永明、王小妮等华语圈顶尖诗人。"中国当代文学最重要的作家作品几乎全部能有德文译作出版"[1]。《东方向》除了每年两期持续向德语读者译介中国现当代经典作家作品外，还不断推出专刊，集中译介了海峡两岸暨香港、澳门现代经典作家作品，比如张爱玲的《金锁记》，胡适的《介绍我自己的思想》《新思潮的意义》《信心与反省》以及郁达夫的《微雪的早晨》等。主题刊《沉默的城市：中国新都市文学》（2006）择取当代作家作品，展现"中国经济腾飞的负面影响、社会的冷漠与人们内心的孤独"[2]："因'时代三部曲'在中国家喻户晓的王小波"[3]，在《2015》中刻画了一位"脾气古怪、性格执拗的抽象画画家，几乎无人能读懂他的创作"；毕飞宇在《元旦之夜》中描摹了"一位新贵商人从受欢迎的丈夫变成好色之徒的自我内心之旅"；梁秉钧在《岛与大陆》中讲述了"一个爱情悲剧，巧妙地将童年记忆与对时代变迁的诗意反思交织在一起，老人或将沦为时代变迁的受害者"；殷慧芬的《欢乐》中，"一群老人在简陋的针灸室寻求晚年的欢乐与人间的最后一片绿洲"[4]；格非在《沉默》中"描写了一位知识分子的颓唐，他不得不承认自己建构意义的失败，从而消极避世进入无言之境"[5]。这些富有成效的译介活动，极大地延缓了"20世纪90年代以后，中国现代文学经典几乎无一例外地淡出德国译介视野"[6]的萎靡态势。

---

[1] 顾彬：《海外中国当代文学与文学史写作》，载《山西大学学报》2014年第1期，第27页。
[2] Marc Hermann (Hrsg.): *Orientierungen. Stumme Städte: Neue Großstadtliteratur aus China*. Gossenberg: OSTASIEN Verlag, Themenheft 2006, Titelblatt.
[3] Marc Hermann: Nachwort, in: *Orientierungen. Stumme Städte: Neue Großstadtliteratur aus China*, Themenheft 2006, S. 159.
[4] Marc Hermann (Hrsg.): *Orientierungen. Stumme Städte: Neue Großstadtliteratur aus China*. Gossenberg: OSTASIEN Verlag, Themenheft 2006, Titelblatt.
[5] Marc Hermann: Nachwort, in: *Orientierungen. Stumme Städte: Neue Großstadtliteratur aus China*, Themenheft 2006, S. 160.
[6] 孙国亮、李斌：《中国现当代文学在德国的译介研究概述》，载《文艺争鸣》2017年第10期，第106页。

纵观《东方向》对中国现当代文学的译介数量和规模，诗歌当仁不让地稳居首位，主要翻译作品如表1所示：

表1 《东方向》主要译介的中国现当代诗歌汇总

陈 黎	诗集《小宇宙》选译（共53首）
唐晓渡	《那不能伤害我》《叫出你的名字》《木赛莱斯》《大峡谷》《无题三首》《五月蔷薇》《诚》《死亡玫瑰》等（共20首）
王家新	《伦敦随笔》等（共16首）
郑愁予	《归航曲》《边界酒店》《乡音》等（共15首）
李金发	《温柔》《有感》《夜之歌》《弃妇》等（共13首）
梁秉钧	《形象香港》《老殖民地建筑》《苏东坡在惠州》《往乐山的路》《重画地图》等（共7首）
萧开愚	《雨中作》《呵雾》《玫瑰盛宴》《日本电器》《人民银行》《一场小雪》《Pankow》《北站》（共8首）
贝 岭	《黄昏》《生活》《误解》《晨，遥望》《触动》《记忆》等（共7首）
翟永明	《预感》《荒屋》《夜境》《独白》《边缘》《沉默》（共6首）
胡续冬	《日历之力》诗歌六首（共6首）
非 马	《在密西根湖边看日落》《老人》等（共5首）
海 子	《平常人诞生的故乡》等（共4首）
罗智成	《梦中拖鞋》《梦中书店》（共2首）

据统计，该杂志翻译中国现当代诗歌共计162首。一方面，这符合德语文学"向来重视诗歌美学内涵和社会价值"[1]的传统；中国作为"诗歌王国"[2]，"文学中第一流的无疑是诗歌"[3]，且"被公认为世界文学的一部分"[4]；另一方面，《东方向》出版人顾彬对中国诗歌青睐有加，他"致力于介绍中国诗歌"，并视之为自己的"使命"。然而，德国目前"很少有翻译中国诗歌的翻译家

---

[1] 刘颖、李红红：《21世纪以来中国文学在德国的译介出版研究》，载《广西社会科学》2019年第1期，第158页。
[2] Wolfgang Kubin: Handschellen aus Papier. Der Dichter Ouyang Jianghe, in: *Orientierungen*, Nr. 1, 2000, S. 119.
[3] 蒋蓝：《汉学家顾彬：中国文学 诗歌最强》，载《成都日报》2010年9月27日。
[4] Wolfgang Kubin: Das Meer und das Exil. Zur neueren Dichtung von Yang Lian, in: *Orientierungen*, Nr. 2, 1996, S. 97.

了"[1]。他责无旁贷地将工作重心逐渐转向中国当代诗歌[2]，先后翻译北岛、杨炼、张枣、梁秉钧、翟永明、王家新、欧阳江河等人的诗歌。在主编顾彬的垂范引领下，《东方向》将诗歌确立为"中国文学的希望"[3]，并倾力译荐给德国读者。在西方享有盛名的女诗人翟永明是"诗歌的幸运"[4]；离世多年的诗人海子依旧"盛名不减"，"诗歌收录在各大期刊与选集中"[5]；"唐晓渡是中国最重要的文学批评家之一，却创作了令人叹为观止的诗歌"[6]，"30年来对中国现代诗歌的发展影响颇深"[7]；"郑愁予的诗歌有效地印证了中国现代诗歌的世界性"[8]。正是在《东方向》经年不懈的努力下，"德国俨然成为中国当代诗歌的家园"[9]。据笔者统计，仅德国汉学界三本期刊《袖珍汉学》《东亚文学杂志》《东方向》在近30年间就译介了中国30余位诗人的300余首诗歌。

另外，港台文学亦是《东方向》杂志译介的重点领域。其中，香港作家麦惠仪、梁秉钧、罗贵祥、西西，台湾作家陈黎、非马、罗智成、杨青矗与郑愁予的译介作品数量总计达98篇。《东方向》对港台文学的推介力度与主编顾彬本人的中国文学史观密切相关，因此，《东方向》自创刊之初就将长期被忽视的港台文学有机地纳入中国文学的版图，具有高度的理论自觉和开拓

---

[1] 朱安博、顾彬：《中国文学的"世界化"愿景——德国汉学家顾彬访谈录》，载《吉首大学学报（社会科学版）》2017年第3期，第122页。

[2] 参见顾彬、胡桑：《在津问津：对另外一种生活的渴望——顾彬访谈》，载《西湖》2020年第7期，第85页。

[3] Wolfgang Kubin: The importance of language or, what does native language have to do with world Literature, in: *Orientierungen. Chinesische Gegenwartsliteratur. Zwischen Plagiat und Markt?* Themenheft 2009, S. 16.

[4] Wolfgang Kubin: Das Glück des Gedichts. Zur chinesischen Dichterin Zhai Yongming, in: *Orientierungen*, Nr. 1, 2004, S. 96.

[5] Hai Zi: Sehnsucht nach dem früheren Leben. Gedichte von Haizi, aus dem Chinesischen von Thomas Baumgartner, in: *Orientierungen*, Nr. 1, 1995, S. 40.

[6] Tang Xiaodu: Mir zur Mahnung. Gedichte von Tang Xiaodu, aus dem Chinesischen von Wolfgang Kubin, in: *Orientierungen*, Nr. 2, 2011, S. 15.

[7] Tang Xiaodu: Deinen Namen aussprechen. Gedichte von Tang Xiaodu, aus dem Chinesischen von Tang Hong, in: *Orientierungen*, Nr. 1, 2011, S. 78.

[8] Zheng Chouyu: Rote Erde. Gedichte von Zheng Chouyu, aus dem Chinesischen von Wolfgang Kubin, in: *Orientierungen*, Nr. 2, 2007, S. 68.

[9] Wolfgang Kubin: Endlich am Rande. Zur Situation der Lyrik in China, in: *minima sinica*, Nr. 2, 2011, S. 114.

意义。

《东方向》之所以能够长期屹立于德国汉学译介的潮头，得益于德国汉学对翻译的重视。与美国汉学界忽视翻译成果不同，主编顾彬秉持德国汉学"翻译就是学术"[1]的理念，以杂志为平台培养出了一批高水平的译者，以此克服当下制约德国汉学发展的一个重要问题——致力于文学翻译的德国汉学家少之又少，"可能只有 15 个人左右"[2]，尝试走出"中国文学在德难觅，翻译成最大瓶颈"[3]的困局。

值得注意的是，《东方向》自 2014 年以来极少刊载译文，这与其核心编委成员变动、杂志改革以及更换出版人密切相关。是年，杂志的灵魂人物顾彬在"担任主编长达 25 年"，"引领《东方向》取得巨大成功"[4]后卸任。同年，顾彬同僚廉亚明（Ralph Kauz）教授接替他担任杂志主编；2015 年起，北京外国语大学教授李雪涛、汉堡大学汉学教授沙墩如（Dorothee Schaab-Hanke）、贝特霍尔德·达姆斯霍伊泽尔（Berthold Damshäuser）与廉亚明一道担任该杂志主编；杂志的出版方由德国全球出版社变更为德国东亚出版社，出版频次也由每年两期改为每年一期。东亚出版社由德国汉学家沙墩如及其丈夫创办，"着力推介有关东亚过去与当代文化的书籍"，涉及的国家除中国、日本、韩国外，还有印度尼西亚等东南亚国家，"不仅推出具有学术价值的书籍，满足该领域专家需求，也兼顾普通读者的阅读兴趣"[5]。2018 年，波恩大学东方与亚洲研究所的日本学教授哈拉尔德·迈尔教授（Harald Meyer）加入主编行列。改革重组后的《东方向》突出的变化有两点：一是将研究的重点区域由"东亚与东南亚"扩展至"整个亚洲"[6]；二是从文学到文化的转向，杂志虽保留对中国文学

---

[1] 朱安博、顾彬：《中国文学的"世界化"愿景——德国汉学家顾彬访谈录》，载《吉首大学学报（社会科学版）》2017 年第 3 期，第 123 页。

[2] 李晓：《中国作家在德没有畅销书》，载《北京晚报》2007 年 9 月 5 日。

[3] 饶博：《中国文学在德难觅，翻译成最大瓶颈》，载《参考消息》2015 年 3 月 16 日。

[4] Berthold Damshäuser, Ralph Kauz: Editorial, in: *Orientierungen*, Nr. 1, 2014, S. 1.

[5] https://www.ostasien-verlag.de/, abgerufen am 15.10.2022.

[6] Berthold Damshäuser, Ralph Kauz: Editorial, in: *Orientierungen*, Nr. 1, 2014, S. 1.

的评论，却不再致力于中国文学作品的译介，而是将视野转向博大精深的中国文化，如研究宋朝宫廷音乐、中国早期文字，介绍山东穆斯林、福建移民与象山妈祖崇拜、东南地区的摩尼教寺庙等地域文化。

三

《东方向》除了致力于文学翻译外，也重视文学批评与研究。其中，关于中国文学作品的评论文章共240余篇，论及120余位中国作家，相较文学作品翻译的视野更显多元化。文章主要分为三类，翻译评论、文学评论、书评。翻译评论是对文学翻译过程与方法进行的讨论，文学评论是对作家、文学作品或文学现象的评论，书评是对与东亚研究相关出版物的推介。其中占比最大的是书评，其次是文学评论，翻译评论虽然比重最小，却富有价值。

首先，中国现当代文学评论是杂志学术研究的重点，学术含金量较高。德国汉学界对中国当代文学与现代文学之间的评判可谓天壤之别，堪比"二锅头"与"五粮液"的差别[1]。2009年，中国首次以主宾国身份参加第61届法兰克福国际书展，《东方向》以此为契机推出主题刊《中国当代文学——在剽窃与市场之间？》，旨在"以批评的眼光、科学的态度审视中国当代文学"[2]，探讨近30年来中国当代文学的发展脉络及其面临的危机。其中，顾彬撰文《语言的重要性，或母语与世界文学的关系》指出，"中国当代作家，尤其是诗人以外的散文体作家……缺乏力量，尤其是语言的力量，他们创作仅仅是为了娱乐，讨好市场"[3]。俪娜·亨宁森（Lena Henningsen）在《是冒牌帝国还是创意之国？中国图书市场和（全球）创造性现象》中通过调研中国市场上的抄袭与

---

[1] 蒋蓝：《汉学家顾彬：中国文学 诗歌最强》，载《成都日报》2010年9月27日。
[2] Marc Hermann: Vorwort, in: *Orientierungen. Chinesische Gegenwartsliteratur. Zwischen Plagiat und Markt?* Themenheft 2009, S. 6.
[3] Marc Hermann: Vorwort, in: *Orientierungen. Chinesische Gegenwartsliteratur. Zwischen Plagiat und Markt?* Themenheft 2009, S. 6-7.

模仿现象，剖析中国读者，尤其是年轻读者的纵容态度，是毁掉中国文学的元凶[1]。德国汉学家司马涛以"充斥中国市场的商业化为切入点"，探讨文学"究竟需要多少自由"，并为中国文学把脉："相对于外在的自由而言，人们内心的自由更为关键，它表现为愿意与主流快餐文化划清界限，逆商业化潮流潜入更深的精神世界。"[2]

中国现当代文学何时从德国汉学普遍认同的文学经典沦落到不堪的文字"垃圾"呢？德国汉学家不约而同地将分水岭锚定在20世纪90年代，他们对此前的中国文学整体评价颇为正面："拥有三千年历史的中国文学，既属于世界文学，也是世界遗产的一部分。"[3]"'中国现代文学之父'鲁迅与世界文学比肩"[4]；"1979年后的'反思文学'更有文学抱负，在思想上更为深邃"，王蒙是这一流派的重要人物，"受西方意识流启发在《活动变人形》等小说中运用现代主义技巧"；"中国'女性文学'最杰出的代表之一张洁……她的短篇小说《方舟》堪称中国'第一部女权主义宣言'"[5]；"'朦胧诗派'领军人物北岛试图以自己的方式应对'文化大革命'的破坏"[6]；"余华尝试了先锋文学之后，回到传统叙事方式，小说《活着》内容简朴却触动人心。"[7]即使是文坛将1988年命名为以"痞子文学"著称的"王朔年"，也"因其达到的市场成就而受之无愧"[8]。然而，一个不争的事实是，"1985—1986年之后，德语出版社和译者（对中国文学）的兴趣减弱，翻译作品的数量也减少了"[9]。尤其是中国现

---

[1] Vgl. Marc Hermann: Vorwort, in: *Orientierungen. Chinesische Gegenwartsliteratur. Zwischen Plagiat und Markt?* Themenheft 2009, S. 7.

[2] Marc Hermann: Vorwort, in: *Orientierungen. Chinesische Gegenwartsliteratur. Zwischen Plagiat und Markt?* Themenheft 2009, S. 7.

[3] Wolfgang Kubin: The importance of language or, what does native language have to do with world Literature, in: *Orientierungen. Chinesische Gegenwartsliteratur. Zwischen Plagiat und Markt?* Themenheft 2009, S. 14.

[4] Marc Hermann: Vorwort, in: *Orientierungen. Chinesische Gegenwartsliteratur. Zwischen Plagiat und Markt?* Themenheft 2009, S. 1.

[5] Marc Hermann: Vorwort, in: *Orientierungen. Chinesische Gegenwartsliteratur. Zwischen Plagiat und Markt?* Themenheft 2009, S. 2.

[6] Marc Hermann: Vorwort, in: *Orientierungen. Chinesische Gegenwartsliteratur. Zwischen Plagiat und Markt?* Themenheft 2009, S. 2-3.

[7] Marc Hermann: Vorwort, in: *Orientierungen. Chinesische Gegenwartsliteratur. Zwischen Plagiat und Markt?* Themenheft 2009, S. 3-4.

[8] Marc Hermann: Vorwort, in: *Orientierungen. Chinesische Gegenwartsliteratur. Zwischen Plagiat und Markt?* Themenheft 2009, S. 4.

[9] Helmut Martin: Daheimgebliebene, Exilträume und der Weg in die Gegenkultur, in: Helmut Martin, Christiane Hammer (Hrsg.): *Die Auflösung der Abteilung für Haarspalterei. Texte moderner chinesischer Autoren. Von den Reformen bis zum Exil.* Reinbek bei Hamburg: Rowohlt Verlag, 1991, S. 303.

代文学经典逐渐淡出译介视野,如《长城》作为鲁迅的最后一部德译本出版于1987年,《春蚕》作为茅盾的最后一部德译本亦出版于1987年,老舍的最后一部德译本《骆驼祥子》出版于1989年。至此,德译中国现代文学经典几成绝唱,与中国社会政治文化同步的当代文学走向译介前台。

顾彬认为:"自1992年市场经济以来,中国当代文学最重要的主题就是性与犯罪。小说家不再为了一个词而绞尽脑汁。"[1] 今日中国"决定写作内容与写作方式的不再是政治因素,而是市场反响","为征服市场,许多作家转向传统叙事,不厌其烦地重述故事,小说家在倒退,他们不再现代,并且将1979年'回归文学'的希望连根拔起"[2]。因此,中国当代文学的发展自20世纪90年代以来呈现两个趋势:"其一,越来越聚焦于叙事文学,这里指小说;其二,即使在优秀作品中娱乐功能也占首要地位。"[3] "文学早已不再是政治启蒙的媒介,也不再作为讨论重大政治问题的平台。恰恰相反,文学以市场为导向,为娱乐服务。"[4] "中国作家没有思考他们最应关切的问题——语言和文学"[5]是中国当代文学没落的根源;而目前仅有"中国诗人能认识到他们的主要任务,不断打磨语言"[6]。这成为德国汉学家对诗歌以外的中国当代文学作品大加鞭笞的原因之一。

顾彬认为"诗歌质量并非唯一影响因素",而主因是中国诗人所体现出的"那抹人性的真诚和人文主义色彩,他们在这个由政治与经济的狭隘理解所主导的世界中显得尤为难能可贵"[7]。然而,事实上,近年来中国当代诗歌在国内

---

[1] Wolfgang Kubin: The importance of language or, what does native language have to do with world Literature, in: *Orientierungen. Chinesische Gegenwartsliteratur. Zwischen Plagiat und Markt?* Themenheft 2009, S. 12.

[2] Wolfgang Kubin: The importance of language or, what does native language have to do with world Literature, in: *Orientierungen. Chinesische Gegenwartsliteratur. Zwischen Plagiat und Markt?* Themenheft 2009, S. 15.

[3] Marc Hermann: Vorwort, in: *Orientierungen. Chinesische Gegenwartsliteratur. Zwischen Plagiat und Markt?* Themenheft 2009, S. 5.

[4] Marc Hermann: Vorwort, in: *Orientierungen. Chinesische Gegenwartsliteratur. Zwischen Plagiat und Markt?* Themenheft 2009, S. 4.

[5] Wolfgang Kubin: The importance of language or, what does native language have to do with world Literature, in: *Orientierungen. Chinesische Gegenwartsliteratur. Zwischen Plagiat und Markt?* Themenheft 2009, S. 15.

[6] Wolfgang Kubin: The importance of language or, what does native language have to do with world Literature, in: *Orientierungen. Chinesische Gegenwartsliteratur. Zwischen Plagiat und Markt?* Themenheft 2009, S. 11.

[7] Wolfgang Kubin: Handschellen aus Papier. Der Dichter Ouyang Jianghe, in: *Orientierungen*, Nr. 1, 2000, S. 119.

却深陷困境:"自90年代以来中国文学聚焦叙事文学,尤其是小说;从80年代初已在公众中占主导地位的诗歌,如今却备受冷落,已经边缘化了"[1]。这一危机导致的尴尬情形之一是,"中国诗人在国外甚至比在国内受众更广,拥有更多读者"[2]。顾彬慨叹道:"也许在这个语言越来越不受重视的时代,诗歌能够幸存本身就是一种奇迹。"[3] 这是《东方向》着力推介中国当代诗歌的缘由。

其次,《东方向》青睐港台和少数民族文学研究。杂志多以评论和书评的形式推介藏族、满族、苗族、蒙古族、彝族等众多少数民族作家作品,尤其关注藏族文学,并展开深入而持久的讨论。事实上,"自90年代中期以来,当代藏族作家作品成为中国少数民族文学在德语国家的主要译介对象"[4]。赫尔穆特·福斯特-拉驰(Helmut Forster-Latsch)认为"藏族文学的基础应该是以藏语创作的文学,而非仅仅是与西藏有关的文学",他将以汉语创作的扎西达娃归为"采用西藏主题的汉语文学"[5] 范畴;阿丽斯·格林恩菲尔德(Alice Grünfelder)则不以为然,认为"仅仅以语言来判断是否属于藏族文学,已经无效了",这种分类标准"毫无意义",只会阻碍学者"对当代西藏文学的整体认知进行深入探讨"[6]。由于"西藏文学现象的多样性",为不失公允地评价西藏文学,她更倾向用"新地域主义"[7](neuer Regionalismus)。卡米拉·赫拉蒂科娃(Kamila Hladíková)以藏族作家扎西达娃、色波、阿来、央珍等使用汉语写作的"中国藏族文学"为例,比较分析这些作家在作品中以何种方式彰显藏

---

[1] Marc Hermann: Vorwort, in: *Orientierungen. Chinesische Gegenwartsliteratur. Zwischen Plagiat und Markt?* Themenheft 2009, S. 5.

[2] Wolfgang Kubin: The importance of language or, what does native language have to do with world Literature, in: *Orientierungen. Chinesische Gegenwartsliteratur. Zwischen Plagiat und Markt?* Themenheft 2009, S. 15.

[3] Wolfgang Kubin: Das Meer und das Exil. Zur neueren Dichtung von Yang Lian, in: *Orientierungen*, Nr. 2, 1996, S. 96.

[4] 孙国亮、高鸽:《中国少数民族文学在德语国家的译介与接受》,载《民族文学研究》2020年第3期,第99页。

[5] Helmut Forster-Latsch: Alice Grünfelder, Tashi Dawa und die neue tibetische Literatur, in: *Orientierungen*, Nr. 2, 2000, S. 137.

[6] Alice Grünfelder: Song of the Snow Lion. New Writing from Tibet, ed. By Herbert Batt, Tsering Shakya and Frank Stewart, in: *Orientierungen*, Nr. 1, 2003, S. 152.

[7] Helmut Forster-Latsch: Alice Grünfelder, Tashi Dawa und die neue tibetische Literatur, in: *Orientierungen*, Nr. 2, 2000, S. 136.

族文化身份及其认同问题[1]。"新的藏族文学主要以古老的藏族传统与技术现代化之间的矛盾冲突为主题","西藏青年是矛盾爆发的载体,这进一步阐明为何西藏青年对自我身份的找寻是新藏族文学的重心"[2]。司马涛进一步指出,现代物质文明早已渗入这片广袤的土地,人们却"游走于梦境与现实、过去与现在之间,他们坚守传统,对未来持怀疑态度,思想与情感出现断裂"[3]。因此,问题不在于是否用藏语写作,"藏族学者和作家经常否认华语语系作品的真实性及其表现现代藏族社会的能力",但事实上,"这些作家从中国和藏族文化的中间立场试图在传统和现代之间的复杂转型上描绘西藏","用汉语创作的西藏文学中的藏族身份是有意识地建构,因为作者试图找到现代'藏族'的新定义,并通过他们的文学作品使自己成为藏族人。这些作家必须被视为现代藏族知识精英的代表,也是20世纪后半叶西藏政治和社会环境的产物,他们的文学作品揭示了自我的身份问题,他们故事中的西藏图景,必然是藏族声音复调的重要部分,这些声音正试图建构一个新的现代藏族文化和民族身份"[4]。这些颇具见地的讨论对我们研究西藏文学具有启发意义。

同时,《东方向》持续追踪关注港台文学的发展和境况。"不论是在华语世界还是在西方认知中,香港文学都已沦为边缘文学","不管是北京、柏林还是纽约,都对政治更感兴趣"[5]。但香港作为国际化大都市,"已经形成了自己的特色",这尤其反映在麦惠仪、梁秉钧、罗贵祥、西西等文学创作中,如对"短暂性""螺旋式""反差性"[6]等现代性的彰显。顾彬认为,"最具代表性的

---

[1] Vgl. Kamila Hladíková: Chinese "Tibetan Literature". Problems of Identity in Chinese Fiction by Authors of Tibetan Nationality, in: *Orientierungen*, Nr. 1, 2012, S. 52.

[2] Helmut Forster-Latsch: Alice Grünfelder, Tashi Dawa und die neue tibetische Literatur, in: *Orientierungen*, Nr. 2, 2000, S. 135.

[3] Thomas Zimmer: Alice Grünfelder (Hrsg.), An den Lederriemen geknotete Seele. Erzähler aus Tibet. Tashi Dawa, Alai, Sebo, aus dem Chinesischen von Alice Grünfelder und Beate Rusch, Zürich: Unionsverlag, 1997, in: *Orientierungen*, Nr. 2, 2002, S. 133.

[4] Kamila Hladíková: Chinese "Tibetan Literature". Problems of Identity in Chinese Fiction by Authors of Tibetan Nationality, in: *Orientierungen*, Nr. 1, 2012, S. 52.

[5] Wolfgang Kubin: Warum und wofür Literatur gerade aus Hongkong? in: *Orientierungen*, Nr. 2, 2009, S. 82.

[6] Wolfgang Kubin: Brian Hooper: Voices in the Heart. Postcolonialism and Identity in Hongkong Literature, in: *Orientierungen*, Nr. 2, 2005, S. 144.

香港作家"[1]是梁秉钧,"他既不是宣扬纯粹中国性的民族主义者,也不是将西方文明妖魔化的后殖民主义者,而是一位通晓东西方文化并在两者之间自由游走的跨界者。在香港,有很多作家跟他一样。这就是这个港口大都市的艺术值得一看的原因"[2]。此外,《东方向》在推介以陈黎、非马、郑愁予、杨青矗等为代表的台湾作家方面亦不吝篇幅,尤其是对台湾诗人在诗歌领域的成就评价甚高:夏宇的诗歌堪称"20世纪末最优秀的诗歌";罗智成的长诗因"客观与冷漠"极具吸引力;"岛上最重要的抒情诗人杨牧"懂得如何将"中国传统与西方现代完美融合"[3]。而在对台湾文学的理论探讨方面,宋灏(Mathias Obert)的《台湾当代文学镜像中的困难认同:朱天心与李昂》解读了台湾当代文学两部重要作品《古都》与《自传の小说》,由文学研究入手,"通过各种文学反思工作,也许可以比直接观察当代历史和政治社会发展,更能精准地把握20世纪亚洲史范围内华语现代性的具体特征"[4]。如此有深度和广度的思考,对我们的港台文学研究颇有借鉴和启发意义。

最后,作为一本将德译中国文学作为办刊要务的杂志,特设翻译批评、翻译工作坊等栏目,推动德语界对中国文学翻译的实践。

第一,重点聚焦翻译技巧与策略、译作的文本批评。安德利亚·普夫阿特(Andrea Puffarth)针对沈从文《边城》的两个德译版本[5]进行分析:"乌尔苏拉·里希特的版本大量运用注释,不仅对相应段落,而且也对中国文化本身进行了详细说明。拉驰夫妇则假定读者已经具备了相对全面的知识,他们极少

---

[1] Wolfgang Kubin: "What Shall We Do?" Preliminary Remarks on Traits of Post-Modernism in the Formative Period (1978−1984) of the Poet Liang Bingjun, in: *Orientierungen*, Nr. 1, 2001, S. 126.
[2] Wolfgang Kubin: Warum und wofür Literatur gerade aus Hongkong? in: *Orientierungen*, Nr. 2, 2009, S. 83.
[3] Wolfgang Kubin: Michelle Yeh/N.G.D. Malmqvist, Fontier Taiwan. An Anthology of Modern Chinese Poetry, in: *Orientierungen*, Nr. 1, 2004, S. 152.
[4] Mathias Obert: Schwierige Identifikation im Spiegel der taiwanischen Gegenwartsliteratur: Zhu Tianxin und Li Ang, in: *Orientierungen*, Nr. 2, 2006, S. 21.
[5] 《边城》在1985年共发行两个德语版本,其一由汉学家乌尔苏拉·里希特(Ursula Richter)翻译,法兰克福苏尔坎普出版社(Suhrkamp Verlag)出版;其二由汉学家赫尔穆特·福斯特-拉驰(Helmut Forster-Latsch)与玛丽·路易斯-拉驰(Marie-Luise Latsch)共同翻译,科隆契丹出版社(Cathay Verlag)出版。

使用注释这一外在于文本的手段,诸如唢呐、风水等术语均不加解释地出现在译文中。"[1] 而在文体特征方面,"里希特一般使用冗长复杂、让人难以一眼看透的句子,并承袭汉语结构,大量使用关系从句;拉驰夫妇则倾向于紧凑、易读的句子,他们往往使用名词或分词结构代替从句,使其译文更加清晰易懂,也更符合德语语言习惯,但与源文本相去甚远"[2]。《边城》的语言具有浓厚的泥土气息,湘西方言、俗语、歌谣、警句杂糅其中,上述种种"在两个德语版本中基本都被保留了下来。它们大都并非独立存在,而是以补充性文字被标记出来。例如里希特惯以'你知道这句谚语……'引出下文,拉驰夫妇亦采用类似的方法。点明某些段落是传统的、固定的习惯用语是有必要的,否则在读者看来,这些段落会显得相当奇怪,例如福斯特-拉驰译本直译'像豹子一样勇敢,像锦鸡一样美丽',将人与锦鸡相提并论,这种表达在德语中并不常见,本就存在的异国情调又被无意义地扩大化了"[3]。总而言之,"里希特的主要目的在于引领西方读者进入一个异域世界,而拉驰夫妇的译本对于源文本的处理更加自由,因此也在文体方面更胜一筹,但由于缺乏对中国文化的注解,非汉学专业读者阅读起来具有一定难度"[4]。卡塔琳娜·巴滕(Katharina Barten)与乌尔里希·林德拉尔(Ulrich Lindlar)以因泽·科内尔森(Inse Cornelssen)等人翻译的王蒙小说《说客盈门》和《夜的眼》为例进行分析,犀利地批评译者在翻译时手段单调,没有运用丰富的翻译策略,过于"对原文保持忠实",以至于不得不"歪曲了德语",如"发明新的德语俗语、谚语与动宾组合词",导致译文不连贯;译者"不加考虑的选词导致读者产生错误的联想","文体的混

---

[1] Andrea Puffarth: Grenzstadt. Die Übersetzungen von Ursula Richter und Helmut Forster-Latsch/Marie-Luise Latsch im Vergleich, in: *Orientierungen*, Nr. 1, 1992, S. 110.

[2] Andrea Puffarth: Grenzstadt. Die Übersetzungen von Ursula Richter und Helmut Forster-Latsch/Marie-Luise Latsch im Vergleich, in: *Orientierungen*, Nr. 1, 1992, S. 111.

[3] Andrea Puffarth: Grenzstadt. Die Übersetzungen von Ursula Richter und Helmut Forster-Latsch/Marie-Luise Latsch im Vergleich, in: *Orientierungen*, Nr. 1, 1992, S. 112.

[4] Andrea Puffarth: Grenzstadt. Die Übersetzungen von Ursula Richter und Helmut Forster-Latsch/Marie-Luise Latsch im Vergleich, in: *Orientierungen*, Nr. 1, 1992, S. 112–113.

乱让读者感到疲惫"[1]。而"如果译者与译文保持距离,能够通过读者的眼睛批判地审视德语文本"[2],则可以避免一些问题。可以说,如此细致而坦诚的翻译批评对翻译实践是大有裨益的。

第二,关注译者(译文)和作家(原作)之间关系的讨论。研究翻译必然涉及译者(译文)与作家(原作)的关系,尤其是翻译标准及相关原则的制定,在很大程度上就取决于人们对译作与原作之间关系的认识和理解。顾彬在《生死攸关——翻译中的十个命题(包含但不限于中国诗歌)》中重新审视译作与原作、译者与作者的关系,提出十点论据,巩固自己"译者比作者更厉害"[3]的论点。具体内容为:① 译者对两种语言都很陌生(翻译最大的困难不仅在于外语,更是母语功力不够);② 译文不是复制品也不是影子;③ 译文就是原作;④ 译文是民族文学的一部分;⑤ 译文是更好的原文;⑥ 译者比作者与读者了解更多;⑦ 不存在直译,也没有错译;⑧ 每篇译文都是一种阐释;⑨ 翻译意味着勇敢面对历史;⑩ 翻译不是象牙塔的事情,而是一个生死攸关的政治问题[4]。

第三,对翻译的界限与可能性的探讨。吕福克(Volker Klöpsch)在《过去的事就让它过去吧! 对德国汉学翻译批评文化的思考》中指出:"空间距离、历史与社会文化距离、异国情调和语言结构截然不同带来的困惑和思维方式",均会导致误解与错误产生。因此"有时我们承认到达了自己的极限,不理解某些内容,并不是件丢脸的事,也不是缺乏智慧的表现"[5]。他概括德国汉学翻译中的四点现象,希望提高汉学的翻译质量:其一,"翻译技艺在德国的汉学系

---

[1] Katharina Barten und Ulrich Lindlar: Inse Cornelssen/Sun Junhua (Hrsg.): Wang Meng-„Lauter Fürsprecher" und andere Geschichten, in: *Orientierungen*, Nr. 1, 1992, S. 114.

[2] Katharina Barten und Ulrich Lindlar: Inse Cornelssen/Sun Junhua (Hrsg.): Wang Meng-„Lauter Fürsprecher" und andere Geschichten, in: *Orientierungen*, Nr. 1, 1992, S. 116.

[3] Wolfgang Kubin: Auf Leben und Tod! Zehn Thesen zum Übersetzen (nicht nur eines chinesischen Gedichtes), in: *Orientierungen*, Nr. 1, 2008, S. 37-38.

[4] Vgl. Wolfgang Kubin: Auf Leben und Tod! Zehn Thesen zum Übersetzen (nicht nur eines chinesischen Gedichtes), in: *Orientierungen*, Nr. 1, 2008, S. 38-45.

[5] Volker Klöpsch: Einfach nur Schwamm drüber! Überlegungen zu einer Kultur der Übersetzungskritik in der deutschen Sinologie, in: *Orientierungen*, 2015, S. 77.

中并没有得到足够的重视，也没有充分传授给学生"[1]；其二，"德国汉学界没有基础深厚的翻译批评，如《红楼梦》的德译本出版在几年前本应是件值得评论的重大文学事件，应在整个汉学报刊界引起轰动，然而却什么都没有发生"；其三，"针对批评缺乏坦诚与轻松的处理方式，意见与经验没有得到充分交流，只有公开表达批评意见才能推动我们学科的发展"。其四，"译文并非不可更改，一方面，目标语会不断变化，另一方面，新的理解与思考总会出现，即使是那些我们早已确定的文本也是如此"[2]。马海默（Marc Hermann）在《译者作为编辑：以张翎〈金山〉为例探讨中国文学的文体与内容编辑》中提醒译者，"对于原作而言没有一个所谓的正确译文，而总有几个可能的或合法的翻译"，"'正确'的翻译是与功能相适应的，一篇博士论文的译文与一支广告短片的译文是不同的"[3]。相较于文献型翻译，功能翻译理论的优势在于它"拥有前瞻性，因为它不仅回溯原作，而且还向前看它的受众。这种译文不是隶属于原文，而是新的'原文'"[4]。但马海默并不否认忠实原作"是译者工作的道德核心，唯一的问题在于人们是否应该赋予其绝对价值。""翻译是一种交际行为，不仅涉及作者与文本，还涉及更多其他方面。在这个持续协商的过程中，各个方面要求达到平衡"。而"只要改动或改进不违背整体精神，有利于目标文化接受，均可视为对原作的服务"[5]。因此，译者需要达到一种心理平衡："是仆人，却不卑微；自信，但不独断——简而言之：一个自信的仆人"[6]。

---

[1] Volker Klöpsch: Einfach nur Schwamm drüber! Überlegungen zu einer Kultur der Übersetzungskritik in der deutschen Sinologie, in: *Orientierungen*, 2015, S. 93.

[2] Volker Klöpsch: Einfach nur Schwamm drüber! Überlegungen zu einer Kultur der Übersetzungskritik in der deutschen Sinologie, in: *Orientierungen*, 2015, S. 94.

[3] Marc Hermann: Der Übersetzer als Lektor: Zur stilistischen und inhaltlichen Redaktion chinesischer Literatur am Beispiel von Zhang Lings Roman Der Traum vom Goldenen Berg, in: *Orientierungen*, 2015, S. 133.

[4] Marc Hermann: Der Übersetzer als Lektor: Zur stilistischen und inhaltlichen Redaktion chinesischer Literatur am Beispiel von Zhang Lings Roman Der Traum vom Goldenen Berg, in: *Orientierungen*, 2015, S. 134.

[5] Marc Hermann: Der Übersetzer als Lektor: Zur stilistischen und inhaltlichen Redaktion chinesischer Literatur am Beispiel von Zhang Lings Roman Der Traum vom Goldenen Berg, in: *Orientierungen*, 2015, S. 151.

[6] Marc Hermann: Der Übersetzer als Lektor: Zur stilistischen und inhaltlichen Redaktion chinesischer Literatur am Beispiel von Zhang Lings Roman Der Traum vom Goldenen Berg, in: *Orientierungen*, 2015, S. 152.

综而观之，《东方向》创刊 30 余载始终保持独立品格与审美旨趣，兼具先锋性与经典性、普及性与学术性。以顾彬为首的德国汉学家在持续译介中国现当代文学经典作家作品的同时，不忘关注弱势的少数民族文学，大力推介陷入低谷的当代诗歌与边缘化的港台文学，助推中国文学的域外传播。当然，德国汉学家对中国文学的批判认知，自然不免为自身文化的评判标准所裹挟，言论间或有失偏颇，但这恰恰是中国文学在走出国门、迈向世界进程中，值得聆听与扬弃的"他者声音"。

孙国亮、牛全格　文

文学文献目录

卷期	德语篇名	中文译名	作者/译者	栏目	页码
1989/1	Komparatistik in China: Qian Zhongshus Methode punktueller Kontakte	《中国的比较文学：钱锺书的点状联系方法》	Monika Motsch	1986/1987年波恩大学系列讲座四场报告	155—178
1989/2	Zur Selbstbildung bzw. Weiterbildung des Literaturübersetzers	《关于文学翻译家的自我教育或进修》	杨武能	文学翻译：汉语–德语–汉语	1—11
1989/2	Zur literaturtheoretischen Übersetzung aus dem Deutschen ins Chinesische	《论文学理论翻译（德译汉）》	袁志英	文学翻译：汉语–德语–汉语	13—25
1989/2	„Gemeinsamkeiten" und „Unterschiede" bei der Deutsch-Chinesischen Übersetzung	《德汉翻译中的"相似性"和"差异性"》	马树德 作 Elke Spielmanns-Rome 译	文学翻译：汉语–德语–汉语	27—31
1989/2	Die chinesische Bildwelt als Exotik für den chinesischen Leser. Am Beispiel der *Chinesischen Mauer* von Max Frisch	《对中国读者来说具有异域风情的中国图像世界——以马克斯·弗里施的〈中国长城〉为例》	吴建广	文学翻译：汉语–德语–汉语	33—43

标注 * 的作品为未查明中文原作。

续表

卷期	德语篇名	中文译名	作者/译者	栏目	页码
1989/2	Kulturtranslatorik und Konnotationssubstituierung. Übersetzungstheoretische und übersetzungskritische Bemerkungen zu deutschen Übersetzungen chinesischer Literatur der letzten Jahre	《文化翻译学和内涵替代：关于近年来中国文学德文译本的翻译理论和翻译批评的评论》	Richard Trappl	文学翻译：汉语-德语-汉语	45—55
1989/2	Fragen beim Übersetzen moderner chinesischer Lyrik am Beispiel von Guo Moruos frühen Gedichten	《现代中文诗歌翻译过程中的问题——以郭沫若早期诗歌为例》	Ingo Schäfer	文学翻译：汉语-德语-汉语	77—97
1990/1	Vom Heulen des Steppenwolfs: Lu Xuns Erzählung „Der Einsame"	《荒原狼的嚎叫：鲁迅短篇小说〈孤独者〉》	Roderich Ptak	鲁迅（1881—1936）	97—114
1990/1	Die wahre Geschichte des A Q (1921) und ihre Umarbeitung in ein Filmszenarium zu Beginn der achtziger Jahre	《〈阿Q正传〉（1921年）及其在80年代初的电影脚本改编》	Irma Peters	鲁迅（1881—1936）	115—125
1990/1	Feng Zhi und sein Gedichtzyklus „Reise nach Norden"	《冯至与他的组诗〈北游〉》	Barbara Hoster	翻译工作坊	127—146
1990/1	Kang Suzhen: Wo de jinü shengya	《评康素珍：〈我的妓女生涯〉》	Ylva Monschein	书评	147—155
1990/2	Xiao Hongs Geschichten vom Hulanfluß. Ein Beitrag zum Problem der Gattung	《萧红〈呼兰河传〉——对文类问题的探讨》	Gudrun Fabian	中国文学	83—105

续　表

卷期	德语篇名	中文译名	作者/译者	栏目	页码
1990/2	Kein Papierdrachen in der Hand eines Herrn. Die Schriftstellerin Su Qing (苏青) (1917–1982)	《先生手中没有纸风筝——作家苏青（1917—1982年）》	Heike Münnich	中国文学	107—116
1990/2	Das Glück der Hochzeit	《婚礼的幸福》[1]	苏青 作 Heike Münnich 译	中国文学	117—124
1990/2	Tradition und Ideologie – Bemerkungen zum Charakter des Bäuerlichen in Zhao Shulis Werk	《传统与意识形态——评赵树理作品中农民形象》	Thomas Zimmer	中国文学	125—143
1991/1	*Ehegeschichten zur Erleuchtung der Welt*. Ein Roman aus der Qing-Dynastie	《清代小说〈醒世姻缘传〉》	Monika Motsch	波恩大学1989/1990冬季学期系列讲座报告 I	79—98
1991/1	Unwiederbringlich. Unmaßgebliche Bemerkungen zur Lyrik der Qing-Zeit	《无法挽回——对清代诗歌的非权威性评论》	Wolfgang Kubin	波恩大学1989/1990冬季学期系列讲座报告 I	99—112
1991/1	Gedichte von Fei Ma	非马的诗歌（《在密西根湖边看日落》/《我害怕》/《鸟》/《静物》/《老人》）	非马 作 Bernd Eberstein 译	翻译家工作坊：诗歌	123—124
1991/1	*Frau*. Sechs Gedichte von Zhai Yongming	《〈女人〉——翟永明诗六首》（《预感》/《荒屋》/《夜境》/《独白》/《边缘》/《沉默》/《我站在生命中间》*）	翟永明 作 Karl Rospenk 译	翻译家工作坊：诗歌	125—132

---

[1] 中文原作《结婚十年》。

续 表

卷期	德语篇名	中文译名	作者/译者	栏目	页码
1991/1	Peter Hoffmann (Hg.): *Gu Cheng. Quecksilber und andere Gedichte*	《评彼得·霍夫曼编:〈顾城:水银及其他诗歌〉》	Karl Rospenk	书评	147—154
1991/2	Helwig Schmidt-Glintzer: *Geschichte der chinesischen Literatur*	《评施寒微:〈中国文学史〉》	Frank Stahl	书评	155—160
1992/1	Umgangssprachliche Elemente in der frühen buddhistischen Übersetzungsliteratur	《早期佛教翻译文学中的口语化元素》	Rainer von Franz	语言	21—36
1992/1	Emblem und Metapher. Überlegungen zu Sprache, Bedeutung und Wirklichkeit im alten China	《象征和隐喻——对古代中国的语言、意义和现实的思考》	Hans-Georg Möller	语言	37—60
1992/1	Zur Übersetzbarkeit literarischer Texte. Theorie und Praxis am Beispiel einer Übersetzung aus dem Chinesischen	《论文学文本的可译性——以翻译中文文本为例的理论与实践》	Silvia Kettelhut	翻译理论	77—100
1992/1	Zhang Xianliang: *Die Hälfte des Mannes ist die Frau*, übersetzt von Petra Retzlaff	《评彼得拉·雷茨拉夫译:张贤亮:〈男人的一半是女人〉》	E. Höger, A. Lindmeyer, A. Möller, S. Riedel	翻译批评	101—109
1992/1	Shen Congwen: *Grenzstadt*. Die Übersetzung von Ursula Richter und Helmut Forster-Latsch/Marie-Luise Latsch im Vergleich	《沈从文:〈边城〉——译者乌苏拉·里希特和拉驰夫妇译文的对比》	Andrea Puffarth	翻译批评	109—113
1992/1	Inse Cornelssen/Sun Junhua (Hg.): *Wang Meng–„Lauter Fürsprecher" und andere Geschichten*	《评因斯·科内尔森/Sun Junhua 编:〈王蒙:《越说越对》和其他故事〉》	Katharina Barten, Ulrich Lindlar	翻译批评	113—116

续 表

卷期	德语篇名	中文译名	作者/译者	栏目	页码
1992/1	Die Sache mit dem Reisbrei	《关于"粥"的事》[1]	王蒙 作 Silvia Roelcke 译	文学	117—146
1992/2	Schön gesagt	《说得好》[2]	王蒙 作 Annabel Goey 译	印尼、中国及越南的当代文学	85—90
1993/2	Zwei Märchen von Ye Shengtao	叶圣陶童话两则(《傻子》/《瞎子和聋子》)	叶圣陶 作 Friederike Wohlfahrth 译	中国童话 I	49—66
1993/2	Herz aus Jade	《玉心》[3]	丰村 作 Silvia Kettelhut, Anna Gerstlacher, Thomas Kampen, Eva Sternfeld 译	文献：百花齐放	67—95
1993/2	Chinablätter Nr. 18. *In memoriam* Achim Hildebrand. Gesammelte Aufsätze. Herausgegeben von Achim Mittag	《评〈中国报〉第18期：纪念阿希姆·希尔德布兰德，文集，闵道安编》	Frank Stahl	书评	155—158
1994/1	»Orientierungen« im *global village*. Zum Stellenwert des Übersetzens in der Sinologie	《地球村中的〈东方向〉：关于翻译在汉学中的价值》	Richard Trappl	翻译	1—14
1994/1	Zwei Märchen von Yan Wenjing	严文井童话两则(《丁丁的一次奇怪旅行》/《气球、瓷瓶和手绢》)	严文井 作 Sonja Wagenbrenner 译	中国童话 II	59—82

---

[1] 中文原作《坚硬的稀粥》。
[2] 中文原作《诗意》。
[3] 中文原作《美丽》。

续表

卷期	德语篇名	中文译名	作者/译者	栏目	页码
1994/1	In einer stillen Gasse	《小巷深处》	陆文夫 作 Yu Ming-chu, Sylvia Roelcke 译	文献：百花齐放	83—99
1994/1	Zhang Xianliang: *Die Pionierbäume*	《评张贤亮：〈先锋树〉》[1]	Nikola Lerch, Ayuko Roth	翻译批评	116—124
1994/1	Chen Ruoxi: *Heimkehr in die Fremde*	《评陈若曦：〈回到异乡〉》[2]	Rainer Evertz, Ute Meyer	翻译批评	124—128
1994/1	Yu Dafu: »An einem Abend im trunkenen Frühlingswind«	《评郁达夫：〈春风沉醉的晚上〉》	Wulf Begrich, Heike Kuppe	翻译批评	128—137
1994/1	Jiang Zheng: *Ren de jiefang yu yishu de jiefang: Guo Moruo yu Gede*	《评姜铮：〈人的解放与艺术的解放——郭沫若与歌德〉》	Dou Wenyi	书评	142—146
1994/1	John Lagerwey: Der Kontinent der Götter	《评劳格文：〈神的大陆〉》	Barbara Hendrischke	书评	146—150
1994/2	Vom »Doppelmörder« zum »Spion«. Wege zur Übertragung chinesischer Literatur	《从"双重谋杀"到"间谍"：中国文学翻译之路》	Wolfgang Kubin	—	17—33
1994/2	Rückhalt in unscheinbaren Wirklichkeiten. Der chinesische Dichter Han Dong	《在平凡琐事中寻找支撑点——中国诗人韩东》	Karl Rospenk	诗与阐释Ⅰ	34—46
1994/2	Die umherziehende Wolke	《浮云》	严文井 作 Sonja Wagenbrenner 译	中国童话Ⅲ	85—91

[1] 中文原作《绿化树》。
[2] 中文原作《归》。

续 表

卷期	德语篇名	中文译名	作者/译者	栏目	页码
1994/2	Die Neuwahl	《改选》	李国文 作 Michael Quirin 译	文献： 百花齐放	92—112
1994/2	Jia Pingwa: *Fei Du* (Die verbrauchte Großstadt)	《评贾平凹：〈废都〉》	Shen Yong	书评	148—152
1994/2	Chen Kaige: *Kinder des Drachen: Eine Jugend in der Kulturrevolution*	《评陈凯歌：〈龙的孩子——"文革"中的少年〉》[1]	Thomas Weyrauch	书评	154—158
1994/2	Peter Hoffmann: *Gu Cheng. Eine dekonstruktive Studie zur »Menglong«-Lyrik*	《评彼得·霍夫曼：〈顾城——朦胧诗的解构主义研究〉》	Christian Schwermann	书评	158—160
1995/1	Sehnsucht nach dem früheren Leben. Gedichte von Hai Zi	《思念前生——海子的诗》（《平常人诞生的故乡》/《秋》/《九月》/《思念前生》）	海子 作 Thomas Baumgartner 译	诗与阐释	40—44
1995/1	Es war einmal ein Berg	《从前有座山》	友友 作 Sybille Houben 译	当代短篇小说	98—118
1995/1	Das graue Segel	《灰色的帆篷》	李准 作 Thomas Harnisch 译	文献： 百花齐放	129—140
1995/1	Li Changke: *Der China-Roman in der deutschen Literatur 1890–1930: Tendenzen und Aspekte*	《评李昌珂：〈德语文学中的中国题材小说（1890—1930年）：趋势与观点〉》	Frank Stahl	书评	155—157
1995/1	Chen Zhongshi: *Bailuyuan (Die Ebene des weißen Hirsches)*	《评陈忠实：〈白鹿原〉》	Shen Yong	书评	157—159
1995/2	Tagtraum. An eine Tote	《白日梦——致一个死去的女人》*	马德升 作 Jörg Ruthel, Jörn Hamdorf 译	印尼及中国文学	47—48

---

[1] 中文原作《少年凯歌》。

续表

卷期	德语篇名	中文译名	作者/译者	栏目	页码
1995/2	Eintritt in die Partei	《入党》	耿龙祥 作 Roderich Ptak 译	文献：百花齐放	139—149
1995/2	Wai-Lim Yip: *Lyrics from Shelters. Modern Chinese Poetry 1930–1950* und Wai-Lim Yip: *Diffusion of Distances. Dialogues between Chinese and Western Poetics*	《评叶维廉：〈防空洞里的抒情诗：1930—1950年的中国新诗〉和〈距离的扩散：中西诗学对话〉》	Wolfgang Kubin	书评	150—152
1995/2	Theresia M. Arndt: *Meister Lius Traktate zur Erneuerung in Krisenzeiten (Liuzi xinlun). Ein Herrscherspiegel aus Chinas 6. Jh.*	《评特蕾西娅·M.阿恩特：〈刘子新论：公元六世纪中国统治者之镜〉》	Barbara Hendrischke	书评	157—160
1995 特刊	Das goldene Joch	《金锁记》	张爱玲 作 Wulf Begrich 译	1912—1949年的现代文学	1—61
1995 特刊	Essays	杂文（《介绍我自己的思想》/《新思潮的意义》/《信心与反省》/《少年中国之精神》）	胡适 作 Jutta Strebe 译	1912—1949年的现代文学	62—110
1995 特刊	Schneemorgen	《微雪的早晨》	郁达夫 作 Chang Hsien-chen 译	1912—1949年的现代文学	111—124
1995 特刊	Ein Tagelöhner	《日工》[1]	杨青矗 作 Birgit Rohn 译	当代批判性文本	125—150
1995 特刊	Drachenknochen	《龙骨》	西西 作 Jörn Beißert 译	当代批判性文本	151—158

---

[1] 中文原作《低等人》。

续表

卷期	德语篇名	中文译名	作者/译者	栏目	页码
1996/1	Xiao Hong: Der Ort des Lebens und des Sterbens. Übersetzungskritik von Petra Magor	《萧红：〈生死场〉——佩特拉·马戈的翻译批评》	Petra Magor	语言与翻译：中国	110—114
1996/1	Shen Congwen: Türme über der Stadt. Übersetzungskritik von Su Fu und Xiaoqin Yang-Müller	《沈从文：〈边城〉——Su Fu，Xiaoqin Yang-Müller 的翻译批评》	Su Fu, Xiaoqin Yang-Müller	语言与翻译：中国	115—119
1996/1	Der Abteilungsleiter	《科长》	南丁 作 Renate Krieg, Christian Schwermann 译	文献：百花齐放	120—133
1996/1	Martin Kern: *Zum Topos »Zimtbaum« in der chinesischen Literatur. Rhetorische Funktion und poetischer Eigenwert des Naturbildes* kuei. und *Zwei chinesische Singspiele der Qing-Dynastie. Übersetzt von Alfred Forke. Mit einer Ergänzung: Ein anonymes Singspiel der Yuan-Zeit in der Fassung von John Hefter, bearbeitet und ergänzt von Martin Gimm.* und *Elf chinesische Singspieltexte aus neuerer Zeit nebst zwei Dramen in westlicher Manier. Übersetzt von Alfred Forke, bearbeitet und ergäntzt von* Martin Gimm	《评柯马丁：〈中国文学中的"桂树"——自然景象"桂"的修辞作用和内在诗学价值〉；〈两部清代中国戏曲〉（附一部未署名元代戏曲）；〈十一部新时期中国歌剧〉（含两部西式风格戏剧）》[1]	Wolfgang Kubin	书评	142—145

---

[1]《两部清代中国戏曲》：阿尔弗雷德·佛尔克译，约翰·海福特供未署名元代戏曲文本，嵇穆修改与增补；《十一部新时期中国歌剧》：阿尔弗雷德·佛尔克译，嵇穆修改与增补。

续 表

卷期	德 语 篇 名	中 文 译 名	作者/译者	栏目	页码
1996/1	Monika Motsch: *Mit Bambusrohr und Ahle. Von Qian Zhongshus Guanzhuibian zu einer Neubetrachtung Du Fus*	《评莫宜佳：〈以管锥为度——从钱锺书的〈管锥编〉到对杜甫的重新审视〉》	Barbara Hendrischke	书评	150—153
1996/1	Liang Xihua: *Xianggang daxuesheng (Der Hongkonger Student)*	《评梁锡华：〈香港大学生〉》	黄伟平	书评	153—156
1996/1	Ding Ling: *Jahreszeiten einer Frau*	《评丁玲：〈母亲的四季〉[1]》	Gayaneh Hagopian	书评	156—162
1996/2	Zeitgenössische chinesische Lyrik und Sprachbewußtsein. Betrachtungen zum metapoetischen Verfahren der Postobskuren Lyrik	《当代中国诗歌和语言意识——后朦胧诗"元诗"过程研究》[2]	张枣	中国：诗与阐释	63—81
1996/2	Selbst und Kultur. Zum Stellenwert von Kultur in chinesischen Gedichten der achtziger Jahre	《自我与文化——关于文化在80年代中国诗歌中的地位》	Karl-Heinz Pohl	中国：诗与阐释	82—95
1996/2	Literarisches Übersetzen: Chinesisch-Deutsch. Shi Tiesheng, Eine halbe Stunde Mittagspause	《文学翻译：汉德——史铁生：〈午餐半小时〉》	Dorothea Wippermann 等 译	语言与翻译	101—116
1996/2	Die Föhren von Xiyuan	《西苑草》	刘绍棠 作 Barbara Ascher, Christian Schwermann 译	文献：百花齐放	117—146
1996/2	Richard Emmerich: *Li Ao. Ein chinesisches Gelehrtenleben*	《评里查德·埃梅里希：〈李翱：中国学者的生活〉》	Wolfgang Kubin	书评	147—149

---

[1] 中文原作《母亲》。
[2] 中文原作《朝向语言风景的危险旅行——中国当代诗歌的元诗结构和写作姿态》。

续表

卷期	德语篇名	中文译名	作者/译者	栏目	页码
1996/2	Liang Xiaosheng: Nianlun 年轮 (Jahresringe)	《评梁晓声:〈年轮〉》	Shen Yong	书评	157—160
1997/1	Phallus	《伏羲伏羲》	刘恒 作 Christian Schwermann 译	中国:电影与文学	123—133
1997/1	Eine halbe Stunde Mittagspause	《午餐半小时》	史铁生 作 Dorothea Wippermann 等译	中国:语言与翻译	134—151
1997/1	Der Autor Shi Tiesheng und seine Kurzgeschichte »Wucan ban xiaoshi«	《作家史铁生及其短篇小说〈午餐半小时〉》	Dorothea Wippermann 等	中国:语言与翻译	151—164
1997/2	Didaktik und Methodik der literarischen Übersetzung in der Sinologie. Am Beispiel einer Kurzgeschichte von Shi Tiesheng	《汉学中的文学翻译教学法和方法论——以史铁生的一篇短篇小说为例》	Dorothea Wippermann	中国:语言与文学	78—118
1997/2	Wie Yang Dafa zu seinem dritten Namen kam	《杨大发是如何得到他的第三个名字的》[1]	方之 作 Ulrike Nootz, Christian Schwermann 译	文献:百花齐放	119—131
1997/2	Der König des Granatapfelbaumes und Das Holzpferd. Zwei uigurische Märchen	维吾尔民间童话两则(《一棵石榴树的国王》/《木马》)	Rainald Simon 译	中国童话	132—154

---

[1] 中文原作《杨妇道》。

续表

卷期	德语篇名	中文译名	作者/译者	栏目	页码
1997/2	Gu Cheng 顾城：Ying'er 英儿；Mai Qi (Ying'er) 麦琪（英儿），Hun duan ji liu dao 魂断激流岛 (Mit gebrochem Herzen auf der Insel Waikehe)	《评顾城：〈英儿〉，麦琪（英儿）：〈魂断激流岛〉》	黄伟平	书评	155—157
1998/1	Die Fahne hoch	《爬在旗杆上的人》	耿简 作 Martin Krott 译	文献：百花齐放	66—98
1998/1	Versiegter Strom	《枯河》	莫言 作 Karin Hasselblatt 译	中国：文学与翻译	99—112
1998/1	Berg der Seelen	《灵山》	高行健 作 Franziska Paulig 译	中国：文学与翻译	113—125
1998/1	Wang Meng: Zäher Reisbrei. Übersetzungskritik von Anja Schmitz	《王蒙〈坚硬的稀粥〉——阿尼亚·施米茨的翻译批评》	Anja Schmitz	中国：文学与翻译	126—142
1998/1	Chinesische Literatur – Stadt – Stadtliteratur. Gespräch mit Zhang Dexiang	《中国文学—城市—城市文学——对话张德祥》	Irmy Schweiger	中国：文学与翻译	143—153
1998/2	Londoner Miszellen	《伦敦随笔》	王家新 作 Wolfgang Kubin 译	文学与阐释：印尼、中国	89—101
1998/2	Am Rande des Abgrunds	《在悬崖上》	邓友梅 作 Helmut Forster-Latsch 译	文献：百花齐放	102—137
1998/2	Hanne Chen: Sehr nah, sehr fern, sind sich Mann und Frau. Liebeslyrik von Frauen im Alten China der Tang-Zeit	《评 Hanne Chen：〈男人与女人，很近又很远——中国唐代女性的爱情诗〉》	Wolfgang Kubin	书评	145—146

续表

卷期	德语篇名	中文译名	作者/译者	栏目	页码
1998/2	Duo Duo: *Heimkehr*	《评多多：〈回家〉》	Wolfgang Kubin	书评	146—147
1998/2	*John Rabe. Der gute Deutsche von Nanking*, hrsg. Von Erwin Wickert	《评埃尔文·魏克德编：〈约翰·拉贝：来自南京的德国好人〉》	Wolfgang Kubin	书评	147—150
1998/2	Lulu Wang: *Das Seerosenspiel*	《评王露露：〈荷花戏台〉》	Wolfgang Kubin	书评	157—159
1998/2	Yuan Mei: *Chinesische Geistergeschichten*, hrsg. und übers. von Rainer Schwarz	《评赖纳·施瓦茨编译：〈袁枚：子不语〉》	Philip Clart	书评	159—163
1998/2	Zhidong Yang: *Klara Blum – Zhu Bailan (1904 – 1971). Leben und Werk einer österreichisch-chinesischen Schriftstellerin*	《评 Yang Zhidong：〈朱白兰（1904—1971年）——一位中国籍奥地利女作家的生平与作品〉》	Wolfgang Kubin	书评	163—165
1999/1	Ein Blatt am Rand. Bemerkungen zur neueren Lyrik von Leung Ping-kwan	《边叶：评梁秉钧的新诗》	Wolfgang Kubin	诗与阐释：中国、印尼	105—111
1999/1	Im Regen geschrieben. Gedichte	《雨中作——诗歌》（《雨中作》/《呵雾》/《玫瑰盛宴》/《一场小雪》/《日本电器》/《人民银行》/《北站》/《Pankow》）	萧开愚 作 Raffael Keller 译	诗与阐释：中国、印尼	121—129
1999/1	Abschied in kalter Nacht	《寒夜的别离》	阿章 作 Thomas Harnisch 译	文献：百花齐放	135—149

续表

卷期	德语篇名	中文译名	作者/译者	栏目	页码
1999/1	Martin Gimm (Hrsg.): Kaiser Qianlong (1711–1799) als Poet. Anmerkungen zu seinem schriftstellerischen Werk	《评嵇穆编：〈诗人皇帝乾隆[1]（1711—1799年）：评述写作作品〉》	Wolfgang Kubin	书评	154—155
1999/1	Mo Yan: Die Knoblauchrevolte	《评莫言：〈天堂蒜薹之歌〉》	Thomas Weyrauch	书评	156—159
1999/1	Xu Kun: Nüwa, Youxing, Regou	《评徐坤：〈女娲〉〈游行〉〈热狗〉》	Shen Yong	书评	159—162
1999/1	Ye Kaidi: Lantudi, yuanxingzhe	《评叶凯蒂：〈蓝土地，远行者〉》	Shen Yong	书评	162—163
1999/2	Gefühle	《有感》(《温柔》/《有感》/《夜之歌》/《时之表现》/《弃妇》)	李金发 作 Harald Jeschke 译	诗与阐释：印尼、越南、中国	61—66
1999/2	»Position zu beziehen ist entsetzlich schwer«. Gespräch mit der chinesischen Literaturwissenschaftlerin Dai Jinhua über urbane Kultur und die Situation von Intellektuellen in den neunziger Jahren	《"获得位置极为艰难"：就城市文化和90年代知识分子的处境对话中国文学家戴锦华》	Irmy Schweiger	中国文学	67—80
1999/2	Kaltes Land	《冷土》	王安忆 作 Eva Richter 译	中国文学	81—118
1999/2	Männer und Frauen – Frauen und Städte	《男人和女人，女人和城市》[2]	王安忆 作 Julia Bergemann, Barbara Hoster 译	中国文学	119—127

[1] 此处用乾隆这一年号代指弘历（1711—1799年）。
[2] 中文原作《荒山之恋》。

续 表

卷期	德语篇名	中文译名	作者/译者	栏目	页码
1999/2	Qin Mu: Gehen lernen in Handan	《邯郸学步》	秦牧 作 Corinna Beckmann-Keutner, Anne von der Eltz 译	文献：百花齐放Ⅱ（1959—1962年），延安（1942年）	128—131
1999/2	Wu Han: Von Menschen und Geistern	《人和鬼》	吴晗 作 Chai-hsin Chen, Kosima Weber 译	文献：百花齐放Ⅱ（1959—1962年），延安（1942年）	131—136
1999/2	Ai Qing: Die Schriftsteller verstehen und respektieren	《了解作家，尊重作家》	艾青 作 Petra Großholtforth, Anne Gröning-von der Eltz 译	文献：百花齐放Ⅱ（1959—1962年），延安（1942年）	136—139
1999/2	Ding Ling: Gedanken zum Tag der Frau	《三八节有感》	丁玲 作 Livia Knaul, Bastian Broer 译	文献：百花齐放Ⅱ（1959—1962年），延安（1942年）	139—144
1999/2	*The Indiana Companion to Traditional Chinese Literature*, hrsg. von William Nienhauser Jr.	《评倪豪士编：〈印第安纳中国古典文学手册〉》	Wolfgang Kubin	书评	162—164
2000/1	»Yi« 夷，»Yang« 洋，»Xi« 西 und »Wai« 外. Zum wort- und begriffsgeschichtlichen Wandel des Chinesischen im 19. Jahrhundert	《夷，洋，西，外：论19世纪汉语词汇和概念的演变》	方维规	中国：语言和写作	15—46
2000/1	Funktion und Stellung des Dialekts in ausgewählten chinesischen Erzählwerken	《部分中国叙事作品中方言的作用和地位》	Thomas Zimmer	中国：语言和写作	47—63

续表

卷期	德语篇名	中文译名	作者/译者	栏目	页码
2000/1	Laudatio zur Verleihung des Anne-Kao-Preises an Zhang Zao und Duo Duo	《安高诗歌奖授奖词（获奖者：张枣、多多）》	萧开愚 作 Raffael Keller 译	中国：诗与阐释	110—117
2000/1	Handschellen aus Papier. Der Dichter Ouyang Jianghe	《〈纸手铐〉：诗人欧阳江河》	Wolfgang Kubin	中国：诗与阐释	118—128
2000/1	Im Teehaus »Zum Wohlgeruch«	《在其香居茶馆里》	沙汀 作 Mao Lei 译	文献：40年代中国文学	129—148
2000/2	Erinnerungen an die Schuld. Die Aufarbeitung der Kulturrevolution am Beispiel der »Selbstbekenntnisliteratur« (zibai wenxue) bei Liang Xiaosheng	《回忆过错：对"文革"的梳理——以梁晓声"自白文学"为例》	Thomas Zimmer	20世纪的中国身份	77—98
2000/2	Chinesische Identität in den Erzählungen der Schriftstellerin Wang Anyi	《女作家王安忆小说中的中国身份》	Gerlinde Gild	20世纪的中国身份	99—112
2000/2	Demütigungen	《委屈》	茅盾 作 Martin Krott 译	文献：40年代中国文学	113—128
2000/2	Hwee Hwee Tan, Drachenkinder	《评陈慧慧：〈龙的孩子〉》[1]	Thomas Zimmer	评论与会议报告	129—133
2000/2	Alice Grünfelder (hrsg.), An den Lederriemen geknotete Seele. Erzähler aus Tibet. Tashi Dawa, Alai, Sebo	《评阿丽斯·格林恩菲尔德编：〈被束缚在皮带上的灵魂——藏族小说家：扎西达娃、阿来、色波〉》	Thomas Zimmer	评论与会议报告	133—135

---

[1] 英文原作 *Foreign Bodies*。

续表

卷期	德语篇名	中文译名	作者/译者	栏目	页码
2000/2	Alice Grünfelder, *Tashi Dawa und die neuere tibetische Literatur*	《评阿丽斯·格林恩菲尔德:〈扎西达娃与西藏新文学〉》	Helmut Forster-Latsch	评论与会议报告	135—138
2000/2	Caroline Draeger, *Die chinesischsprachige Literatur aus Malaysia und Singapur 1919–1995*	《评卡罗琳·德雷格:〈马来西亚与新加坡的华语文学(1919—1995年)〉》	Holger Warnk	评论与会议报告	138—142
2000/2	Kan Yujing, *Wo suo liaojie de Deguo. Yi wei liu De nüshi de xinlihua* – dies., *Vergessen wider*	《评阚昱静:〈我所了解的德国:一位留德女士的心里话〉〈抗拒遗忘〉》	Shen Yong	评论与会议报告	142—145
2000/2	Klaus Mühlhahn, *Geschichte, Frauenbild und kulturelles Gedächtnis. Der ming-zeitliche Roman Shuihu zhuan*	《评余凯思:〈历史,妇女形象与文化记忆——明代小说《水浒传》〉》	Wolfgang Kubin	评论与会议报告	153—154
2000/2	Zong-qi Cai, *The Matrix of Lyric Transformation. Poetic Modes and Self-Presentation in Early Chinese Pentasyllabic Poetry*	《评蔡宗齐:〈汉魏晋五言诗的演变——四种诗歌模式与自我呈现〉》	Wolfgang Kubin	评论与会议报告	154—156
2000/2	Günther Debon (Hrsg. und Übers.): *Daoistisches Denken in der deutschen Romantik,* – ders., *China zu Gast in Weimar* – ders., *So der Westen wie der Osten*	《评君特·德博编译:〈德国小说中的道家思想〉〈中国做客魏玛〉〈西方如东方〉》	Wolfgang Kubin	评论与会议报告	156—159
2000/2	Wai-lim Yip (Hrsg. und Übers.), *Chinese Poetry: An Anthology of Major Modes and Genres*	《评叶维廉编译:〈汉诗英华〉》	Christian Schwermann	评论与会议报告	159—163

259

续表

卷期	德语篇名	中文译名	作者/译者	栏目	页码
2001/1	Still wie Wasser	《平静如水》	苏童 作 Ylva Monschein 译	中国文学	58—101
2001/1	Autobiographie	《自传》	余华 作 Ulrich Kautz 译	中国文学	102—109
2001/1	Irma Vep, Batman and Monster City. Film and Poetry: A Perspective from Hong Kong	《〈迷离劫〉，蝙蝠侠与怪物城——电影与诗歌：一个香港视角》	Wolfgang Kubin	中国香港的艺术	116—124
2001/1	»What Shall We Do?« Preliminary Remarks on Traits of Post-Modernism in the Formative Period (1978–1984) of the Poet Liang Bingjun (Leung Ping-kwan)	《我们该怎样行动？——浅谈诗人梁秉钧形成期（1978—1984年）的后现代主义特征》	Wolfgang Kubin	中国香港的艺术	125—133
2001/1	Der Appell	《嘱咐》	孙犁 作 Udo Hoffmann 译	文献：40年代中国文学	134—144
2001/1	Ernest G. Heppner, *Fluchtort Shanghai*	《评赫派·耐尔：〈逃亡地上海〉》	Wolfgang Kubin	评论与会议报告	151—153
2001/1	Susanne Becker, *Lyrik chinesischer Dichterinnen. Von den Anfängen (11. Jh. v.Chr.) bis zum 10. Jh. n.Chr.*	《评苏珊娜·贝克尔：〈中国女诗人的诗歌——从起源（公元前11世纪）到公元10世纪〉》	Wolfgang Kubin	评论与会议报告	157—158
2001/2	Mädchen von neunzehn Jahren. Das Motiv des Kindermädchens in der zeitgenössischen chinesischen Literatur	《〈悠远的十九岁〉：当代中国文学中的保姆主题》	胡秋华	中国当代文学	106—125

续表

卷期	德语篇名	中文译名	作者/译者	栏目	页码
2001/2	1966, dein Puschkin ist gerade im Kessel	《1966年，你的普希金正在锅炉里》	王小妮 作 黄伟平 译	中国当代文学	126—140
2001/2	Yulai ist nicht tot	《雨来没有死》[1]	管桦 作 Irene Wegner 译	文献：40年代中国文学	141—148
2001/2	Raoul David Findeisen, *Lu Xun. Texte, Chronik, Bilder, Dokumente*	《评冯铁：〈鲁迅：文章、编年史、图片、文献〉》	Thomas Zimmer	评论与会议报告	152—155
2001/2	Gao Xingjian, *Nächtliche Wanderung*–ders., *Auf dem Meer*	《评高行健：〈夜游神〉〈海上〉》	Wolfgang Kubin	评论与会议报告	155—156
2002/1	Der Pekinger Marathon	《北京马拉松》	孔捷生 作 Andrea Wehrmeister 译	变化中的北京	116—140
2002/1	Marc Winter, »...und Cang Jie erfand die Schrift«. Ein Handbuch für den Gebrauch des *Shuo Wen Jie Zi*	《评冬玛轲：〈"……然后仓颉发明了文字"——《说文解字》使用手册〉》	Wolfgang Kubin	评论与会议报告	141—142
2002/1	Jürgen Wertheimer und Susanne Göße (Hrsg.): *Zeichen lesen. Lesezeichen. Kultursemiotische Vergleiche von Leseweisen in Deutschland und China*	《评尤尔根·韦特海默、苏珊娜·戈斯编：〈符号阅读，阅读符号：中德阅读方式文化符号学比较〉》	Wolfgang Kubin	评论与会议报告	144—146
2002/1	Ruth Cremerius, *Das poetische Hauptwerk des Xu Zhimo (1897–1931)*	《评露丝·克里梅里乌斯：〈徐志摩（1897—1931年）诗歌代表作品〉》	Wolfgang Kubin	评论与会议报告	146—147

---

[1] 节选自《小英雄雨来》。

续表

卷期	德语篇名	中文译名	作者/译者	栏目	页码
2002/1	Kathrin Ensinger, *Leben und Fiktion. Autobiographisches im erzählerischen Werk der chinesischen Autorin Lin Bai*	《评卡特琳·恩辛格：〈生活与小说：中国女作家林白叙事作品中的自传性〉》	Wolfgang Kubin	评论与会议报告	147—148
2002/1	Hong Ying, *Der verratene Sommer*	《评虹影：〈背叛之夏〉》	Wolfgang Kubin	评论与会议报告	148—149
2002/1	Zhang Jie, *Abschied von der Mutter*	《评张洁：〈告别母亲〉》[1]	Wolfgang Kubin	评论与会议报告	149—150
2002/1	René Schnell: *Briefe aus Shanghai 1946–1952. Dokumente eines Kulturschocks*	《评勒内·施内尔：〈上海来信（1946—1952年）：关于一次文化冲击的文献〉》	Wolfgang Kubin	评论与会议报告	152—153
2002/2	Peking im Gedicht. Wang Jiaxin und Zhang Zao in München	《诗中的北京：王家新与张枣在慕尼黑》（张枣《地下篮球场》/王家新《风景》《蝎子》《一个劈木柴过冬的人》《楼梯》《致一位女诗人》《第四十二个夏季》《冬天的诗》）	张枣、王家新 作 Wolfgang Kubin 译	变化中的北京	122—132
2002/2	Ein neuer Blick zurück in die Vergangenheit? Der Umgang mit dem historischen Raum im Erzählwerk des zeitgenössischen Schriftstellers Su Tong	《回望历史？当代作家苏童叙事作品中的历史空间》	Thomas Zimmer	中国当代文学	133—148
2002/2	Gu Zhengxiang (Hrsg.), *Anthologien mit chinesischen Dichtungen*	《评顾正祥编：〈中国诗德语翻译总目〉》	Günther Debon	评论与会议报告	149—151

---

[1] 中文原作《世界上最疼我的那个人去了》。

续 表

卷期	德语篇名	中文译名	作者/译者	栏目	页码
2002/2	Andrea Riemenschnitter, *China zwischen Himmel und Erde. Literarische Kosmographie und nationale Krise im 17. Jahrhundert*	《评洪安瑞:〈天地之间的中国:17世纪的文学宇宙图景与民族危机〉》	Wolfgang Kubin	评论与会议报告	151—152
2002/2	Cheung Chiu-yee, *Lu Xun. The Chinese »Gentle« Nietzsche/Lu Xun: Zhongguo »wenhe« de Nicai*	《评张钊贻:〈鲁迅:中国"温和"的尼采〉》	Raoul David Findeisen	评论与会议报告	152—158
2003/1	Grenzen des Übersetzens. Schwierigkeit und Unmöglichkeit des Übersetzens beim Altchinesischen	《翻译的局限性——古代汉语的难译性和不可译性》	Ulrich Unger	中国:语言与翻译	67—85
2003/1	Masken der Macht. Li Peifus Roman *Die Tür zu den Schafen* als gesellschaftskritische Bestandsaufnahme	《权力的面具——李佩甫的小说〈羊的门〉作为社会批评的总结》	Ylva Monschein	中国当代文学	86—115
2003/1	Ein hochkultiviertes Gesprächsthema	《高雅的话题》	刘心武 作 Helmut Forster-Latsch, Marie-Luise Latsch 译	中国当代文学	116—125
2003/1	Bilder von Hongkong. Gedichte von Leung Ping-kwan	《形象香港:梁秉钧的诗歌》《形象香港》/《老殖民地建筑》/《异乡的早晨》/《苏东坡在惠州》/《往乐山的路》/《重画地图》	梁秉钧 作 Wolfgang Kubin 译	中国当代文学	126—134
2003/1	Über Liebe und Duldsamkeit unter Genossen	《论同志之"爱"与"耐"》	萧军 作 Stephan von Minden 译	文献:延安(1942年)	135—140

续表

卷期	德语篇名	中文译名	作者/译者	栏目	页码
2003/1	Lao She, *Vier Generationen unter einem Dach*	《评老舍：〈四世同堂〉》	Wolfgang Kubin	评论与会议报告	141—143
2003/1	Sabine Peschel, Zhang Xiaoying (Hrsg.), *Das irdische Dasein. Deutsche Welle Literaturpreis China*	《评莎沛雪、张晓颖编：〈人间烟火：德国之声文学大奖优秀作品文集〉》	Thomas Zimmer	评论与会议报告	144—145
2003/1	*Song of the Snow Lion. New Writing from Tibet*, ed. by Herbert Batt, Tsering Shakya and Frank Stewart	《评赫伯特·巴特、次仁·沙迦和弗兰克·斯图尔特编：〈雪狮之歌：西藏文学新作〉》	Alice Grünfelder	评论与会议报告	152—154
2003/2	Das Volk der Dichter, Denker und Kanonenbauer. Die Mechanismen im Wandel des chinesischen Bildes von Deutschland	《诗人、思想家和炮弹建造者的民族：中国形象在德国的变迁机制》	Thomas Zimmer	—	1—19
2003/2	Der Tanzpartner	《舞伴》	王安忆 作 Monika Gänßbauer 译	中国当代文学	123—132
2003/2	Liebe in Zeiten von Sars	《非典时期的情诗》	梁秉钧 作 Wolfgang Kubin 译	中国当代文学	133—135
2003/2	Die Stadt mit der Maske	《戴着面具的城市》[1]	梁秉钧 作 Wolfgang Kubin 译	中国当代文学	136—144
2003/2	Hildegard Heindl, *Heimat in der Fremde. Das Ich der Sanmao im Spiegel ihres Werkes*	《评希尔德加德·海德尔：〈远方的故乡——三毛作品中的自我形象〉》	Stella Neumann	评论与会议报告	151—154

---

[1] 原作为英文。

续表

卷期	德语篇名	中文译名	作者/译者	栏目	页码
2003/2	Helmut Martin, *Das kulturelle China und die Chinawissenschaften. Aufsätze 1996–1999. Texte aus dem Nachlass*	《评马汉茂:〈文化中国和中国学——1966—1999年间的文章:遗物中的文本〉》	Wolfgang Kubin	评论与会议报告	154—155
2003/2	Marion Eggert, *Rede vom Traum. Traumauffassungen der Literatenschicht im späten kaiserlichen China*	《评玛丽恩·艾格特:〈说梦:帝制后期中国文人阶层的对梦的见解〉》	Wolfgang Kubin	评论与会议报告	155—156
2003/2	Vibeke Børdahl und Jette Ross, *Chinese Storytellers. Life and Art in the Yangzhou Tradition*	《评易德波、杰特·罗斯:〈中国的讲故事者:扬州传统中的生活和艺术〉》[1]	Karl Reichl	评论与会议报告	156—158
2004/1	*Das Glück des Gedichts. Zur chinesischen Dichterin Zhai Yongming*	《诗歌的幸运:关于中国女诗人翟永明》	Wolfgang Kubin	印尼、越南及中国的当代文学	96—103
2004/1	Hans-Georg Möller, *Daoistisches Denken*	《评汉斯·格奥尔格·梅勒:〈道家思想〉》	Wolfgang Kubin	评论与会议报告	147—149
2004/1	Michelle Yeh/N.G.D. Malmqvist (ed.), *Frontier Taiwan. An Anthology of Modern Chinese Poetry*	《评马悦然、奚密编:〈台湾现代汉语诗选〉》	Wolfgang Kubin	评论与会议报告	151—152
2004/1	Yang Mu, *Patt beim Go. Gedichte*	《评杨牧:〈和棋——诗歌〉》	Wolfgang Kubin	评论与会议报告	152—154
2004/1	Shang Jinlin, *Ganjue Riben [Japan erleben]*	《评商金林:〈感觉日本〉》	王霄冰	评论与会议报告	155—157
2004/2	*Ming-Loyalismus im historischen Roman Chinas im 17. Jahrhundert*	《17世纪中国历史小说中的反清复明》	Thomas Zimmer	波恩大学亚洲研究中心2002年夏季学期系列讲座报告	67—86

---

[1] 中文原作《古城扬州与扬州评话》。

续表

卷期	德语篇名	中文译名	作者/译者	栏目	页码
2004/2	Günther Debon (Hrsg. und Übers.), *Der Kranich ruft. Chinesische Lieder der ältesten Zeit*	《评君特·德博编译：〈鹤鸣：中国最古老的诗歌〉》	Wolfgang Kubin	评论与会议报告	150—151
2004/2	Cai Zong-qi (Hrsg.), *A Chinese Literary Mind. Culture, Creativity, and Rhetoric in Wenxin Diaolong*	《评蔡宗齐编：〈中国文心——《文心雕龙》中的文化、创作及修辞理论〉》	Wolfgang Kubin	评论与会议报告	151—153
2004/2	Wei Hui, *Shanghai Baby*	《评卫慧：〈上海宝贝〉》	Wolfgang Kubin	评论与会议报告	159—160
2005/1	»Ich bin der Frühling, den der Norden nicht erträgt«. Zheng Chouyu in der Bundeskunsthalle	《"我是北地忍不住的春天"——郑愁予到访德国联邦艺术馆》（《偈》/《天窗》/《昙花》/《山鬼》/《进入巴黎》/《衣物》/《燕云集》）	郑愁予 作 Wolfgang Kubin 译	中国：诗与阐释	129—143
2005/1	Essen in Shanghai	《上海滋味》	麦惠仪 作 Wolfgang Kubin 译	中国：诗与阐释	144—148
2005/1	Birgit Häse, *Einzug in die Ambivalenz. Erzählungen chinesischer Schriftstellerinnen in der Zeitschrift »Shouhuo« zwischen 1979 und 1989*	《评比尔吉特·海瑟：〈陷入矛盾——1979—1989年《收获》杂志中中国女作家的小说〉》	Wolfgang Kubin	评论与会议报告	155—156
2005/1	Hei Ma, *Verloren in Peking*	《评黑马：〈混在北京〉》	Wolfgang Kubin	评论与会议报告	156—157
2005/2	Wai-ching Angela Wong, *The Poor Woman. A Critical Analysis of Asian Theology and Contemporary Chinese Fiction by Women*	《评黄慧贞：〈可怜的女人——对亚洲神学及当代中国女作家小说的批判分析〉》	Wolfgang Kubin	评论与会议报告	142—143

续 表

卷期	德语篇名	中文译名	作者/译者	栏目	页码
2005/2	Runfang Liu, *Naturlyrik Su Shis und Goethes. Ein Vergleich ihrer ästhetischen Grundlagen*	《评刘润芳:〈苏轼与歌德的自然诗——美学基础比较〉》	Wolfgang Kubin	评论与会议报告	143
2005/2	Brain Hooper, *Voices in the Heart. Postcolonialism and Identity in Hong Kong Literature*	《评布莱恩·胡伯:〈心中的声音——香港文学中的后殖民主义和身份〉》	Wolfgang Kubin	评论与会议报告	144—145
2005/2	Thomas Täubner, *Chinas neuer Heiliger. Lu Xun in der Volksrepublik China*	《评托马斯·陶博纳:〈中国新圣——鲁迅在新中国〉》	Wolfgang Kubin	评论与会议报告	145—146
2005/2	Thilo Diefenbach, *Kontexte der Gewalt in moderner chinesischer Literatur*	《评蒋永学:〈中国现代文学中的暴力语境〉》	Thomas Zimmer	评论与会议报告	146—148
2005/2	Gao Xingjian, *Das Buch eines einsamen Menschen*	《评高行健:〈一个人的圣经〉》	Matthias Messmer	评论与会议报告	150—153
2005/2	Wang Anyi, *Die Pracht der Pfirsischblüten*	《评王安忆:〈桃之夭夭〉》	Thomas Zimmer	评论与会议报告	153—154
2005/2	Ha Jin, *Verrückt*	《评哈金:〈疯狂〉》	Matthias Messmer	评论与会议报告	154—156
2005/2	Wang Gang, *English*	《评王刚:〈英格力士〉》	Thomas Zimmer	评论与会议报告	156—158
2005/2	Yu Hua: *Der Mann, der sein Blut verkaufte*	《评余华:〈许三观卖血记〉》	Wolfgang Kubin	评论与会议报告	160
2006/1	Die Drei Schluchten	《三峡》	余秋雨 作 Katrin-Marlene Opiolla 译	印尼及中国文学	120—130
2006/1	Jianfei Kralle, Dennis Schilling (Hrsg.), *Schreiben über Frauen in China. Ihre Literarisierung im historischen Schrifttum und ihr gesellschaftlicher Status in der Geschichte*	《评 Jianfei Kralle、谢林德编:〈书写中国女人——中国女人在历史文献之中的摹写与其历史上的社会地位〉》	Wolfgang Kubin	评论	145—147

续表

卷期	德语篇名	中文译名	作者/译者	栏目	页码
2006/1	Meihua Goatkoei Lang-Tan, Begegnungen mit Anton Tschechow (1860–1904), Cao Xueqin (1715–63), Wang Shifu (ca. 1250–1300) und dem mongolischen Dramen-Dichter Sa Dula (1308–?) in der Erzählung »Blumentempel« (1925) der Autorin Ling Shuhua (1900–1990)	《评陈月桂:〈在凌淑华(1900—1990年)短篇小说《花之寺》(1925年)中遇见契科夫(1860—1904年)、曹雪芹(1715—1763年)、王实甫(约1250—1300年)以及蒙古族剧作家、诗人萨都剌(1308—?)〉》	Wolfgang Kubin	评论	147—149
2006/1	Dagmar Hemm: Wege und Irrwege der Frauenbefreiung in China. Radikalismus und Idealismus der Frauenemanzipation gesehen in Zeitschriftenbeiträgen aus der Vierten-Mai-Ära (1916–1922)	《评达格玛·海姆:〈中国女性解放的道路和歧路:"五四时期"(1916—1922年)杂志文章中妇女解放的极端主义和理想主义〉》	Wolfgang Kubin	评论	149—150
2006/1	Andrea Stocken, Die Kunst der Wahrnehmung. Das Ästhetikkonzept des Li Yu (1610–1680) im Xianqing ouji im Zusammenhang von Leben und Werk	《安德烈亚·施托肯:〈感知艺术——李渔(1610—1680年)《闲情偶寄》中关于生活和创作的美学理念〉》	Wolfgang Kubin	评论	151—152
2006/1	Ge Fei, Das Paradies auf dem Antlitz der Menschen (Renmian taohua)	《评格非:〈人面桃花〉》	Thomas Zimmer	评论	154—158
2006/1	Bi Feiyu, Die Mondgöttin	《评毕飞宇:〈月亮女神〉》[1]	Thomas Zimmer	评论	158—160

---

[1] 中文原作《青衣》。

续表

卷期	德语篇名	中文译名	作者/译者	栏目	页码
2006/2	Schwierige Identifikation im Spiegel der taiwanischen Gegenwartsliteratur am Beispiel von Zhu Tianxin und Li Ang	《台湾当代文学中艰难的身份认同——以朱天心和李昂作品为例》	Mathias Obert	中国当代文学	21—46
2006/2	Des einen harte Arbeit – des anderen leichtes Geld	《一个艰苦工作，另一个轻松赚钱》[1]	杨青矗 作 Chen Chai-hsin 译	中国当代文学	47—82
2006/2	Das Lied vom wendenden Schiff	《归航曲》（《归航曲》/《边界酒店》/《乡音》/《查尔斯河》/《大峡谷》/《山路》/《天谴》/《苦力长城》/《苔》/《PRAHA城之破晓》）	郑愁予 作 Alexandra Leipold 译	中国当代文学	83—91
2006/2	Dewi Anggraeni, Snake – Hsu-Ming Teo, Jadetöchter – Hwee Hwee Tan, Mammon Inc. – Rani Manicka, Töchter des Monsuns	《评德维·安格拉埃尼：〈蛇〉；张思敏：〈玉女〉[2]；陈慧慧：〈玛猛公司〉；拉妮·马尼卡：〈季风的女儿〉[3]》	Holger Warnk	评论	152—157
2006/2	Reinhard Emmerich (Hg.), Chinesische Literaturgeschichte	《评莱因哈德·艾默理希编：〈中国文学史〉》	Christian Schwermann	评论	158—160
2006 主题刊	2015	《2015》	王小波 作 Boris Stähly 译	—	1—50
2006 主题刊	Das Schweigen	《沉默》	格非 作 Peggy Kames 译	—	51—58

---

[1] 中文原作《龟爬壁与水崩山》。
[2] 英文原作 Love and Vertigo。
[3] 英文原作 The Rice Mother。

续表

卷期	德语篇名	中文译名	作者/译者	栏目	页码
2006 主题刊	Späte Freude	《迟来的喜悦》[1]	殷慧芬 作 Silvia Kettelhut 译	—	59—121
2006 主题刊	Die Silvesternacht	《元旦之夜》	毕飞宇 作 Marc Hermann 译	—	122—133
2006 主题刊	Die Insel und das Festland	《岛和大陆》	梁秉钧 作 Beate Rusch 译	—	134—158
2007/1	Frau Shi Qing	《石青嫂子》	艾芜 作 Almuth Richter 译	文献：40年代中国文学	98—121
2007/1	Hartmut Walravens und Lutz Bieg (Hrsg.), Li T'ai-po, Gesammelte Gedichte Teil 2 – Dies. (Hrsg.), Erwin Ritter von Zach (1872–1942) Gesammelte Rezensionen	《评魏汉茂、鲁毕直编：〈李太白诗集（二）〉、〈赞克（1872—1942年）评论文选〉》	Wolfgang Kubin	评论	125—129
2007/1	Weigui Fang (Hrsg.), Den Kranich fragen. 155 Gedichte von Bai Juyi	《评方维规编：〈问鹤：白居易诗155首〉》	Wolfgang Kubin	评论	129—130
2007/1	Dorothee Dauber, Geschliffene Jade. Zum Mythos der Song-Dichterin Li Qingzhao	《评杜柔郁：〈琢玉——宋代女诗人李清照传奇〉》	Wolfgang Kubin	评论	131—132
2007/1	Xianda Lian, The Wild and Arrogant. Expression of self in Xin Qiji's Song Lyrics	《评 Lian Xianda：〈豪放与狂傲——辛弃疾宋词中的自我展露〉》	Wolfgang Kubin	评论	132—134
2007/1	Yan Lianke, Shouhuo	《评阎连科：〈受活〉》	Thomas Zimmer	评论	134—136

---

[1] 中文原作《欢乐》。

续表

卷期	德语篇名	中文译名	作者/译者	栏目	页码
2007/1	Liu Hongbin, *A Day Within Days*	《评刘洪彬:〈日子里的日子〉》	Wolfgang Kubin	评论	137
2007/1	Su Tong, *Die Tränenfrau*	《评苏童:〈泪女〉》[1]	Thomas Zimmer	评论	138—140
2007/1	Pekinger Uraufführung des Dramas *Bailu Yuan*	《评戏剧〈白鹿原〉在北京的首映》	Ylva Monschein	评论	140—144
2007/2	Leben soll Freude machen. Drei Essays von Liu Zaifu	《生命本该尽兴——刘再复随笔三篇》(《生命本该尽兴》/《峡谷之子》/《草地》)	刘再复 作 Monika Gänßbauer 译	中国文学	52—59
2007/2	Träume	《梦》	张洁 作 Ingrid Müller 译	中国文学	60—62
2007/2	Rote Erde. Gedichte von Zheng Chouyu	《红土——郑愁予诗歌》(《雨说》/《旅程》/《厝骨塔》/《岩》/《土》)	郑愁予 作 Wolfgang Kubin 译	诗与阐释	63—68
2007/2	Ein Pantoffeltraum. Gedichte von Luo Zhicheng	《梦中拖鞋——罗智成诗歌两首》(《梦中书店》/《梦中拖鞋》)	罗智成 作 Wolfgang Kubin 译	诗与阐释	69—72
2007/2	Chen Nianci	《陈念慈》	草明 作 张才尧 译	文献:40年代中国文学	73—95
2007/2	Bernhard Führer (Hrsg.), *Zensur. Text und Autorität in China in Geschichte und Gegenwart*	《评伯恩哈德·菲勒编:〈审查:中国古今文本与权威〉》	Wolfgang Kubin	评论	141—143
2007/2	Weigui Fang, *Selbstreflexion in der Zeit des Erwachens und des Widerstands*	《评方维规:〈觉醒与反抗时期的自省〉》[2]	Wolfgang Kubin	评论	143—145

[1] 中文原作《碧奴:孟姜女哭长城的传说》。
[2] 中文原作《觉醒与反抗时期的自省:1919—1949年现代中国文学》。

续表

卷期	德语篇名	中文译名	作者/译者	栏目	页码
2007/2	Philip F. Williams/Yenna Wu (eds.), *Remolding and Resistance among Writers of the Chinese Prison Camp: Disciplined and Published*	《评魏纶、吴燕娜编:〈作家笔下劳改营里的重塑与抵抗:纪律和公布〉》	Wolfgang Kubin	评论	146—148
2007/2	Nan Mu, *Na yipian hai*	《评南木:〈那一片海〉》	Wolfgang Kubin	评论	148—149
2007/2	Feng Hua, *Toukui zhi mi* – Dies., *Weixian jiating*	《评冯华:〈偷窥之谜〉〈危险家庭〉》	Marc Hermann	评论	149—152
2007/2	Yan Lianke, *Dingzhuang meng*	《评阎连科:〈丁庄梦〉》	Thomas Zimmer	评论	152—155
2007/2	Yan Lianke, *Wei renmin fuwu*	《评阎连科:〈为人民服务〉》	Thomas Zimmer	评论	155—158
2008/1	Die Begegnung des chinesischen *Sonderlings* mit dem deutschen *Übermenschen*. Ein Phänomen der interkulturellen Übertragung. Teil Ⅰ	《中国"畸人"和德国"超人"的相遇——一个跨文化翻译现象》(一)	Zhang Huiwen	翻译工作坊	9—36
2008/1	Auf Leben und Tod! Zehn Thesen zum Übersetzen (nicht nur eines chinesischen Gedichtes)	《生死攸关——翻译中的十个命题(包含但不限于中国诗歌)》	Wolfgang Kubin	翻译工作坊	37—45
2008/1	»So, Sie können Chinesisch. – Können Sie auch Deutsch?« Zur Freiheit des Literaturübersetzers	《"您会中文——您也会德语吗?"论文学译者的自由》	Marc Hermann	翻译工作坊	46—64
2008/1	Der Festzug	《赛会》	茅盾 作 Claudia Puk 译	文献:40年代中国文学	83—99

续 表

卷期	德语篇名	中文译名	作者/译者	栏目	页码
2008/1	Li T'ai-po, *Gesammelte Gedichte. Teil 3*	《评〈李太白诗集（三）〉》	Wolfgang Kubin	评论与会议报告	148—150
2008/1	Liu Zhenyun, *Wo jiao Liu Yuejin [Ich bin Liu Yuejin]*	《评刘震云:〈我叫刘跃进〉》	Marc Hermann	评论与会议报告	153—155
2008/1	Wang Anyi, *Qimeng shidai [Zeit der Aufklärung]*	《评王安忆:〈启蒙时代〉》	Thomas Zimmer	评论与会议报告	155—156
2008/1	Duo Duo, *Amusitedan de heliu [Rivers in Amsterdam]* – Ders., *Crossing the Sea* – Ders., *Wegstrecken*	《评多多:〈阿姆斯特丹的河流〉〈过海〉〈里程〉》	Wolfgang Kubin	评论与会议报告	156—159
2008/1	Chen Xiwo, *Maofan shu [Das Buch der Provokationen]*	《评陈希我:〈冒犯书〉》	Thomas Zimmer	评论与会议报告	159—160
2008/2	Die Begegnung des chinesischen *Sonderlings* mit dem deutschen *Übermenschen*. Ein Phänomen der interkulturellen Übertragung. Teil Ⅱ	《中国"畸人"和德国"超人"的相遇——一个跨文化翻译现象》（二）	Zhang Huiwen	翻译工作坊	5—44
2008/2	Zehn lange Jahre sind viel für ein Buch. Interview mit Rainer Schwarz	《十年成一书——赖纳·施瓦茨访谈》[1]	姚珺玲	翻译工作坊	45—60
2008/2	Die Kraft des Kalenders. Sechs Gedichte von Hu Xudong	《日历之力——胡续冬诗六首》(《日历之力》/《让我们这样谈论曾经经历过的阴影》/《云》/《雨季祈愿》/《雪夜》/《虎蚕》)	胡续冬 作 高虹 / Wolfgang Kubin 译	中国:当代文学	61—68

[1] 中文原作《十年心血译红楼——德国汉学家、〈红楼梦〉翻译家史华慈访谈录》。

续表

卷期	德语篇名	中文译名	作者/译者	栏目	页码
2008/2	Über postkoloniales Essen und die Liebe	《后殖民食物与爱情》	梁秉钧 作 Beate Rusch 译	中国：当代文学	69—87
2008/2	Zimmer mit Baum	《有树的房间》[1]	刘恒 作 Silvia Kettelhut 译	中国：当代文学	88—105
2008/2	Maghiel van Crevel, *Language Shattered. Contemporary Chinese Poetry and Duo Duo*	《评柯雷：〈粉碎的语言：中国当代诗歌与多多〉》	Wolfgang Kubin	评论	152—153
2008/2	Zhang Yushu, Horst Thomé u.a. (Hrsg.), *Literaturstraße. Chinesisch-deutsches Jahrbuch für Sprache, Literatur und Kultur, Band 6 und 7*	《评张玉书、霍斯特·托美等编：〈文学之路——中德语言文学文化研究〉（第六卷）（第七卷）》	Wolfgang Kubin	评论	153—155
2008/2	Bi Feiyu, *Pingyuan [Die Ebene]*	《评毕飞宇：〈平原〉》	Marc Hermann	评论	155—160
2009/1	Das *Daodejing* in den Übersetzungen bei James Legge und Richard Wilhelm. Zur *Rewriting Theory* von André Lefevere	《勒菲弗尔改写理论视角下理雅各和卫礼贤的〈道德经〉翻译》	胡功泽	卫礼贤与译者使命	42—68
2009/1	Über zwei Parolen, die eine Debatte hervorrufen	《关于引起纠纷的两个口号》	茅盾 作 Claudia Puk 译	文献：40年代中国文学	137—154
2009/1	Gregor Paul, *Konfuzius. Meister der Spiritualität*	《评格雷戈尔·保尔：〈孔子：灵性大师〉》	Wolfgang Kubin	评论	155—156
2009/1	Wojciech Jan Simson, *Die Geschichte der Aussprüche des Konfuzius (Lunyu)*	《评沃伊切赫·扬·西姆森：〈《论语》的历史〉》	Wolfgang Kubin	评论	159—160

[1] 中文原作《贫嘴张大民的幸福生活》。

续 表

卷期	德语篇名	中文译名	作者/译者	栏目	页码
2009/2	Warum und wofür Literatur gerade aus Hongkong?	《为什么是香港文学，香港文学为了什么？》	Wolfgang Kubin	中国香港：城市与艺术	72—83
2009/2	Die Stadt und das Gedicht. An Beispielen dargestellt	《城市和诗——实例阐释》*	梁秉钧 作 Wolfgang Kubin 译	中国香港：城市与艺术	84—96
2009/2	Hongkong: Die Literatur und die Stadt	《香港：文学与城市》	罗贵祥 作 Wolfgang Kubin 译	中国香港：城市与艺术	97—112
2009/2	Florian C. Reiter (Hg.): Das Reich der Mitte – in Mitte. Studien Berliner Sinologen	《评常志静编：〈中国——在中央：柏林汉学家的研究〉》	Wolfgang Kubin	评论	128—130
2009/2	Zhang Yushu, Horst Thomé u.a. (Hrsg.), Literaturstraße. Chinesisch-deutsches Jahrbuch für Sprache, Literatur und Kultur. Wenxue zhi lu. Zhong-De yuyan wenxue wenhua yanjiu, Band 5	《评张玉书、霍斯特·托美等编：〈文学之路——中德语言文学文化研究〉（第五卷）》	Wolfgang Kubin	评论	130—133
2009/2	Alice Grünfelder (Hg.), Flügelschlag des Schmetterlings. Tibeter erzählen	《评阿丽斯·格林恩菲尔德编：〈蝴蝶振翅——藏人叙述〉》	Wolfgang Kubin	评论	133
2009/2	Nachgetragene »Splitter«. Dies und das zu Gu Cheng	《〈片段〉补记——顾城二三事》	Wolfgang Kubin	讣告	157—160
2009 主题刊	Die chinesische Gegenwartsliteratur – Tendenzen und Probleme. Zum Stand der Dinge	《中国当代文学：趋势与问题——关于现状》	Thomas Zimmer	—	17—28

续表

卷期	德语篇名	中文译名	作者/译者	栏目	页码
2009 主题刊	Freiheit	《自由》	张洁 作 Marc Hermann 译	—	29—33
2009 主题刊	Reich der Fälscher – oder Land der Kreativen? Der chinesische Buchmarkt und (globale) Phänomene der Kreativität	《是冒牌帝国还是创意之国？中国图书市场和（全球）创造性现象》	Lena Henningsen	—	34—58
2009 主题刊	Zwischen Buch und Internet. Die Literatur aus der Generation der 80er	《书与网络之间——80后文学》	Thomas Zimmer	—	59—94
2009 主题刊	Notes on Mo Yan's *Life and Death Are Wearing Me Out*	《莫言〈生死疲劳〉读书笔记》	Shelley W. Chan	—	95—105
2009 主题刊	The Plebeian Artist, or the Transcendental Storyteller. Some Thoughts on Yu Hua's *Brothers*	《平民艺术家还是卓越的讲述者？——关于余华〈兄弟〉的一点看法》	Anne Xu-Cobb	—	106—113
2009 主题刊	Bei Cun, *Fashao [Fieber]*	《评北村：〈发烧〉》	Thomas Zimmer	评论	114—115
2009 主题刊	Chen Xiwo, *Zhua yang [Kratzen]*	《评陈希我：〈抓痒〉》	Thomas Zimmer	评论	115—117
2009 主题刊	Dong Xi, *Houhui lu [Aufzeichnungen des Bedauerns]*	《评东西：〈后悔录〉》	Thomas Zimmer	评论	117—119
2009 主题刊	Ye Zhaoyan, *Houyi [Houyi; Name], The Myth of Houyi and Chang E*	《评叶兆言：〈后羿——后羿射日和嫦娥奔月的神话〉》	Thomas Zimmer	评论	120—122

续 表

卷期	德语篇名	中文译名	作者/译者	栏目	页码
2009主题刊	Li Rui, *Taiping fengwu* [*Friedliche Landschaften*]	《评李锐:〈太平风物〉》	Thomas Zimmer	评论	122—124
2009主题刊	Li Rui, *Renjian. Chong shu Baishe zhuan* [*In der Menschenwelt. Der Mythos von der Weißen Schlange neu erzählt*]	《评李锐:〈人间——重述白蛇传〉》	Thomas Zimmer	评论	124—126
2009主题刊	Fan Xiaoqing, *Chijiao yisheng Wan Quanhe* [*Der Barfußarzt Wan Quanhe*]	《评范小青:〈赤脚医生万泉和〉》	Thomas Zimmer	评论	126—128
2009主题刊	Jia Pingwa, *Gaoxing* [*Glücklich*]	《评贾平凹:〈高兴〉》	Thomas Zimmer	评论	129—131
2009主题刊	Wang Jinkang, *Yisheng* [*Formicibrosia*]	《评王晋康:〈蚁生〉》	Thomas Zimmer	评论	131—134
2009主题刊	Wang Shuo, *Xin kuangren riji. The Diary of a Modern Lunatic* [*Neues Tagebuch eines Verrückten*]	《评王朔:〈新狂人日记〉》	Thomas Zimmer	评论	134—137
2009主题刊	Xu Xiaobin, *Dunhuang yi meng* [*Vergangene Träume von Dunhuang*]	《评徐小斌:〈敦煌遗梦〉》	Thomas Zimmer	评论	137—140
2009主题刊	Yu Renqiu, *Qingke* [*Einladungen zum Essen*]	《评于仁秋:〈请客〉》	Thomas Zimmer	评论	140—142
2009主题刊	Zhang Wei, *Ciwei ge* [*Das Lied der Igel*]	《评张炜:〈刺猬歌〉》	Thomas Zimmer	评论	142—145
2009主题刊	Yang Xianhui, *Dingxi gu'eryuan jishi* [*Aufzeichnungen über das Waisenhaus in Dingxi*]	《评杨显惠:〈定西孤儿院纪事〉》	Thomas Zimmer	评论	145—148
2009主题刊	Yang Xianhui, *Jiabiangou jishi* [*Aufzeichnungen aus Jiabiangou*]	《评杨显惠:〈夹边沟纪事〉》	Thomas Zimmer	评论	148—150

续 表

卷期	德语篇名	中文译名	作者/译者	栏目	页码
2009 主题刊	Ge Shuyi, *Ye zhi qinnü yu Yesu zhi di* [Das nächtliche Mädchen mit der Geige und die Jesusflöte]	《评哥舒意:〈夜之琴女与耶稣之笛〉》	Thomas Zimmer	评论	151—152
2009 主题刊	Wu Xuan, *Moshengren* [Fremde]	《评吴玄:〈陌生人〉》	Thomas Zimmer	评论	153—155
2009 主题刊	Yan Lianke, *Fengya song* [Ode an die Liebe und Gelehrsamkeit]	《评阎连科:〈风雅颂〉》	Thomas Zimmer	评论	155—157
2009 主题刊	Lu Pan, *Aus dem Schattenreich der Vergangenheit. Erinnerungsarbeit in Günter Grass'* Blechtrommel *und Mo Yans* Üppiger Busen, Dicker Hintern	《评潘璐:〈来自过去的阴暗世界:君特·格拉斯《铁皮鼓》和莫言《丰乳肥臀》中的记忆研究〉》	Wolfgang Kubin	评论	157—159
2010/1	Utopie und Zwang	《乌托邦与强制》	卞悟 作 Marc Andre Matten 译	—	1—36
2010/1	*Ganga* als Zwischenraum als Möbiusschleife als Heterotopie. Überlegungen zu Werken von Xi Chuan und Qiu Zhijie	《"尴尬"作为间隙、莫比乌斯环与异质——对西川和邱志杰作品的思考》	Barbara Jenni	中国:当代文学	77—101
2010/1	Aufzeichunungen aus dem Südlichen Xinjiang	《南疆笔记》	西川 作 高虹、Wolfgang Kubin 译	中国:当代文学	102—126
2010/1	Die Herbstuhr	《秋天的钟》	萌娘 作 Ingrid Müller 译	中国:当代文学	127—133

续表

卷期	德语篇名	中文译名	作者/译者	栏目	页码
2010/1	Rainer Hoffmann/Hu Qiuhua (Hg.), *China. Seine Geschichte von den Anfängen bis zum Ende der Kaiserzeit*	《评莱纳·霍夫曼、胡秋华编：〈中国：从起始到皇朝终结的历史〉》	Wolfgang Kubin	评论	134—135
2010/1	Irene Eber, *Voices of Shanghai. Jewish Exiles in Wartime China*	《评伊爱莲：〈上海之声：二战时期来华犹太流亡者的心声〉》	Wolfgang Kubin	评论	135—136
2010/1	Zhang Yushu, Horst Thomé u.a. (Hg.), *Literaturstraße. Chinesisch-deutsches Jahrbuch für Sprache, Literatur und Kultur, Band 8*	《评张玉书、霍斯特·托美等编：〈文学之路——中德语言文学文化研究〉（第八卷）》	Wolfgang Kubin	评论	137—139
2010/1	Zhang Yushu, Horst Thomé u.a. (Hg.), *Literaturstraße. Chinesisch-deutsches Jahrbuch für Sprache, Literatur und Kultur, Band 10*	《评张玉书、霍斯特·托美等编：〈文学之路——中德语言文学文化研究〉（第十卷）》	Wolfgang Kubin	评论	139—140
2010/1	Volker Klöpsch/Eva Müller (Hg.), *Lexikon der chinesischen Literatur*	《评吕福克、梅薏华编：〈中国文学辞典〉》	Wolfgang Kubin	评论	141—142
2010/1	Dorothea Wippermann, *Die sprachlichen Mittel der Einbettung direkter Rede in der chinesischen wenyan-Erzählliteratur bis zum Beginn des 20. Jahrhunderts*	《评韦荷雅：〈20世纪初前中国文言叙事文学中修辞手法"直接引语"的使用〉》	Wolfgang Kubin	评论	143—144
2010/1	Du Fu, *Gedichte*	《评杜甫：〈诗集〉》	Wolfgang Kubin	评论	144—145
2010/1	Eileen Chang, *Gefahr und Begierde. Erzählungen*	《评张爱玲：〈色·戒——短篇小说集〉》	Wolfgang Kubin	评论	146—147

续 表

卷期	德语篇名	中文译名	作者/译者	栏目	页码
2010/1	Lena Henningsen (Hg.), *Leben Andernorts. Geschichten aus dem chinesischen Alltag*	《评俪娜·亨宁森编:〈生活在别处:中国日常生活故事〉》	Wolfgang Kubin	评论	147—149
2010/1	Die letzten Lieder sind längst ausgeklungen. Nachruf auf Zhang Zao (1962–2010)	《最后的歌吟已远逝——祭张枣(1962—2010年)》	Wolfgang Kubin	讣告	158—160
2010/2	The Roots of Literature	《文学的根》	韩少功 作 Altantuya Bat-Ochir, Chirstian Leitner 译	中国:当代文学	21—29
2010/2	Im Labyrinth der Geschichte(n). Erinnerung und Vergessen in Gé Fēis Erzählungen	《历史(故事)迷宫——格非小说中的记忆与忘却》	Justyna Jagücik	中国:当代文学	30—47
2010/2	Hans-Georg Möller, *Laozi*	《评汉斯-格奥尔格·梅勒:〈老子〉》	Wolfgang Kubin	评论与会议报告	135—136
2010/2	Fusheng Wu, *Written at Imperial Command: Panegyrik Poetry in Early Medieval China*	《评吴伏生:〈奉命写作:中国中古时期的应诏诗〉》	Wolfgang Kubin	评论与会议报告	137—139
2010/2	Liu Xie, *Wenxin diaolong. Das literarische Schaffen ist wie das Schnitzen eines Drachen*	《评刘勰:〈文心雕龙〉》	Wolfgang Kubin	评论与会议报告	139
2010/2	Kimberly Besio und Constantine Tung (Hg.), *Three Kingdoms and Chinese Culture*	《评金葆莉、董保中编:〈《三国演义》和中国文化〉》	Wolfgang Kubin	评论与会议报告	139—140
2010/2	Wang Hui, *Translating Chinese Classics in a Colonial Context*	《评汪晖:〈殖民语境下中国典籍的翻译〉》	Wolfgang Kubin	评论与会议报告	141—144

续表

卷期	德语篇名	中文译名	作者/译者	栏目	页码
2010/2	Martin Gimm, *Hans Conon von der Gabelentz und die Übersetzung des chinesischen Romans ›Jin Ping Mei‹*	《评稽穆：〈汉斯·康农·冯·德·加贝伦茨与中国小说《金瓶梅》翻译〉》	Wolfgang Kubin	评论与会议报告	144—145
2011/1	Deinen Namen aussprechen. Gedichte von Tang Xiaodu	《叫出你的名字——唐晓渡诗歌》(《那不能伤害我》/《叫出你的名字》/《绿叶枯萎飘零》*/《木赛莱斯》/《大峡谷》/《无题三首》/《五月蔷薇》/《诚》/《死亡玫瑰》/《额角（二首）》)	唐晓渡 作 Tang Hong 译	中国文学与日本文学	67—78
2011/1	Wei Djao, *Li Qingzhao: A Blossom like no other*	《评 Wei Djao：〈李清照：此花不与群花比〉》	Wolfgang Kubin	评论	134—135
2011/1	Zheng Danyi, *Wings of Summer*	《评郑单衣：〈夏天的翅膀〉》	Wolfgang Kubin	评论	139—140
2011/1	Yang Jian, *Guqiaotou*	《评杨键：〈古桥头〉》	Shen Yong Miklitz	评论	140—142
2011/1	Yu Jian, *Akte 0*	《评于坚：〈0档案〉》	Wolfgang Kubin	评论	142—143
2011/1	Han Han, *Ta de guo*	《评韩寒：〈他的国〉》	Thomas Zimmer	评论	143—145
2011/1	Han Han, *Duchangtuan*	《评韩寒：〈独唱团〉》	Thomas Zimmer	评论	145—148
2011/2	Die Bonner Sinologie. Traditionen und Neuerungen eines Faches	《波恩汉学：一个学科的传统与创新》	Thomas Zimmer	—	1—8
2011/2	Mir zur Mahnung. Gedichte von Tang Xiaodu	《诚——唐晓渡诗歌》(《诚》/《新疆二首》/《那不能伤害我》/《致一只波斯猫》/《无题三首（之一、之二）》)	Wolfgang Kubin	中国：当代文学	9—15

续　表

卷期	德语篇名	中文译名	作者/译者	栏目	页码
2011/2	Günter Wohlfart: *Zhuangzi (Dsuang Dsi). Meister der Spiritualität*	《评君特·沃尔法特:〈庄子:灵性大师〉》	Wolfgang Kubin	评论与会议报告	142
2011/2	Hans Stumpfeldt, *Einundachtzig Han-Gedichte*	《评司徒汉:〈汉诗81首〉》	Wolfgang Kubin	评论与会议报告	142—143
2011/2	Lloyd Haft, *Zhou Mengdie's Poetry of Consciousness*	《评汉乐逸:〈周梦蝶的意识诗〉》	Wolfgang Kubin	评论与会议报告	147—148
2011/2	Hu Yinqiang, *Unerhört!*	《评胡尹强:〈不成样子〉》	Thomas Zimmer	评论与会议报告	148—151
2011/2	Frank Meinshausen/Anne Rademacher (Hg.), *Neue Träume aus der Roten Kammer*	《评弗兰克·梅因斯豪森、安妮·拉德马赫编:〈红楼新梦〉》	Wolfgang Kubin	评论与会议报告	151—153
2011 主题刊	Continuities and Discontinuities in Chinese Literary Criticism – From the Pre-Modern into the Modern Period	《论中国文学批评理论的延续与中断——从前现代到现代》	Karl-Heinz Pohl	—	3—26
2011 主题刊	The Key of Chinese Literary Criticism. The Transformation from the Classical to the Modern – Wang Guowei's Introduction of Humanistic Poetics	《中国文学批评的关键:从传统到现代的转型——王国维对人文诗学的介绍》	肖鹰	—	27—64
2011 主题刊	Is a Chinese History of Chinese Literature Possible? Some Preliminary Remarks about the Problem of (Re)-Writing Literary History in China	《中国文学的中国历史可能吗? 浅谈关于(重)写中国文学史的问题》	Wolfgang Kubin	—	65—81

续　表

卷期	德语篇名	中文译名	作者/译者	栏目	页码
2011 主题刊	Exploring the Limits and Possibilities of Literary Criticism in China after 1949	《探索1949年以后中国文学批评的局限性与可能性》	Thomas Zimmer	—	82—119
2011 主题刊	A Commonwealth of Chinese literature, or What Should Belong to the History of Chinese Literature in Modern Times?	《中国文学的大同世界，或何为中国现代文学史？》	Wolfgang Kubin	—	120—131
2011 主题刊	Castles, Churches, Common Halls: How to Present Chinese Literature Abroad	《城堡、教堂、公共议事厅：如何在海外展示中国文学》	Wolfgang Kubin	附录	132—141
2012/1	Chinese »Tibetan Literature«. Problems of Identity in Chinese Fiction by Authors of Tibetan Nationality	《中国"西藏文学"——藏族作家小说中的身份问题》	Kamila Hladíková	中国文学	32—56
2012/1	The Politics of Images. Lin Yutang and his Vision of China	《形象的政治：林语堂与他的中国异象》	Wolfgang Kubin	中国文学	57—67
2012/1	Lena Henningsen/ Heiner Roetz (Hg.): *Menschenbilder in China*	《评俪娜·亨宁森、罗哲海编:〈"人"的形象在中国〉》	Wolfgang Kubin	评论	129—130
2012/1	Yu Hua: *Brüder*	《评余华:〈兄弟〉》	Wolfgang Kubin	评论	138—139
2012/1	Li Ang: *Sichtbare Geister*	《评李昂:〈看得见的鬼〉》	Wolfgang Kubin	评论	139—140
2012/1	Ernest Fenollosa/Ezra Pound: *The Chinese Written Character as a Medium for Poetry*	《评汉厄内斯特·费诺罗萨、埃兹拉·庞德:〈作为诗的媒介的中国文字〉》	Wolfgang Kubin	评论	145—146

续表

卷期	德语篇名	中文译名	作者/译者	栏目	页码
2012/2	Die Stimmen im Gedicht und die Thematisierung der Zeit (2). Wang Jiaxins *Dämmerung auf Gotland* (2011). Teil I	《诗的声音与时间的主题化（2）——王家新〈哥特兰岛的黄昏〉》（2011年）（一）	Goat Koei M. Lang-Tan	现代东亚文学与翻译	50—73
2012/2	Der Rotdornwald	《山楂林》	张炜 作 Christina Hammer 译	现代东亚文学与翻译	74—91
2012/2	Feng Li: *Der Duft der Kindheit. Erzählung*	《评冯丽：〈童年的芬芳——短篇小说集〉》	Wolfgang Kubin	评论	158—159
2013/1	Die Stimmen im Gedicht und die Thematisierung der Zeit (2). Wang Jiaxins *Dämmerung auf Gotland* (2011). Teil II	《诗的声音与时间的主题化（2）王家新〈哥特兰岛的黄昏〉》（2011年）（二）	Goat Koei M. Lang-Tan	文学与批评：中国、日本与韩国	20—36
2013/1	Zhang Yushu, Horst Thomé u.a. (Hg.): *Literaturstraße. Chinesisch-deutsches Jahrbuch für Sprache, Literatur und Kultur*, Band 9	《评张玉书、霍斯特·托美等编：〈文学之路——中德语言文学文化研究〉（第九卷）》	Wolfgang Kubin	评论	151—152
2013/1	Xin Qiji: *Kiefern im Schnee. Gedichte. Aus dem Chinesischen übertragen und herausgegeben von Monika Gänßbauer. Mit sechs Kalligrafien von Wang Weifan*	《评辛弃疾：〈雪中松树——诗歌〉，甘默霓编译，附 Wang Weifan 书法作品六幅》	Wolfgang Kubin	评论	156—157
2013/2	Hirngespinste – Ein Einakter	《镜花水月——独幕剧》	西川、孟京辉 作 Marc Hermann 译	当代文学 I：中国	12—41

续 表

卷期	德语篇名	中文译名	作者/译者	栏目	页码
2013/2	Zwei Notizen über Wien	《维也纳笔记两则》[1]	谢冕 作 Wei Ling 译	当代文学Ⅰ：中国	42—47
2013/2	Jidi Majia: *Gesänge der Yi. Aus dem Chinesischen von Peter Hoffmann*	《评吉狄马加：〈彝人之歌〉，彼得·霍夫曼译》	Wolfgang Kubin	评论	153—155
2013/2	Yang Mu: *Die Spinne, das Silberfischchen und ich. Pinselnotizen. Aus dem Chinesischen von Susanne Hornfeck und Wang Jue*	《评杨牧：〈蜘蛛·蠹鱼·与我——杨牧的随笔〉，洪素珊、汪珏译》	Wolfgang Kubin	评论	159—160
2014/1	Der Begriff *mín* 民 in Texten der Westlichen Zhōu-Dynastie (1050–771 v. Chr.)	《西周（公元前1050—前771年）文本中的概念"民"》	Thomas Crone	历史	33—53
2014/1	»In Gestalt und Sinn geschieden, in Einem doch vereint« Zur Typologie der formalen Gestalt und inhaltlichen Konzeption des *Lishi Fenshu* des Li Zhi	《"在形式和意义上分离，又在一点中结合"——李贽〈李氏焚书〉中外在形式与内在理念的类型学》	Phillip Grimberg	历史	54—74
2014/1	Die Stimmen im Gedicht und die Thematisierung der Zeit (2). Wang Jiaxins *Dämmerung auf Gotland* (2011). Teil Ⅲ	《诗的声音与时间的主题化（2）：王家新〈哥特兰岛的黄昏〉》（2011年）（三）	Goat Koei M. Lang-Tan	文学	103—135

---

[1] 出自《维也纳随想》。

续表

卷期	德语篇名	中文译名	作者/译者	栏目	页码
2014/1	Zhang Yushu u.a.: Literaturstraße. Chinesisch-deutsches Jahrbuch für Sprache, Literatur und Kultur, Band 12	《评张玉书等编:〈文学之路——中德语言文学文化研究〉(第十二卷)》	Wolfgang Kubin	评论	142—144
2014/1	Alexander Saechtig: Schreiben als Therapie. Die Selbstheilungsversuche des Yu Dafu nach dem Vorbild japanischer Shishōsetsu-Autoren	《评大春:〈作为治疗的写作:郁达夫的自我疗治尝试——以日本私小说作家为鉴〉》	Wolfgang Kubin	评论	144—145
2014/1	Phillip Grimberg: Dem Feuer geweiht: Das Lishi Fenshu des Li Zhi (1527–1602)	《评菲利普·格里姆贝格:〈焚烧:李贽(1527—1602年)的《李氏焚书》》》	Thomas Crone	评论	147—149
2014/2	Die Komposition symmetrischer Spracheinheiten in den Debatten über Salz und Eisen	《〈盐铁论〉对称结构考》	李文 作 Thomas Crone 译	汉学	76—91
2014/2	The Weizang tongzhi, an early Chinese local chronicle of Tibet	《卫藏通志:一部中国早期西藏地方志》	Liu Yuxuan	汉学	113—132
2014/2	Zhang Jianye, Liu Yousheng: Li Zhi wenji	《评张建业、刘幼生:〈李贽文集〉》	Phillip Grimberg	评论	137—139
2014/2	Rui Kunze: Struggle and Symbiosis. The Canonization of the Poet Haizi and Cultural Discourses in Contemporary China	《评王瑞:〈挣扎与共生——被奉为经典的诗人海子与当代中国的文化话语〉》	Wolfgang Kubin	评论	142
2015	Übersetzung und Öffentlichkeit	《翻译与公众》	Wolfgang Kubin	本着各民族互相理解的原则翻译?	15—27

续 表

卷期	德语篇名	中文译名	作者/译者	栏目	页码
2015	Chinesische Gegenwartsliteratur in deutscher Übersetzung: Wer übersetzt was, wo, wann, warum – und wie?	《中国当代文学的德语译本——谁翻译了什么，何地，何时，为何以及如何？》	Ulrich Kautz	本着各民族互相理解的原则翻译？	29—42
2015	Unter Beschwörung der „Geister der Lieder": Annäherungen an Friedrich Rückerts *Shijing*-Übertragung	《召唤"诗歌精灵"的咒语：浅探弗里德里希·吕克特的〈诗经〉翻译》	Dorothee Schaab-Hanke	本着各民族互相理解的原则翻译？	43—75
2015	Einfach nur Schwamm drüber!? Überlegungen zu einer Kultur der Übersetzungskritik in der deutschen Sinologie	《过去的事就让它过去吧！对德国汉学翻译批评文化的思考》	Volker Klöpsch	翻译的界限与可能性	77—98
2015	Martin Woesler, der Traum der Roten Kammer und die Naturgesetze	《吴漠汀、〈红楼梦〉及自然法则》	Rainer Schwarz	翻译的界限与可能性	99—105
2015	Die Übersetzbarkeit der Textsorte Witz am Beispiel des Sprachenpaars Chinesisch-Deutsch	《文体"笑话"的可译性：以德汉语对为例》	崔培玲	翻译的界限与可能性	119—131
2015	Der Übersetzer als Lektor: Zur stilistischen und inhaltlichen Redaktion chinesischer Literatur am Beispiel von Zhang Lings Roman *Der Traum vom Goldenen Berg (Jinshan)*	《译者作为编辑：以张翎〈金山〉为例探讨中国文学的文体与内容编辑》	Marc Hermann	文本需要多少自由度？文学翻译的困难	133—153

续　表

卷期	德语篇名	中文译名	作者/译者	栏目	页码
2015	Erfahrungen bei der Übersetzung von Qian Zhongshus *Die Umzingelte Festung* und Yang Jiangs *Wir Drei*	《翻译钱锺书〈围城〉及杨绛〈我们仨〉的经验》	Monika Motsch	文本需要多少自由度？文学翻译的困难	189—207
2015	Von Paris über Peking nach Tōkyō: Zur Übersetzungsproblematik textexterner Faktoren anhand der exemplarischen Betrachtung des Gedichts „Sichtung eines Fesselballons" von Zhang Sigui	《从巴黎经过北京到东京：以张斯桂〈观轻气球诗〉为例论文本外部因素的翻译问题》	Sabine Weber	文本需要多少自由度？文学翻译的困难	209—242
2015	Von der Sünde und dem Hass der Geister und Götter: Einige Thesen zum Bedeutungswandel des Wortes *jiu* 咎 in Texten der Shang- und Zhou-Zeit	《罪恶和对鬼神的憎恨：论商周时期文本中"咎"的意义转变》	Thomas Crone	译者作为文化交流者	243—264
2015	Der Umgang von He Qiaoyuan (1558–1631) mit Giulio Aleni (1582–1649): Annotierte Übersetzung eines Vorworts, eines Gedichts und eines Nachrufs	《何乔远（1558—1631年）和艾儒略（1582—1649年）的交往：一则序言、一首诗和一则讣告的注释性翻译》	刘燕燕	译者作为文化交流者	265—276
2016	Yu Filipiak. *Chen Yangs Darstellung der barbarischen Musikinstrumente im Buch der Musik (Yueshu): Ein Beitrag zur Erforschung des Musiklebens am Kaiserhof der Song-Dynastie (960–1279)*	《评周钰：〈陈旸在《乐书》中对蛮夷乐器的介绍——宋代（960—1279年）宫廷音乐生活研究〉》	Heinrich Geiger	评论	280—284

续 表

卷期	德语篇名	中文译名	作者/译者	栏目	页码
2016	Eva Lüdi Kong (Üs). *Die Reise in den Westen: Ein klassischer chinesischer Roman. Mit 100 Holzschnitten nach alten Ausgaben*	《评林小发译:〈西游记:中国古典小说,附旧版木版画100幅〉》	Roderich Ptak	评论	284—290
2016	*Literaturstraße. Chinesisch-deutsches Jahrbuch für Sprache, Literatur und Kultur 11 (2010)*	《评〈文学之路——中德语言文学文化研究〉(第十一卷)(2010)》	Wolfgang Kubin	评论	306—308
2017	Der Wandlungstext über Zhang Yichao: Eine annotierte Übersetzung des Dunhuang-Manuskripts	《张义潮变文:对〈敦煌掇琐〉的注释性翻译》	Christoph Schwarz	—	29—56
2017	„Die Reise in den Westen" (*Xiyouji*): Werkstattbericht zur Übersetzung	《〈西游记〉:翻译工作坊报告》	Eva Lüdi Kong	—	57—79
2017	The *Xiyang ji* and Its Place in Literature: Themes and Questions, Literary Categories, and the Novel's Importance	《〈西洋记〉在文学中的地位:概谈研究的主题,小说的重要性与其归类的问题》	Roderich Ptak	—	81—101
2017	Die Turfan-Passagen in den *Xiyu*-Kapiteln des *Mingshi*: Übersetzung und Kommentar	《〈明史·西域传〉中关于吐鲁番的片段:翻译与评论》	Tanja Both, Phillip Grimberg, Hanna Hofmann, Jana Siesing, Jessica Wang	—	103—126
2017	Das Kapitel über die Deutschen („Deyizhi") im *Qingshi gao*	《〈清史稿〉中关于"德意志"的章节》	Jessica Wang	—	181—225

289

续表

卷期	德语篇名	中文译名	作者/译者	栏目	页码
2017	Hans-Wilm Schütte. *Literarische Streifzüge durch Peking*	《评许瀚为：〈北京城文学巡礼〉》	Bernd Eberstein	评论	319—323
2018	Empathie-Training im Alten China: Texte zur Schulung des Einfühlungsvermögens und ihr Verhältnis zur konfuzianischen Lehre	《中国古代的移情训练：关于移情训练的文本及其与儒家学说的关系》	Dorothee Schaab-Hanke	—	17—42
2018	Notizen zum Zeichen *lie* 鴷 (Specht) in frühen chinesischen Texten	《关于早期中国文本中的"鴷"字的笔记》	Nathaniel Craig Fisher	—	193—206
2018	Eulen oder andere Vögel? Anmerkungen zu den Zeichen *xiao* 梟, *xiao* 鴞 und *chi* 鴟 in ausgewählten Texten der Zhou- und Han-Periode	《猫头鹰或其他鸟类？周汉时期部分文本中"梟""鴞"和"鴟"字的注释》	Raffaela Rettinger	—	207—234
2018	Notizen zum *hongcui* 红翠 in Texten der Kangxi-Periode	《关于康熙时期文本中"红翠"的笔记》	Markus Haselbeck	—	235—255
2018	Jonas Polfuß. *Brief. Kontakt. Netz: Soziale Vernetzung in der Tang-Zeit am Beispiel der Briefliteratur Han Yus und Liu Zongyuans*	《评约纳斯·波尔福斯：〈信·联系·网：唐代的社会网——以韩愈和柳宗元的书信文学为例〉》	Volker Klöpsch	评论	263—269
2018	Bettine Birge. *Marriage and the Law in the Age of Khubilai Khan: Cases from the Yuan dianzhang*	《评柏清韵：〈忽必烈汗时代的婚姻与法律：《元典章》案例选〉》	Ishayahu Landa	评论	270—275
2018	Ákos Bertalan Apatóczky. *The Translation Chapter of the Late Ming Lulongsai lüe: Bilingual Sections of a Chinese Military Collection*	《评阿保矶：〈卢龙塞略·译部：一部中国军事志的双语部分〉》	Hartmut Walravens	评论	275—277

续表

卷期	德语篇名	中文译名	作者/译者	栏目	页码
2018	Barbara Hoster. *Konversion zum Christentum in der modernen chinesischen Literatur. Su Xuelins Roman* Jixin	《评巴佩兰：〈中国现代文学中皈依基督教的情节——苏雪林小说《棘心》〉》	Lauren Drover	评论	287—291
2018	Park Myong-Sook. *Der Künstler in chinesischen Erzählungen der 80er und 90er Jahre*	《评朴明淑：〈八九十年代中国小说中的艺术家〉》	Barbara Hoster	评论	305—308
2018	Thomas Zimmer. *Erwachen aus dem Koma? Eine literarische Bestimmung des heutigen Chinas*	《评司马涛：〈从昏睡中苏醒？——用文学定义今日中国〉》	Ylva Monschein	评论	316—323
2019	Moculin: An Epic of the Golds (Hezhe)	《木竹林：黄金英雄史诗（赫哲族）》	Hartmut Walravens	更多文章	179—186
2019	Peter Kupfer: *Bernsteinglanz und Perlen des Schwarzen Drachen: Die Geschichte der chinesischen Weinkultur*	《评柯彼得：〈琥珀之光与黑龙之珠：中国酒文化史〉》	Wolfgang Kubin	评论	323—325
2019	Henrik Jäger: *Menzius. Den Menschen gerecht. Ein Menzius-Lesebuch*	《评耶格尔：〈孟子：以民为本——一个孟子读本〉》	Gudula Linck	评论	325—328
2020	Sinologische Erkundungen mongolischen Lebens der 1970er und 1980er Jahre: Zur Übersetzung früher Gedichte von Hadaa Sendoo	《二十世纪七八十年代蒙古生活的汉学探索：论森·哈达早期诗歌的翻译》	Dorothee Schaab-Hanke	—	211—227

续表

卷期	德语篇名	中文译名	作者/译者	栏目	页码
2020	Barbara Kaulbach. *Die 24 Pietätsgeschichten der Religionskundlichen Sammlung Marburg und ihr kulturgeschichtlicher Hintergrund*	《评考巴赫:〈马尔堡宗教研究收藏馆的《二十四孝图》及其文化历史背景〉》	Hartmut Walravens	评论	317—320
2020	Wolfgang Kubin (Üs. und Hg.). *Mo Zi: Von Sorge und Fürsorge*	《评顾彬编译:〈墨子:关爱和救助〉》	Wulf Noll	评论	320—328
2020	Dorothee Schaab-Hanke. *Konfuzius in Oranienbaum. Chinoise Darstellungen zum Leben des Meisters und ihr kulturhistorischer Hintergrund*	《评沙敦如:〈孔子在奥拉宁堡:对孔子生平的"中国风"呈现及其文化历史背景〉》	Hartmut Walravens	评论	348—350
2020	Dorothee Schaab-Hanke (Üs. und Hg.). *Hirtenlieder und Mondschein* 牧歌和月光 : *Frühe Gedichte von Hadaa Sendoo* 森·哈达 *Bilinguale Ausgabe Chinesisch-Deutsch*	《评沙敦如编译:〈牧歌和月光:森·哈达早期诗歌〉(中德双语)》	Veronika Veit	评论	354—356
2021	Das Stück „Orchidee" – fünffach beschworen: Zur Bedeutung lyrischer Narrative in der *Qin*-Tradition	《〈猗兰操〉:五次"召唤"——论琴曲传统中抒情叙事的意义》	Dorothee Schaab-Hanke	文章	19—40
2021	Zwei Erzählungen von Zhang Yiping	章衣萍短篇小说两部	章衣萍 作 Ursula Stadler Gamsa 译	文章	251—290
2021	Der spät blühende Osmanthus	《迟开的桂花》	吴锦发 作 Johanna Losert 译	文章	291—300

续　表

卷期	德语篇名	中文译名	作者/译者	栏目	页码
2021	Henriette Lavaulx-Vrécourt und Niklas Leverenz (Hg.). *Berliner Schlachtenkupfer. 34 Druckplatten der Kaiser von China/Berlin Battle Engravings. 34 Copperplates for the Emperors of China*	《评亨丽埃特·拉瓦乌尔·弗雷库尔、勒弗兰兹编：〈柏林战图：34幅中国皇帝的铜版画〉》	Hartmut Walravens	评论	310—314
2023	„Der hinfallende Ampelmann" (Diedao de lü xiaoren), eine Erzählung von Huang Li-chun, übersetzt und mit einem Nachwort	《〈跌倒的绿小人〉，黄丽群的小说，译并作后记》	黄丽群 作 Chiara Bocci 译	文章	315—322
2023	Gülnisa Erdal. *Banus Erlösung*. Roman, aus dem Chinesischen übersetzt von Andreas Guder. Bilinguale Ausgabe	《评古莉尼萨·厄达尔：〈巴奴的救赎〉，小说，顾安达译，双语版本》	Peter Kupfer	评论	325—331

翻译：陈叙含、方心怡、邹瑾卓　等

校对：陈叙含、牛金格、向红普

制表：陈叙含